| 속속들이 이해하는 |

서양 생활사

본 저서는 한국학술재단의 전임연구 인력지원사업의 지원을 받아 작성된 책이다. (과제번호: KRF-2002-075-A0007)

| 속속들이 이해하는 |

서양 생활사

김복래 지음

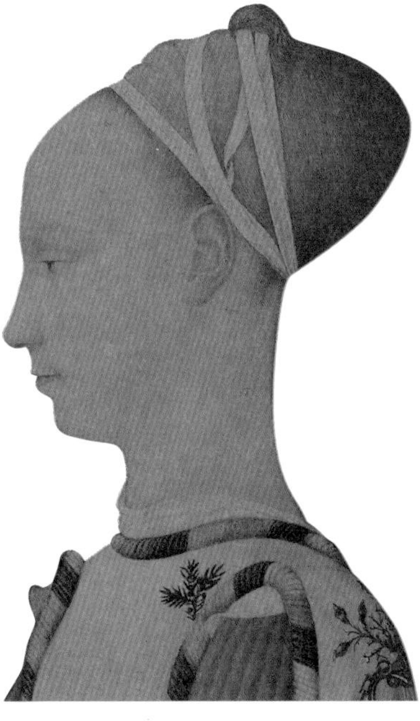

안티쿠스
ANTIQUUS

| 차례 |

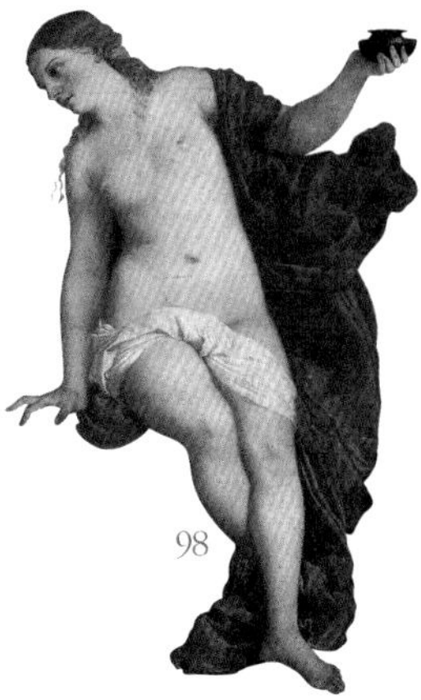

II 강력한 제국의 고대 로마인

III 기독교로 무장한 중세인

IV 인문주의를 주창한 르네상스인

책을 펴내며

독일 트리어Trier에서 학회가 열려 잠시 다녀왔다. 학회가 끝난 뒤 참가자들과 유람선을 타고 모젤 강변의 트라벤-트라르바흐Traben-Trarbach까지 갔다. 배 위에서 포도주 테스팅이 있어서 필자는 달콤하고 오묘한 맛의 백포도주를 맛볼 수 있었다. 산 정상을 차지한 고성古城과 가장 오래된 포도주 지하저장소를 방문했던 것도 인상적이었다. 저녁식사는 고대 로마 목욕탕의 유적지 근처에서 밤 12시까지 이루어졌다. 촛불이 켜진 디너 테이블 위에는 장식용 나뭇가지와 꽃들이 운치 있게 배치되어 있었다. 아마도 독일식 테이블 장식인 것 같았다. 포도주 잔에는 백포도주가 넘실넘실 채워지고 모두가 외치는 '축배'의 소리는 시공간을 초월하여 멀리 울려 퍼졌다. 트리어는 로마 유적지가 많은, 독일에서 가장 오래된 도시다. 그래서 그런지 음식을 서빙하는 여자들이 고대 로마 여성의 옷차림을 하고 파티의 흥을 한층 돋우었다. 물론 독일 여성답게 체구도 당당했다.

이번에 '서양 생활사' 개정판을 내면서, 로마 유적이 그대로 살아 숨쉬고 있는 고도古都 트리어를 방문하게 된 것이 결코 우연은 아닐 것이라는 생각을 했다. 이런 생각은 어쩌면 책이 잘되기를 바라는 마음에서, 대수롭지 않은 일에도 특별한 의미를 부여하고 싶은 나의 무의식 또는 자의식의 소산일지도 모르겠다. 하지만 트리어 학회에 같이 참석했던 사람들도 이 책과 무관하지 않았다. 포르투갈 리스본 대학교의 한 멋쟁이 여교수의 전공은 포르투갈의 음식문화였다. 그녀가 최근에 출간한 책은 '프랑스식에서 한층 간편한 러시아식 상차림으로 이행'하는 과정에서 포르투갈의 근대성modernity을 읽어 내는 재미있는 연구의 결과물이었다.

내가 만일 고대에 태어나서 해외여행을 하고 그 기록을 후세에 남겼다면, 그것은 고대 생활사의 좋은 자료가 되었을 것이다. 그리고 나는 현대 역사학자나 민속학자들의 구세주(?)와 같은 존재가 되어 있으리라. 그러나 21세기에 고대 유적을 방문해 봤자 무슨 소용이 있겠는가? 망자들과 인터뷰를 할 수도 없는 노릇이었다. 그럼에도 불구하고 필자는 이 여행에서 역사가 '과거(역사유적지)와 현재(나)의 대화' 라는 카(E.H. Carr)의 명언을 가슴 속으로 깊이 느끼고 체험하는 소중한 시간을 가졌다. 특히 오랜 세월의 먼지자국이 겹겹이 쌓여 있는 포도주 지하저장소를 방문했을 때는 나뿐 아니라 다른 학회 참가자들도 다들 제 나라말로 소감을 피력했던 기억이 살아난다. 시에예스E. J. Sieyes의 말대로 아무것도 아니었다가 이제는 전부가 되어 버린 과거 민중들의 고단한 삶을 미력하나마 스케치했다는 것으로 자기 위안과 변명을 삼으며 졸고에 대한 후기를 마칠까 한다.

끝으로 본인의 책을 꼼꼼하게 읽어 주시고 출판을 독려해 주신 안티쿠스의 박경주 사장님, 그리고 박수민 편집장, 강혜진 씨에게 고맙다는 말을 전한다. 이들이 아니었다면 이 책은 이렇게 새색시처럼 곱게 단장한 모습으로 다시 세상에 선보이지 못했을 것이다. 또한, 얼마 전에 하늘나라로 가신 필자의 어머니에게 이 책을 바치고 싶다.

녹음이 푸른 6월
안동대학교 연구실에서

서문

서양인의 일상생활과 문화사를 기술하는 데 유의할 개념이 있다면 다음과 같다.

첫째, 귀족문화와 민중문화의 엄연한 차이성과 이를 전달하는 방법의 문제를 고려해야 한다. 가령 고대 그리스 · 로마의 물질문명을 연구할 때 반드시 귀족과 서민의 독특한 풍습을 나누어 고찰할 필요가 있다. 후대로 내려올수록 민중들은 교육을 받고 자각을 하게 되는데, 이에 대중문화의 중요성은 점점 배가된다. 그러나 이와 정반대로 과거에는 문화 그 자체였으며 문화 영역을 거의 독점했던 귀족문화는 점점 쇠퇴하여, 이제는 단지 호사가의 취미로만 남아 있다. '문화 접변acculturation' 과 '대중화' 의 사례로, 과거에 귀족저택을 상징했던 석조건물이 중세 말기부터 서민층들의 모방에 의해 점차 확산되었던 사실을 들 수 있다. 이런 모방에 대해, 프랑스 문화사의 대가인 다니엘 로슈Daniel Roche 교수는 세미나 시간에 '사회적 모방mimétisme social' 이란 표현을 즐겨 사용했는데, 이는 전형적인 문화의 하향식 전달과정이다. 그러나 우리는 문화의 상향식 전달과정도 상기할 필요가 있다. 예를 들면, 게르만인이 '바지' 를 착용하는 풍습은 당대 선진문화인이었던 로마인들의 비웃음을 샀다. 그러나 후대에 이르면 바지는 남성 의복문화의 주종을 이룬다.

둘째, 우리가 민중문화를 다룰 때 유의해야 할 사항은 집단주의에서 개인주의로의 이행문제다. 대체로 농촌적인 집단생활을 영위했던 중세인이나 초기 근대인과는 달리, 현대 도시인들은 독신자가 많다. 현대인이 삭막

한 도시의 아파트에서 생활하면서 개나 고양이 같은 애완동물을 많이 키우는 현상은 결국은 고독한 산업주의와 소외된 개인주의 문화를 반영하고 있다.

셋째, 기독교문화(로마 가톨릭)의 보편성과 각국 민족문화의 특수성을 고려할 필요가 있다. 즉, 기독교화되기 전의 게르만족이나 켈트족의 풍습과 결혼관행, 또 프랑스 혁명 이후에 나타난 근대적 민족주의와 각국의 민족문화 연구를 함께 병행할 필요가 있다. 가령 기독교가 도래하기 전에 원시 게르만 부족들은 공처가를 집단적으로 징계하는 관습이 있었다. 바로 마을 청년들이 문제의 공처가 집으로 떼지어 몰려가서 지붕을 번쩍 들어 올리는 기묘한 풍습이었다. 요컨대, 여편네에게 기를 못 펴는 팔불출 남성은 하늘 아래서 지붕을 이고 살 자격이 없다는 의미다. 이처럼 여러 민족들의 희안한 풍습들은 공식적인 기독교의 전래와 더불어 하나둘씩 사라지거나, 점차 변형되었다.

이 외에도 역사적으로 중요한 정치적 사건이나 이데올로기가 일상생활 및 문화에 미친 영향력 내지는 결과에 대한 연구가 이루어져야 한다. 이런 점들에 유념하면서 이제부터 유럽인의 생활사를 각 시대별로 살펴보기로 하자.

I

신화와 태양을 사랑한 고대 그리스인

짧게 쓰는 고대 그리스사

신화와 태양을 사랑한 고대 그리스인의 일상생활 · 문화의 역사를 기술한다는 것은 결코 용이한 작업이 아니다. 일단 사료가 턱없이 부족하기 때문에, 고대인들의 자연스러운 집단생활 모습과 정서, 희노애락과 같은 개인적인 감정을 '있는 그대로' 그려 낸다는 것은 사실상 거의 불가능하다. 우리는 그나마 당시의 기술자료인, 호메로스Homeros와 헤시오도스Hesiodos의 서사시에서 옛날 그리스인들의 생활상을 대충 엿볼 수 있다. 또 현대 기술자료로는 로베르 플라셀리에르Robert Flacelière의 『그리스의 연애*L'amour en Grèce*』(Paris: Hachette, 1971), 『고대 아테네의 여성주의*Le féminisme dans l'ancienne Athènes*』(Paris: L'Institut, 1971), 『페리클레스 시대의 크레타인의 일상생활*La vie quotidienne en Crète au siècle de Périclès*』(Paris, 1983), 『페리클레스 시대의 그리스인의 일상생활*La vie quotidienne en Grèce au siècle de Périclès*』(Paris: Hachette, 1978) 등이 있다. 이러한 1차, 2차 기술자료(또는 문학자료)와 고고학적 자료(간단한 소도구인 실용품, 장신구, 보석류), 예술자료(건축, 조각, 그림, 장식예술)를 토대로 하여, 미흡하나마 그리스인들의 생생한 삶의 현장을 조명해 나가기로 하겠다. 생활사에 대한 구체적인 고고학 자료나 예술 · 문학적 자료를 알고 싶으면 본 저자의 「프랑스 의상의 역사에 관한 소고」(『외대 서유럽 연구』 제2호, 1996, pp.2-3)의 머리말을 참고하길 바란다.

고대 오리엔트 문명을 그리스에 전달하는 교량 역할을 한 이들은 크레타인들이었다. 에게 문명의 전기에는 크레타 섬을 중심으로 한 크레타 문명(기원전 3000–1400) 혹은 미노스 문명이, 후기에는 그리스 본토의 미케네, 티린스, 소아시아의 트로이를 중심으로 한 미케네 문명(기원전 1400–1200)이 꽃을 피웠다. 그러나 도리아족의 남하로 미케네 문명이 완전히 파괴되고 그리스 역사의 암흑기가 시작되었을 때, 오리엔트 세계에서는 강대국들이 쇠망하면서 일종의 힘의 공백기가 나타났다. 그리스는 바로 이 힘의 공백기를 이용하여 자신들의 독자적인 생활기반인 '폴리스'를 형성시키고, 독창적인 문화발전의 기초를 쌓았다.(민석홍, 『서양사개론』, 삼영사, 1984, p.52) 그리스는 발칸 반도의 동남부를 차지하는 육지, 그리고 에게해, 이오니아 해에 흩어져 있는 수많은 섬으로 이루어졌기 때문에 바다와 매우 친숙한 지리적 여건을 지니고 있었다. 이

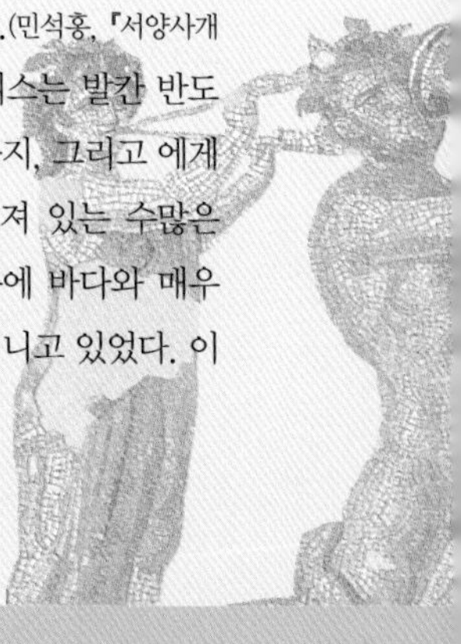

때문에 그리스인들은 일찍부터 해외로 진출했다. 그리하여 여기저기에 식민 도시를 건설함으로써, 지중해 일대가 하나의 역사적 세계로 형성될 기반을 조성했다. 그리스에서는 수없는 도시국가가 번성했다가 멸망했는데, 기원전 5세기경에는 페리클레스의 탁월한 지도력을 주축으로 하여 세계 최초로 고대 민주정을 수립한 아테네가 최전성기를 맞이했다.

각 시기마다 일어난 중요한 정치적 사건들과, 그리스인들의 일상적인 사회풍속이나 유행, 도덕, 가치관을 연결시켜 연구해 보는 작업도 매우 흥미로운 일이 아닐 수 없다. 가령 펠로폰네소스 전쟁 중의 아테네에서는 남성들의 인구가 급격히 감소했다. 이에 아테네 정부는 인구정책으로 중혼을 적극 장려했으며 기원전 418년 공인 중혼重婚제도가 시작되었다. 공처가로 이름난 소크라테스도 바로 이 무렵에 두 번째 아내를 맞이했다.

	연대	주요사건
BC	2600	크레타 섬에서 청동기 문명이 일어나다.
	약 1950	그리스인이 제1차 남하를 하다.
	약 1700	크레타 문명이 최성기(제2궁전시대)를 맞이하다.
	약 1600	미케네 문명이 시작되다.
	약 1400	크레타의 크노소스 궁전이 소실되다.
	약 1200-1100	도리아인이 그리스에 침입하다.
	약 820	스파르타에서 리쿠르고스가 과감한 개혁을 실행하다.
	약 800	그리스의 도시국가가 형성되다. 그리스인의 대식민운동이 시작되다.
	약 700	스파르타인이 메시니아를 정복하다.
	약 776	제1회 올림피아 대경기가 열리다.
	약 594-593	솔론이 개혁을 단행하다(재산급제에 의한 금권정치).
	약 560	아테네의 참주정치가 시작되다.
	약 507	클레이스테네스의 개혁으로 아테네의 민주정치가 확립되다.
	약 492	제1차 페르시아 전쟁이 일어나다.
	약 490	제2차 페르시아 전쟁이 일어나다.
	약 480	제3차 페르시아 전쟁이 일어나다.
	약 477	델로스 동맹이 성립되다.
	약 444-429	페리클레스 시대.
	약 431-404	펠로폰네소스 전쟁.
	약 421	니키아스 평화협정이 타결되다.
	약 415-413	아테네 군이 시칠리아 대원정을 떠나다.
	약 411	아테네에서 일시 과두제가 시행되다.
	약 407	알키비아데스가 아테네로 귀환하다.
	약 404	펠로폰네소스 전쟁이 끝나다. 30인 참주의 지배가 시작되다.
	약 403	아테네에서 민주정이 부활하다.
	약 399	소크라테스가 사형당하다.
	약 395	코린트 전쟁이 일어나다.
	약 377	제2차 아테네 해상동맹이 결성되다.
	약 371	레우크트라 전투가 일어나다. 테베가 패권을 잡다.

1장

의식주생활

현대 인류학자들은 인류가 최초로 불을 사용하여 음식을 익혀 먹은 사건을 인류문화의 시발점으로 볼 정도로, 음식의 역사를 인류의 역사 그 자체로 여기고 있다. 따라서 인간의 의식주 가운데 가장 본원적인 식생활부터 먼저 언급하겠다.

고대 그리스는 원래 절제적이고 검소한 국가였다. 스파르타인들은 항상 '거무스름한 죽'을 섭취했다는 이야기는 매우 풍자적이면서도 유명한 일화다. 스파르타에서는 노인들이 고기를 섭취할 필요가 별로 없다고 생각해서, 이를 모두 원기 왕성한 젊은이들에게 양보하도록 했다. 스파르타의 '죽'에 호기심이 발동한 시칠리아 시라쿠사의 참주僭主인 대大디오니시오스Dionysios(기원전 405-367 재위)는 스파르타의 요리사였던 노예를 샀다. 그리고 그 노예에게 시커먼 죽을 끓이라고 명령했다. 그러나 국왕은 그 문제의 죽을 맛보고는 얼굴을 잔뜩 찡그리며 내뱉어 버리고 말았다. 그러자 노예는 천연덕스럽게 이렇게 말했다. "왕이시여! 우선 스파르타식으로 격렬한 운동을 하십시오. 그리고 몸을 유로타스 강에 천천히 담그십시오. 그러

주신 디오니소스와 헤라클레스의 술 마시기 경연 장면.

면 이 죽이 향기로워질 것입니다."[1] 그러나 시간이 경과함에 따라, 그리스 요리도 점차 세련되어졌다. 고대의 위대한 요리사는 대개 그리스인이었고, 또 세계 최초로 요리책을 출판한 자들도 그리스인이었다.

당시에 전문적인 요리사는 지식인들 사이에서 '예술가'로 칭송되었다. 새로운 요리를 고안해 내는 것은 훌륭한 창조활동이었으며, 그 작품은 특정한 의식을 거쳐 일반인에게 공개되었다. 고대 그리스의 요리나 음식들은 대체로 신화적 기준에 따라 조직되어 있었다. 주신酒神 디오니소스에서부터 주연酒宴·축제를 관장하는 젊은 신 코머스Comus에 이르기까지,[2] 그

1 | Plutarch, *The Ancient Customs of the Spartans 2*, Moralia, 236F.

2 | 주신 디오니소스는 술에 취하게 하는 힘의 상징일 뿐만 아니라, 문명과 평화의 애호자다. 특히 디오니소스 축제로 더 잘 알려진 신이다. 이 축제 동안에 사람들은 포도주를 진탕 마셔 댔고, 성적인 방종을 즐겼다. 바쿠스 신에게 봉헌된 바쿠스 축제는 로마판 디오니소스 축제라고 할 수 있다. 라틴 신인 코머스는 식도락의 신이다. 그는 아름다운 인어(사이렌)를 대동하고, 식탁의 모든 즐거움을 관장했다.

리스 신들의 제식 규모나 차원은 음식이나 식사에 따라 결정되었다.

고대인들은 음식을 익히는 데, 다음 세 가지 기본방식을 이용했다. 불에 직접 굽기, 물에 끓이기, 약한 불에서 오랫동안 익히기(스튜). 그리스학의 전문가인 M. 데티엔M. Detienne에 따르면, 굽기에서 약한 불에 뭉근히 익히는 조리방식으로 이행하는 과정은 그야말로 획기적인 문화적 대수확이었다. 현대인의 눈으로 보았을 때, 그리스 요리에서 가장 놀랍고 독특한 방식은 포도주를 바닷물(소금물), 송진, 석회, 나무수지, 대리석의 먼지가루, 또 향신료 등에 타서 마시는 것이다.[3]

화려한 연회를 자주 열다: 호메로스 시대와 페리클레스 시대

우선 호메로스 시대부터 살펴보자. 그리스인들은 손님에 대한 환대와 극진한 대접을 매우 중요시했다. 호메로스의 서사시들은 이런 사실을 잘 입증해 준다. 기원전 7세기경에 그리스 대저택에서는 화려한 연회가 자주 베풀어졌다. 주로 회식이 베풀어지는 장소는 메가론megaron이라 불리는 넓은 홀이었다.[4] 거기에는 어떤 가구도 비치되지 않았다. 때문에 시종들은 식사시간이 거의 임박했을 즈음에, 회식자들 앞에 여러 개

고대 그리스의 연회 장면. 그리스인들은 손님을 환대하고 극진히 대접했다.

의 식탁과 술잔, 빵바구니 등을 부지런히 날라다 놓았다. 그리스의 빵은 종류가 무척 다양했고, 그 맛 또한 일품이었다.[5] 아니스anise(식물의 일종) 향과 양귀비 향으로 독특한 풍미를 냈다.

대축제 때에는 방문객을 영접하는 현관이나 안뜰에서, 고기의 가장 좋은 부위인 등심과 넓적다리를 석쇠 위에 올려 구웠다. 전문적으로 고기를 자르는 시종écuyer-tranchant이 고기를 잘랐다.[6] 에밀 미로Emile Mireaux에 의하면, 그리스의 여러 제신들에게 짐승을 희생제물로 바치는 경우에는 즉석에서 도살이 행해졌다.[7] 사람들은 짐승의 털을 뽑아서 아궁이에 집어던졌는데, 이것은 일종의 기도하는 제식행위였다. 집주인은 자기 저택의 돌이나 비석 위에 포도주를 뿌리고 타오르는 불 속에 탐스러운 고깃덩어리를 집어던졌는데, 이는 마치 그 제물들이 집을 수호하는 가정신들의 몫인 것처럼 행동하는 것이었다.

모든 회식자들을 접대하는 장소로는 메가론이 이용되었다. 그러나 장소가 협소한 경우에는 그대로 털썩 주저앉아 먹을 수 있는 열주(회랑)를 회식장소로 사용하기도 했다. 원래 식탁이나 의자는 집주인이나, 집주인이 특별 대우하는 손님들에게만 주어진 특권이었다.

3 | Edmond Neirinck, "Des Grecs et des Romains", *Histoire de la cuisine et des cuisiniers*, Malakoff: J. Lanore, 1988.

4 | 메가론은 왕이나 영웅들의 집 중앙에 위치한 커다란 장방형 홀을 가리킨다. 크레타나 미케네 지방의 첫 번째 주거양식이라고 할 수 있다.

5 | 기원전 5세기에는 빵의 종류가 20개 이상이었다고 한다.

6 | André Castelot, "Grèce", *L'histoire à table. Si la cuisine m'était contée*, Paris: Plon/Perrin, 1972, p.292. 1979년에 페랭 출판사Perrin에 의해서 재판되었다.

7 | Emile Mireaux, *Les poèmes homériques et l'histoire grecque*, Paris: Albin Michel, 1948-1949. André Castelot, *op.cit.*, pp.292-293에서 재인용했다.

하녀들은 대야와 손잡이가 달린 물병을 날라 와, 식전과 식후에 한 차례씩 손님들의 손에 미지근한 물을 뿌렸다. 술 따르는 직분을 맡은 시종들은 다리가 달린 커다란 잔을 의미하는 '크라테르Krater' 에서 포도주와 물을 충분히 희석한 뒤에, 그것을 손님들의 술잔마다 가득 따랐다. 그리스인들은 술을 정제하지 않고 그냥 마시는 것을 '야만적인 행위' 라고 생각했다. 그들은 너무 진해서 위에 부담이 되는 포도주 원액에 물을 타서 마심으로써, 특히 무더운 여름철에 샘물의 청량감을 포도주에 가미할 수 있었다.

그리스인들은 '유럽 포도주의 주창자' 라고 할 수 있다.[8] 그들은 "세계에서 최초로 포도주를 만들어 낸 곳은 그리스"라고 자랑했다. 그리스 땅은 원래 메마르고 황무지가 많았다. 그러나 그리스 땅의 따뜻한 기후와 좋은 햇볕은 포도주 재배에는 최적이었다. 이 때문에 전국 각지에서 포도주가 생산되었으며, 그 종류도 참으로 많았다. 에밀 미로에 의하면, 헤시오도스는 옛날 그리스의 포도주 제작법을 다음과 같이 후세에 전했다. 그리스의 강렬한 태양과 갯바람을 잔뜩 머금은 포도송이를, 우선 신선한 공기를 충분히 쐬도록 바깥에 며칠 동안 방치해 둔다. 그러고 나서 포도를 으깬 뒤에, 단지 속에 넣고 또 며칠 동안 서늘한 응달에서 발효시킨다. 그 과

8 | 인류 문명의 역사는 포도주와 떨래야 뗄 수 없는 불가분의 관계에 있다. 포도는 카프카스 지방에서 맨 처음 등장했고, 뒤이어 메소포타미아 지방에서 경작되었다. 이집트인들은 초기 왕조시대인 기원전 3000년경부터 장례식용 포도주를 제조했다. 이집트 신화에 의하면 지상에 최초로 포도주와 취기를 가져다 준 장본인은 바로 태양 신이자 세상의 창조주인 레Re였다. 레는 그리스의 미美의 여신인 아프로디테에 해당하는 하토르 여신의 분노로부터 인류를 구하기 위해서, 핏빛 포도주를 만들었다고 전해진다. 유럽 포도주의 주창자라고 할 수 있는 그리스인들은 시칠리아나 남부 이탈리아 지역에 포도를 전파했다. 이처럼 그리스인들을 통해서 포도 경작법을 알게 된 로마인들은, 오늘날 포도주의 여왕인 프랑스인들의 조상 격인 갈리아족에게 이를 다시 전달하는 중요한 매개체 역할을 했다. Jean-François Gautier, *Histoire du vin. Que sais-je?*, Paris: PUF, 1990, p.7.

정에서 당糖과 강한 알코올 성분의 단 음료가 생기는데, 이를 밀폐된 용기 속에 넣고 땅 속에 보관한다.

치즈 역시 그리스인들의 식사에 자주 올랐다. 특히 농민이나 양치기들은 치즈를 거의 매일 먹었다. 그들이 가장 많이 먹은 치즈는 망이나 체에 걸러서 응고시킨 염소 젖을 오래 반죽하여 만든 단단한 치즈였다.

초기 그리스 요리사들이 이용했던 요리기구는 석쇠와 삼각대 위에 올려진 냄비가 고작이었다. 그러나 시간이 점차 경과함에 따라, 그들은 좀 더 세련된 도구를 사용하기 시작했다. 손잡이 달린 냄비, 커다란 쟁반, 깔때기, 음료에서 눈이나 얼음과자 따위를 거르기 위한 트리블리온tryblion, 달걀을 넣기 위해 세 개 칸막이로 나누어진 프라이팬과 음식물을 가는 그릇, 도마와 칼, 그리고 꼬챙이로 꿴 고기를 찍는 커다란 갈퀴 모양의 포크 등이 있었다. 그러나 당시에 식탁 위에서 음식을 찍어 먹는 포크는 존재하지 않았다. 초대된 회식자들은 신분의 높고 낮음을 막론하고, 모두 '손으로' 음식을 집어먹었다.

그리스 여인들은 집안의 훌륭한 여주인이었으나, 요리에는 별로 참여하지 않았다. 단지 빵과 둥글고 판판한 팬케이크, 우유에 보릿가루를 넣어 끓인 죽을 만들거나, 잠두, 렌즈 콩, 이집트 콩과 같은 단순한 야채를 익힐 따름이었다. 원래 고기를 준비하고 요리하는 일은 남성 위주의 신성한 제식적 성격을 띠고 있었기 때문에, 여성들은 자연히 육류요리에서 멀어질 수밖에 없었다. 대개 축제 때에는 고기를 굽는 전문 요리사를 고용했다. 그리스 여성들은 메가론에서 거행되는 화려한 연회에 참석할 수 없었다. 보통 때에도 여성들은 남성들과 함께 식사를 할 수 없었고, 마치 하렘과 같은 여성용 부인 방에서 자기들끼리 따로 식사했다. 그러나 이 같은 격리

현상에도 불구하고, 여성들은 연회에서 중요한 역할을 담당했다. 하녀를 감독하고 손님을 영접하는 동시에 그들에게 자리를 지정해 주는 일을 맡았다. 이처럼 호메로스 시대의 그리스 여성들은 회식장소에 참여하는 것을 금지당했지만, 매우 쾌활하고 사교적이었으며 식도락을 즐겼다는 증거가 있다.

한편, 그리스인은 대체로 소식을 했는데, 아침은 아주 적게 먹었으며 점심도 비교적 간단하게 먹었다. 저녁식사 때에는 남성들만이 긴 의자에 벌렁 드러누워 많이 먹었다는데, 사실상 반드시 그런 것은 아니었다. 고대 그리스 여성들은 후대의 이오니아 여성들보다 훨씬 더 자유롭고 개방적이었다. 마치 현대 아랍 여성들처럼, 그리스 여성들은 마구 수다를 떨면서 배가 터지도록 음식을 먹었다. 그리고 식사 뒤에 으레 따르는 즐거운 대화나 노래, 춤 등을 즐기기 위해 다시 남편들과 합류했다.[9] 마치 곡예사가 기묘한 재주로 관중의 마음을 사로잡듯이, 중세 음유시인의 선구라고 할 수 있는 음영시인吟詠詩人이 매혹적인 시로 회식자들의 마음을 홀딱 사로잡는 것도 바로 이때였다. 손님들은 주연 후에 벌어지는 심심풀이 놀이나 경기에 기꺼이 참여했다. 앞뜰에서는 원반던지기나 권투시합 등이 자주 행해졌다. 거지로 변장한 율리시스(또는 오디세우스)가 궁전의 안뜰에서 혼자 음식을 먹다가, 아내의 오만불손한 구혼자들과 활쏘기를 겨루었던 장면을 연상해 보면 된다. 주연 후 벌어지는 춤 역시, 또 하나의 여흥이었다.

9 | 그리스인들은 축제 때 춤을 추었다. 그리스인들의 회식은 흔히 뜰에서 열렸고, 회식 때에는 으레 춤이 따랐다. 오늘날에도 그들은 음식을 있는 대로 장만하여 먹고 마시고, 모든 마을 사람들이 한데 모여 온갖 악기를 동원하여 춤추고 노래한다. 이것은 보통 축제기간이 끝날 때까지, 매일 밤낮을 가리지 않고 계속된다.

댄서들은 저마다 우아한 자태와 춤 솜씨를 겨루었고, 이를 지켜 보는 관중들은 흥에 겨워 손뼉으로 장단을 맞추었다.

페리클레스 시대에는 과연 어떤 변화가 생겨났을까? 아테네인들은 호메로스 시대 조상들의 관습을 대체로 그대로 물려받았다. 호메로스 시대의 그리스인들은 하루에 세 끼 식사를 했다. 아침식사는 아리스톤ariston, 점심식사는 데이프논deipnon, 저녁식사는 도르폰dorpon이란 명칭으로 불렸다. 그러나 좀 더 후대에 가면, 아리스톤은 점심식사가 되고, 데이프논은 저녁식사가 되었다. 이처럼 식사시간이 점점 늦어지는 경향이 있었으나, 그 당시에는 조명이 그리 발달하지 않았기 때문에 아테네인들은 보통 일찍 자고 일찍 일어났을 것이다. 이들은 이른 아침에 포도주를 적신 빵으로 간단하고 신속한 식사를 마쳤다. 종종 올리브나 대추야자 열매, 무화과를 곁들이기도 했다. 아침식사는 매우 가볍게 먹었는데 그 이유는 저녁식사인 데이프논을 위해 식도락가의 정력을 아껴 두기 위해서였다. 저녁식사에 초대된 손님들은 완전한 권리를 지닌 동등한 계층의 회식자이거나, 부잣집의 식탁을 즐겁게 해 주는 식객parasite들로 구성되어 있었다.

페리클레스 시대 그리스인들의 일상생활에 대한 글을 쓴 로베르 플라셀리에르에 따르면, 남의 집에 초대받는 경우 자기 몫의 식량이나 포도주를 지참하는 것이 관례였다. 연회장에 들어가기 전에, 회식자들은 우선 신발을 벗었다. 그러면 대기한 노예들이 손님들의 발을 정성스럽게 씻겼다. 발을 씻고 난 뒤, 회식자들은 부드러운 방석을 깐 2인용 좌석침대(카우치 couch) 위에 거의 반쯤 드러누웠다. 그러는 사이 회식자들 앞에는 음식을 늘어놓기 위해 여러 개의 작은 테이블이 차려졌다. 집주인은 첫 좌석침대의 왼편에, 그날의 귀빈은 첫 좌석침대의 오른편에 비스듬히 드러누웠다.

호메로스 시대와 마찬가지로, 손잡이가 달리고 향내 나는 물병이 손님들에게 한 차례씩 돌아갔다. 전대와 마찬가지로 사람들은 여전히 포크를 사용할 줄 몰랐다. 물론 접시도 아직 없었으며, 단지 (중세의 빵 도마의 선구라고 할 수 있는) 받침대 위에 둥글고 판판한 팬케이크가 놓여 있을 따름이었다. 고기를 썰기 위한 칼과 퓌레purée(야채를 삶은 뒤에 짓이겨 거른 걸쭉한 음식) 따위를 먹기 위한, 화려한 손잡이가 달린 스푼, 그리고 나무나 금속으로 된 사발 등이 있었다.

회식자는 모두 남성이었다. 음식 시중을 드는 하녀나 '헤타이라Hetaira'라는 고급창녀나 여성악사를 제외하고, 여성들은 항상 부인 방에 틀어박혀 있어야 했다. 아테네 여성들은 여성연회인 '농업 여신인 데메테르 축제Thesmophories'에 이따금 참석하는 것이 고작이었다.

아테네인들은 주로 무엇을 먹었을까? 그들에게는 우둔하고 미련한 보이오티아인의 폭음폭식 성향이나, 스파르타인의 생활적인 엄격성이 모두 없었다. 당시 고기 가격이 엄청나게 비쌌기 때문에, 아테네인들은 육식을 그다지 즐기는 편이 아니었다. 쇠고기는 드물었고, 대체로 돼지고기를 많이 먹었다. 고기는 석쇠에 굽고, 매우 강한 양념을 사용했다. 조르주Georges와 제르맨 블롱Germaine Blond은 공저『이전 시대의 향연: 정취 있는 우리 음식의 역사*Festins de tous les temps: Histoire pittoresque de notre alimentation*』에서 그리스 향신료의 기나긴 목록을 매우 인상 깊게 나열했다.[10] 바로 참

10 | Georges, Germaine Blond, *Festins de tous les temps: Histoire pittoresque de notre alimentation*, Paris: A. Fayard, 1976.

11 | 그리스인들은 향료를 많이 사용했다. 사프란 향과 관련된 재미난 일화가 있다. 고대 그리스에서는 사프란 향이 일종의 '사랑의 미약媚藥'으로 알려졌다. 만약에 시집을 안 간 처녀가 일주일 동안 연속적으로 사프란 향을 복용하게 되면, 어떤 사람이라도 그 처녀에게 안 넘어갈 수 없다고 믿어졌다.

재미있는 토막이야기

그리스 요리의 거장 아르케스트라테Archestrate

아르케스트라테는 기원전 4세기경 시칠리아의 젤라Gela에서 태어났다. 그 당시에 시칠리아는 그리스 영역에 속했다. 그는 아테네의 최고 정치가였던 페리클레스의 아들과 매우 절친한 사이였다. 그러나 신빙성이 있는 여러 가지 주장에도 불구하고, 그는 결코 요리사가 아니었다. 단지 식도락 취미를 지닌 시인이며, 여행자였을 뿐이다. 그는 식품과 지역요리를 자세히 연구하기 위해 아테네 제국 전체를 돌아다녔으며, 식관습과 문명의 밀접한 연관성을 깊이 인식하고 있었다. 그는 음식기행을 마친 뒤에 책자 하나를 간행했는데, 그리스 학자에 의하면 이것은 『아르케스트라테의 미식법 *Gastronomie d'Archestrate*』 또는 『요리학*Gastrologie*』이라고 전해진다. 이 책자는 방법론적 연구 형태를 취하고 있었으며, 자신의 모든 경험과 발견을 후세에 전달하고 있었다. 그러나 불행하게도 오늘날에는 이 책의 극히 일부만 남아 있을 뿐이다. 음식에 대한 다양한 체험이나 미식적 편력에도 불구하고, 아르케스트라테는 비쩍 마른 체격의 소유자였다. 때문에 후대에 와서 "아르케스트라테처럼 가볍게 먹자."라는 격언이 나올 정도였다. 그는 또한 식탁의 진미를 최대한 누리려면 회식자의 수를 3~4명으로 제한해야 한다고 충고했다. 19세기 구르메(Gourmet, 식도락가)의 선구자로 알려져 있다.

깨, 커민(미나리과 식물), 털기름나물(미나리과로 옛날에는 간질병의 치료약으로 쓰임), 회향, 고수의 씨, 나도고수, 흑겨자, 양귀비, 마요라나, 백리향 속의 식물, 샐비어, 민트, 마늘, 파, 염교, 파슬리, 수선화, 운향, 서양고추냉이, 겨자, 서양 양각초, 후추, 또 다량의 소금 등이다. 이러한 향료를 사용한 고대 전통은 중세 말까지도 계속 이어진다.[11]

생선은 아테네인들의 식단의 본질적 요소였다. 당시 아테네의 요리책이나 아르케스트라테의 책자를 살펴보면, 우리는 놀랄 만큼 많은 생선요리를 발견하게 된다. 삼면이 바다라서 생선도 싱싱한 것이 많았다. 그리스인들은 생선의 맛과 좋은 향을 매우 높이 평가했다. 그들은 신비한 바다 속 생활에 대한 동경심과, 물고기가 시인에게 주는 영감의 원천, 그 모든 상징체계를 사랑했다. 그리스 중 · 상류층이 가장 많이 애호했던 생선은 장어, 참치, 붕장어, 농어류였고, 빈민들은 대개 정어리나 멸치류를 즐겨 먹었다. 조개류나 오징어도 매우 풍부했다.

호메로스 시대와 마찬가지로 야채는 가짓수가 적었고 빈약했다. 잠두나 완두콩, 렌즈 콩, 순무 가운데서 양배추가 단연 으뜸인 야채였다. 양배추에는 여러 가지 치유효과가 있다고 믿어졌기 때문에 젊은 임산부들에게 적극 권장되었다.

그리스 요리는 다량의 조미료 사용이 특징이다. 그리스인들은 항상 식용유로 올리브유를 사용했다. 올리브 나무를 최초로 후대에 전해 준 이들도 바로 그리스인이었다. 그리스인은 오늘날에도 언제나, 어느 요리에서나 올리브유와 레몬 즙을 듬뿍 사용한다. 간단한 생선소금구이에도 반드시 올리브유와 레몬 즙을 잔뜩 쳐서 먹을 정도다. 푸성귀를 먹을 때에도 이 두 가지는 결코 빠질 수 없다. 올리브 나무는 매우 상징적이고 유용한 식물이다. 고대에는 금속제나 도자기로 된 등잔에 올리브유를 부어 썼고, 또 그것을 몸에 바르는 습관이 있었다.

후식으로는 치즈, 단 케이크류, 꿀, 포도, 호두 등이 있었다. 조르주와 제르맨 블롱에 의하면, 그리스인들은 케이크 모양을 때때로 소용돌이 나선형이나, 여성의 유방을 본떠서 만들었다. 시라쿠사의 밀로이데스myl-loides는 꿀과 밀가루, 참깨 등을 넣어 만든, 익히지 않은 매우 상징적인 생과자다. 시라쿠사 사람들은 다산과 풍요를 기원하는 마음에서 이 밀로이데스를 여성의 성기 모양을 그대로 본떠서 만들었으며, 데메테르 여신이나 그의 딸 페르세포네에게 이를 바쳤다고 전해진다. 이러한 기이한 풍습은 후세에도 전해져, 중세시대에는 외설스러운 생강 빵pain d'épices의 형태로 재현되었다.

『고전 그리스의 일상생활*La vie quotidienne dans la Grèce classique*』(1946)의 저자인 샤를 피카르Charles Picard는 아테네인들의 저녁식사, 즉 데이프논을 다음과 같이 묘사했다. "가장 훌륭한 식단은 가능한 한 바다의 향기와 육지의 선물을 잘 배합한 것이다. 올리브 열매, 그리고 백리향속 식물과 양파, 식용유로 조리한 산토끼와 석쇠에 구운 살찐 지빠귀요리, 새끼 양이나 꼬챙이에 찔러 통째로 구운 새끼 돼지, 그리고 밀가루와 꿀로 만든 약간의 케이크, 아카이아산産 치즈,[12] 월귤나무와 무화과 열매, 또 화덕에서 말리거나 자연 그대로의 부드럽고 말랑말랑한 호두를 먹었다."[13]

아테네인들은 과연 무엇을 마셨을까? 가장 먼저 언급할 수 있는 것은 물이다. 그리스인들은 깨끗하고 시원한 물을 몹시 좋아했다. 또 꿀물이나 염소의 젖, 그리고 식전에 물을 많이 탄 포도주를 마셨다.

주신 디오니소스의 '선물'인 그리스 포도주는 오늘날의 포도주와는 사뭇 달랐다. 그리스인들은 포도주를 오래 저장하기 위해 거기에 소금을 넣어 짜게 했다. 또 이미 언급한 대로 포도주 속에 백리향속 식물, 민트, 꿀과 계피 등 향료를 집어넣었다. 샤를 피카르에 이어, 로베르 플라셀리에르는 그리스인들의 옛날 포도주 소비방식에 관한 또 다른 정보를 상세히 들

12 | 그리스인들은 기원전 480년경(살라미스 해전)에 치즈 케이크를 먹게 되었다. 그 뒤로 후식으로 이를 먹기를 좋아해서 치즈 케이크가 발달하게 되었다.

13 | André Castelot, *op.cit.*, p.295.

심포지움 장면. 이 자리에서는 춤과 노래, 무언극이 상연되고, 또 정치적이고 철학적인 대화가 오갔다.

려준다. "현지에서 그대로 소비하는 경우에는 짐승가죽으로 만든 부대에 포도주를 담았다. 그러나 만일 다른 장소로 멀리 수송하는 경우에는 현재 사용하는 포도주통의 선구라고 할 수 있는 커다란 질그릇 항아리 피토스pithos에 넣었다. 또한 손잡이가 달린 항아리 속에 집어넣기도 했다. 이 항아리 역시 찰흙으로 만들어졌는데, 내부에는 송진을 발라서 만든 칸막이가 있었다." 손잡이가 달린 항아리에는 상인의 이름 도장이 찍혔기 때문에, 우리는 그 출처를 어느 정도 파악할 수 있다.

그리스인들은 식전에는 결코 포도주의 원액을 그대로 마시지 않았다. 마시기 전에 포도주를 디노스dinos라는 커다란 물병에 넣고 묽게 물을 탔다. 그리고 술을 따르는 특별한 스푼으로 술잔을 채웠다. 포도주의 순수한 원액은 대체로 식사 마지막이나 심포지움 때 마셨다. 심포지움은 축제 때 저녁식사를 마치고 잠시 쉬었다가, 다시 계속되는 제2차 주연이라고 할 수 있다. 심포지움이 시작될 무렵에만 나타나는 손님들도 있었다. 나이가 든 연령자들은 젊은 층을 위해 서서히 축제의 홀을 비웠다. 그리고 다시 케이크, 치즈, 조개류, 과일류, 튀김 등의 음식이 새로 나왔다. 바로 이때가 춤과 노래, 무언극이 상연되고, 또 정치적이고 철학적인 대화가 계속 오가는 시간이었다. 여기서 연회banquet, 즉 아카데믹한 '플라톤의 향연',

'크세노폰의 향연' 등이 탄생되었다.

심포지움은 항상 그리스의 주신 디오니소스에게 바치는 헌주로 시작되었다.[14] 일반적으로 세 차례의 헌주가 있었다. 마지막 헌주는 플루트 연주에 따른 아폴로 찬가에 이어, 최고신 제우스에게 바쳐졌다. 그러고 나서 사람들은 그날의 '연회의 왕'을 선발했다. 이렇게 선발된 왕은 만일 불복하는 자가 있으면, 그자를 나체로 춤추게 하거나 또는 오보에를 손에 들고 넓은 홀을 세 바퀴씩 돌게 할 수 있는 권한이 있었다. 이러한 주연에서 아내는 함께 어울릴 수 없었으며, 대개 직업여성인 헤타이라가 악기를 연주하거나 손님들과 함께 담소하며 분위기를 조성하는 것이 예사였다.

아테네인들은 심포지움에서 곧 '코타보스Kottabos'라는 재미있는 놀이를 고안해 냈다. 그것은 술이 든 잔을 던져서, 일정한 거리에 있는 목표물을 맞히는 놀이였다. 그들은 술잔을 던질 때, 사랑하는 연인의 이름을 주문처럼 외웠다. 만일 목표물을 정확하게 맞히면, 그들의 사랑도 이루어진다고 믿었다. 성공한 자에게는 오늘날 복권에 당첨된 이처럼 푸짐한 선물이 주어지거나, 연인의 달콤한 입맞춤이 기다리고 있었다.

비교적 온건한 과두주의자 테라메네스Theramenes(기원전 약 455-404)는 이

14 | 디오니소스Dionysos라는 그리스 이름은 사실 그 기원이 분명하지 않다. 디오니소스의 또 다른 명칭인 바쿠스는 5세기경부터 그리스인들 사이에서 사용되었다. 사바지오우스Sabazious, 바사레우스Bassareus 등은 트라키아(발칸 반도 동부에 있던 고대 국가)의 명칭이다. 디오니소스는 원래 트라코-프리지아Thraco-Phrygian의 토속 신이었던 게 거의 확실하다. 트라키아나 옛날 소아시아에 있었던 프리지아 국가로부터 그리스로 전래되었을 것이다. 호메로스는 자신의 서사시에서 포도주의 사용을 자주 언급했지만, 디오니소스란 명칭은 결코 언급하지 않았다. 올림포스의 신을 열거할 때에도 디오니소스는 단 한 번도 등장하지 않았다. 포도주가 '디오니소스의 선물'이라고 최초로 언급한 사람은 헤시오도스였다. 그러나 호메로스 역시 『일리아스』에서 '격노한'이란 형용사가 떠들썩하고 음란한 주신酒神 숭배를 가리키는 단어임을 언급한 적이 있다. Encyclopaedia Britannica 참조.

놀이를 즐기다 독당근hemlock 에서 추출해 낸 독약이 든 술을 마셨다.[15] 철학자 플라톤의 삼촌이기도 한 크리티아스Critias(기원전 450-404)에 의해 죽음을 선고받은 그는 "훌륭한 크리티아스를 위해 건배!"라는 말을 외치며, 마지막으로 남은 한 방울의 술을 마셨다.[16]

또 이런 연회와는 약간 성질이 다르지만, '제전' 이라는 행사가 있었다. 제전이 열릴 때에는 올림포스의 12신을 민족신으로 받들어 다 같이 즐겼다. 그리스에서는 원래 네 개의 커다란 제전이 있었다. 먼저 코린트 지협 대경기, 네메아 경기(한 해 걸러 네메아에서 행해지던 제우스제), 아폴로 축제경기(4년마다 델포이에서 열린 경기), 그리고 마지막으로 올림피아 대경기를 들 수 있다. 올림피아 대경기는 4년마다 올림피아에서 정기적으로 열렸는데, 이 경기가 열릴 때에는 전쟁도 중단할 만큼 그리스 역사상 매우 중요한 의미를 지니고 있었다.[17] 아테네 여성들은 남성 위주의 신성한 종교체전에 참가할 권리가 없었을 뿐 아니라, 구경조차 할 수 없었다. 그러나 기원전 약 640여 년경, 그리스에서는 최초로 여성참가자를 위한 미인대회가 시작되었다.[18]

15 | 그리스에서는 죄인을 죽일 때 독당근에서 추출한 독약을 사용하기 시작했다. 복용하면 경련이 일어난 뒤에 죽게 되는 것으로, 철학자 소크라테스도 이 독약을 마시고 죽었다(기원전 399).

16 | 펠로폰네소스 전쟁이 끝난 뒤에 아테네에서는 과두주의자들이 스파르타의 장군 리산드로스와 손을 잡고, 이른바 '30인 참주' 라는 과두정치를 단행했다. 이 정부는 스파르타 주둔군의 지지를 받으며 민주주의자를 비롯해서 반정부적인 혐의가 있는 인물들을 차례로 처형했다. 온건한 과두주의자 테라메네스는 이러한 가혹한 처사에 반대했지만, 자신도 크리티아스 같은 과격분자의 손에 독살당하고 말았다. 그 뒤로 3,000명의 아테네 시민이 추방당하는 비극이 일어났다.

17 | 제1회 올림피아 대경기는 기원전 776년에 행해졌다. 처음에는 단거리 경주 하나밖에 없었으나, 원반던지기, 투창, 멀리뛰기, 레슬링 경기 등이 추가되었다. 기원전 720년경에는 완전히 벌거벗은 선수가 나타났다. 제15회 올림피아 대경기 때 벌거숭이 선수가 우승을 하자, 몸에 아무것도 걸치지 않은 편이 시합에 훨씬 유리하다고 판단해, 그 이후부터는 다른 참가자들도 이를 저마다 흉내 냈다.

지금까지 그리스인들의 식생활과, 식생활에 관련된 음식축제 등을 간략하게 살펴보았다. 그러나 우리가 이제껏 살펴본 그리스인의 식사는 가난한 서민층의 평범한 식사가 아니라, 일부 상류층의 호화판 식사와 사치스러운 주연에 관한 것이 대부분이었다. 귀족과 부유한 평민층의 식사는 빵과 수프를 곁들인 주식에다 고급생선요리,[19] 또 고기와 과일까지 갖춘 매우 사치스러운 것이었다.

민중들의 식생활에 대해서는 사료가 절대적으로 부족한 관계로 알려진 것이 별로 없다. 단지 우리는 기원전 약 920년경부터 그리스에서는 포도주가 대량생산되어, 누구나 포도주를 마음껏 마시게 되었다는 사실을 알고 있다. 빈민이나 여자, 심지어 어린아이까지도 식사 때에는 거의 매일 포도주를 마시게 되었다. 그래서 농민들의 일상적인 식단은 돌 위에 놓고 구운 얇팍한 빵과 치즈, 포도주가 되었다. 그리고 채소와 약간의 올리브유, 멸치류 등이 가미되었다. 고기 가격이 워낙 비쌌기 때문에, 일반 서민들은 축제 때가 아니면 고기는 구경하기도 어려웠다. 그러나 빵에서 얻는 탄수화물과 올리브유의 지방분, 채소의 무기질과 과일의 비타민, 생선의 칼슘이나 단백질, 또 치즈 덩어리에서 얻는 고단백 영양소, 그리고 매일 먹는 포도주의 열량을 고려한다면, 서민들의 식생활도 그다지 열악한 상

18 | 코린트의 참주 키프셀로스Kypselos는 여성의 외형적인 미보다는 얌전한 태도와 가사를 처리하는 능력 등을 중시하여 이런 대회를 개최했는데, 그리스 각지에서 이를 모방한 미인대회가 성행하기 시작했다.

19 | 그리스에서는 대연회에서 솜씨를 자랑하는 전문 요리사를 중시하여, 고급생선요리 특히 상어나 뱀장어를 맛있는 요리로 만들어 내는 이름난 요리사들을 앞 다투어 모셔 갔다. 이런 현상에 의해 기원전 500년경에는 최초의 요리책이 간행되었고, 미식법과 요리법에 관한 책들이 여러 종 출판되었다.

태는 아니었던 것 같다.

귀족들의 식생활의 경우에는 호메로스 시대와 페리클레스 시대를 서로 비교 · 고찰할 수 있으나, 서민들의 식생활의 경우에는 실질적인 내용 면에서 식사시간의 변화 및 포도주의 대중화 현상 외에는 그다지 큰 변화를 찾아보기 어렵다.

고기요리는 남성들의 몫이었다: 가부장제가 식생활에 끼친 영향

그리스에서는 고기에 대한 종교적인 금기사항이 없었다. 산 짐승을 잡아 손수 요리한다는 것 자체가 가부장권의 행사이며, 신성한 제식의 일종이었다. 그리스에서 가장 인기 있는 신인 디오니소스의 숭배와 밀접하게 관련된 포도주는 '힘과 청춘의 상징물' 이었다. 또 그리스의 '식민지 분포도' 는 '포도 재배지 분포도' 와 정확하게 일치하고 있을 정도로, 포도주는 명실공히 그리스 국민의 알코올 음료였다. 한편 그리스 여성들이 고기요리에 별로 참여하지 않았던 것에 비해 주신을 기리는 디오니소스 축제에서는 남녀노소의 구별이 없어 여성들의(특히 극성스러운 부인네들의) 적극적인 참여가 허용되었다. 이러한 점으로 미루어 볼 때, 적어도 고기보다는 포도주가 사회적으로나 또 가격 면에서나 훨씬 더 민주적인(?) 식품이었던 것 같다.[20] 디오니소스 신자들을 박해하던 펜테우스Pentheus가 사지를 갈가

20 | 근대적인 농업혁명이 있기 전까지는 고기 소비는 항상 수요보다 공급이 절대적으로 부족한 상태였다.

21 | 토머스 불핀치 저, 『그리스 로마 신화』, 김명희 역, 하서, 1991, p.182.

리 찢긴 채 비참하게 죽었던 것은 바로 디오니소스에 의해 눈이 멀게 되어 아들을 그만 굶주린 괴물로 착각했던, 펜테우스의 어머니 아가우에Agave 때문이 아니었던가? 아가우에는 다른 부인네들과 함께 아들을 죽인 뒤에 이렇게 부르짖었다. "승리다! 승리! 우리가 승리한 것이다. 그 영광은 우리의 것이다."[21]

간결하면서도 우아한 의상을 입다

그리스인들은 기후가 온화하고 건조한 풍토에서 옥외생활을 즐겼다. 운동과 경기를 통해 심신을 단련시키는 생활을 했고, 나체로 체육경기를 할 만큼 인간의 자연스러운 육체미를 찬미했다. 이승을 퍽이나 사랑했고, 사후생활에는 관심이 별로 없었다. 때문에 호메로스의 작품 『오디세이아』에서 이미 죽은 아킬레우스가 오디세우스에게 "죽은 왕보다 산 노예가 낫다."고 푸념할 정도였다. 그들의 인생관은 우리 유교의 현세주의와 약간 유사한 점이 있다. 그리스인들은 항상 낙천주의, 현세주의, 자연주의, 쾌락주의를 열정적으로 추구했고, 또 개인주의와 각 개인의 독특한 개성을 중시했다. 그리스인들의 자연스러운 육체미와 인간미에 대한 심미적 추구는 의복 발달에도 많은 영향을 미쳤다. 그리스인의 의상을 한 문장으로 표현하자면 바로 '우아하고 간결한 의상'이다.

호메로스 시대에는 요의loin cloth(미개인 등이 허리에 두르는 간단한 옷)와 튜닉tunic(소매가 짧고 무릎까지 내려오는 속옷)이 있었을 뿐이고, 크게 주목할 만한 의복 발달이 없었다.[22] 그리스인들은 대개 속옷인 튜닉과 겉옷인 클라미스

남성들은 튜닉을 대체로 속옷으로 걸쳤다.

chlamys 등을 걸쳤다.[23] 프랑스의 유명한 역사가인 텐Hyppolyte Adolphe Taine에 의하면, 남성들은 속옷으로 소매가 없는 짧은 튜닉을, 여성들은 긴 슈미즈를 걸쳤다. 그리스 신화에 등장하는 네소스(반인반마의 켄타우로스족)의 피가 묻은 튜닉은 힘센 영웅 헤라클레스의 목숨을 앗아간 것으로도 유명하다.[24]

기원전 1200년경에 도리아인이 그리스 본토를 침입했고, 드디어 미케네 문명을 멸망시켰다. 그 후 4세기 동안 그리스에서는 권력의 공백기이자 혼란스러운 '암흑기'가 시작되었다. 바로 이 시기부터 종 모양의 스커트와 보디스bodice(몸에 꼭 끼는 여성복 상의로 보통 소매가 없음) 양식이 사라지고, 대체로 바느질을 하지 않은 한 장의 천을 몸에 그대로 감는 권의卷衣 양식이 등장했다.

기원전 7세기의 고전기는 그리스 의상의 전환기라고 할 수 있다. 이때부터 그리스 본토의 복장 형식은 일변하여, 단순한 원통 모양을 만들어 몸을 싸는 페플로스peplos가 된다.[25] 또 기원전 7세기경부터 의복 연구를 가능하게 하는 고고학적 자료들(조각상, 색칠한 자기)이 풍부해지는 동시에, 기술자료들도 많아진다. 후자의 대표적인 예가 바로 그리스의 위대한 역사가 헤로도토스의 저작이다. 헤로도토스는 의상의 발달과 더불어, 의상과 장식품의 사회적 중요성을 상세히 기술하고 있다.

도리아식 페플로스는 어깨에서 옷을 잠그기 위해 끝이 뾰족한 핀을 사용했다. 머리 부분에 장식이 달린 그 핀은 날카로운 끝부분이 그냥 바깥쪽으로 삐져나온 상태였다. 그리스 최초의 역사가이자 천부적인 이야기꾼

22 | 고대 그리스 문명에 앞서 기원전 15세기경에 꽃핀 크레타 · 미케네 문명시대의 복장은 매우 독창적이었으며, 대표적인 서양 고대 복장인 권의(몸에 감는 복장)와는 다른 의도로 만들어져 근대적 외형을 띠고 있었다. 그 대표적인 예가 기원전 1550년경에 나타난 최초의 코르셋과 스커트다. 크레타 여인들은 아주 멋쟁이어서, 코르셋으로 허리와 가슴의 맵시를 내고 주름이 있는 긴 스커트를 입었으며, 홍옥 목걸이를 걸고 머리 모양을 곱슬곱슬하게 했다.

23 | 클라미스는 그리스 남자들이 입은 외투였다. 직사각형의 모직 천을 반으로 접어 정사각형으로 만들고 몸에 한 번 둘러 오른쪽 어깨나 앞 중심에서 피불라fibula라는 안전핀으로 고정시켜 입었다. 오른팔을 자유롭게 움직일 수 있으므로, 주로 말을 탈 때나 여행할 때 외투로 입었다. 또 밤에 야영할 때는 담요로도 사용할 수 있었다.

24 | 영웅 헤라클레스는 아내 데이아네이라와 함께 여행하던 중, 어떤 강에 이르렀다. 그곳에서는 네소스라는 이름의 켄타우로스족이 일정한 삯을 받고 길손이 강을 건너게 도와주고 있었다. 헤라클레스는 네소스에게 아내를 건너게 해 달라고 부탁했다. 그런데 음흉한 네소스는 그녀를 데리고 달아나려 했다. 헤라클레스는 아내의 비명소리를 듣고, 네소스의 심장에 독화살을 쏘았다. 네소스는 죽어 가면서 데이아네이라에게 남편의 사랑을 유지하는 묘약으로 사용할 수 있을 것이니 자기의 피를 고이 간직하라고 일렀다. 그 뒤에 남편의 사랑이 식었다고 생각한 데이아네이라는 사랑의 묘약을 시험할 절호의 기회라고 생각하고, 남편이 입을 흰 튜닉에 네소스의 피를 적셨다. 그 옷이 헤라클레스의 몸에 닿아 따뜻해지자, 피에 섞여 있던 독은 그의 전신에 퍼지게 되었다. 이 엄청난 결과에 자책한 데이아네이라는 그만 자살을 하고, 헤라클레스는 나무더미 위로 올라가 장렬하게 스스로의 몸을 불태운다. 이 이야기는 그리스 속옷과 관련된 대표적인 신화다.

25 | 페플로스는 그리스 여자들이 입었던 키톤의 초기 형태였다. 이것은 '진실하고 강건한 기풍을 존중한 도리아식 키톤'이라는 별명을 가졌다. 그러나 입는 방식은 같아도, 페플로스는 도리아식 키톤보다 품이 좁고 옆 솔기를 박아 통으로 만들었다는 점에서 도리아식 키톤과 다르다.

키톤은 그리스 남녀 모두가 즐겨 입었다.

인 헤로도토스는 도리아식 페플로스에 얽힌 아주 섬뜩하고 음산한 이야기를 들려주었다. 어떤 전투에서 아테네 군대가 거의 전멸해 버린 사건이 있었다. 그런데 한 군인이 용케 혼자 빠져 나와, 이 비통한 소식을 전사자의 부인과 어머니들에게 알렸다. 남편과 자식을 잃고 절망에 빠진 여성들은 이성을 잃은 나머지, 자신들이 걸친 페플로스 의상에서 커다란 핀을 뽑아 혼자서 도망친 그 비겁한 군인을 즉석에서 살해했다. 이 사건에 경악한 남성들은 아테네 여성들이 모두 이오니아식 의상을 입어야 한다고 선언했다. 이 이야기가 사실인지 아닌지는 가릴 수 없지만, 여성들은 이제 무기로도 사용될 수 있는 노출된 핀 대신에, 피불라fibula라는 안전핀(브로치의 일종)을 사용하게 되었다.

그리스 남녀가 모두 키톤chiton과 히마티온himation을 입었는데, 키톤 역시 도리아식과 이오니아식으로 나뉜다. 도리아식 키톤은 큰 장방형 모직물 천의 위쪽을 1/5 정도 밖으로 젖히고, 세로로 반을 접어 몸통을 앞뒤로 감싼 뒤, 양 어깨에서 피불라로 잠그고 허리띠로 동여매는 것이다. 기원전 5세기 이후가 되자, 아테네를 중심으로 이오니아인들이 동방에서 가져온 마직물을 주로 이용하여 우아한 주름을 만든 옷, 즉 이오니아식 키톤을 착용했다. 양팔을 수평으로 하고 천을 몸 앞뒤에 댄 뒤에 위쪽을 많은 핀으로 꿰매어 마치 창문의 커튼처럼 아래로 죽 늘어뜨리거나, 혹은 소매 위를 실로 꿰매고 허리띠를 매거나 멜빵을 사용하여 입었다.

히마티온은 큰 숄 모양의 겉옷으로, 철학자들은 맨몸 위에 바로 히마티온을 걸쳤다.

큰 숄 모양의 겉옷 형태인 히마티온은 남녀가 모두 입었다. 히마티온을 입는 방식에는 여러 가지가 있다. 가령 철학자들은 맨몸 위에 바로 히마티온을 걸쳤고, 부인들은 비가 오거나 추운 날에는 키톤 위에 히마티온을 마치 두건처럼 머리에서부터 흘러내리게 입었다. 부인들이 모자 달린 망토처럼 히마티온을 우아하게 걸친 모습은 그리스 조각상이나 출토된 여러 도자기 등에서 볼 수 있다. 상을 당했을 때에는 보라나 검정, 짙은 녹색의 히마티온을 걸쳤다. 키톤이나 페플로스는 대개 흰색인 데 반해, 히마티온

옷에 사용된 드레이프 기법. 그리스 의상은 육체의 선에 따라 자연스럽게 주름지는 드레이프 기법의 미를 최대한 살렸다.

은 흰색, 파란색, 장미색, 보라색, 검정색 등 여러 가지 색상이 있었고, 또 옷감의 가장자리를 예쁘게 수놓아 장식했다.

요컨대, 그리스인의 의상은 육체의 선을 따라 자연스럽게 주름지는 드레이프drape 기법을 사용하여, 부드러운 천의 주름을 통해 율동감과 리듬을 창조해 내고 옷 입는 방법에 따라 여러 가지 변화를 줄 수 있다는 데 그 특색이 있었다.[26]

그리스 의상에 대한 잘못된 견해 중 대표적인 것이 바로 그리스인의 의상이 흰색이었다는 것이다. 이러한 잘못된 견해는 그리스 조각상이 대리석이나 청동 같은 단일 재료로 만들어진 데서 비롯된다. 조각상이나 도자기들은 처음에는 여러 가지 다양한 색깔이 입혀졌을지라도, 오랜 시일이 경과해 출토된 뒤에는 대부분 원래 색상을 잃게 된다. 호메로스는 일찍이 은실과 금실로 화려하게 짠 사치스러운 의상을 언

26 | 신상옥, 『서양 복식사』, 수학사, 1985, p.37.

급한 적이 있다. 우리는 도자기, 조각상, 또는 호메로스의 고전적인 작품을 통해서, 그리스인이 의복의 가장자리에 동물, 새, 물고기, 전투 장면 등을 직접 수놓아서 장식했음을 알 수 있다. 길쌈과 자수 솜씨를 뽐내기 위해 직물의 여신 아테나와 솜씨를 겨루었던 오만한 아라크네(나중에 신의 저주를 받아 거미로 변함)는 자신의 직물에 신들의 실패와 과오를 나타내는 여러 신화의 소재들을 수놓지 않았던가?

그리스 고전기의 의상 색깔은 사실상 대부분 흰색이었다. 또한 그 당시에는 평민들이 극장이나 공공장소에서 붉은색 키톤이나 히마티온을 걸치는 것이 금지되어 있었다. 그러나 기원전 5세기가 되면, 의복 색깔은 매우 다양해진다. 사람들은 여러 가지 고운 색실을 옷의 가장자리 부분에 매달아 보기 좋게 늘어뜨렸다. 헤로도토스 역시 한 가지 의상에서 노란색, 보라색, 남색, 붉은색과 자주색을 동시에 언급한 적이 있다.

자유 여신상의 모자의 유래: 그리스 복식의 주변사

그리스인들의 머리 모양과 모자, 신발 등 '복식의 주변사'에 대하여 살펴보기로 하자. 이집트인과는 달리, 그리스 남녀는 모두 머리를 길렀다. 남녀 모두 거울과 머리솔을 즐겨 사용했고, 머리에 향유를 바르는 등 모발 손질에 각별히 신경을 썼다. 젊은 여성들은 웨이브가 진 머리카락을 자연스럽게 뒤로 넘기거나 어깨 위로 늘어뜨렸다. 또는 땋아 올려 머리 위에서 그물 같은 망을 씌우기도 했다. 또 리본이나 금속으로 만든 머리띠가 여성들 사이에서 유행했다. 그리스인 사이에서 금발은 매우 드물었지만, 사람

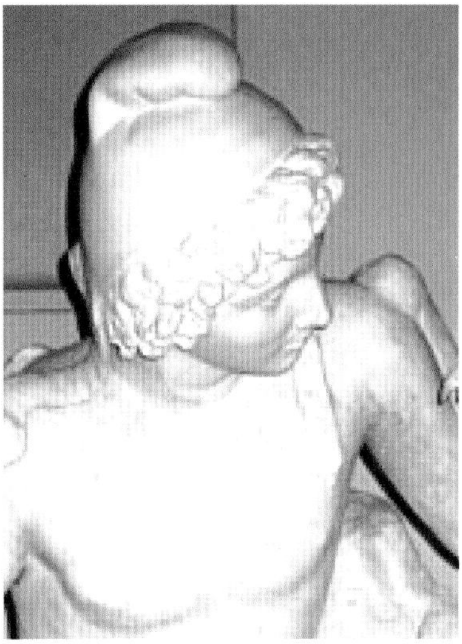

프리지아 모자. 원래는 페르시아의 태양 신 미트라, 아나톨리아의 신 아티스가 썼던 모자였으나, 헬레니즘 문명과 로마 시대에도 널리 애용되었다.

들이 금발을 좋아했기 때문에 많은 여성들은 앞 다투어 머리를 표백했다. 후대에 이르자 그리스 남성들은 로마인처럼 활동하기 편한 단발을 선호했다. 그러나 철학자들은 여전히 장발을 고수했다. 원래 장발과 수염은 권위의 상징이다. 군인이 아닌 경우에 남성들은 대개 수염을 길렀다. 머리를 자르고 수염을 다듬는 이발소는 그리스에서 가히 폭발적인 인기를 얻었다. 이발소는 남성적인 사교장이었고, 여기서 그들은 정치나 스포츠, 뉴스, 철학을 논하고 심지어 남에 대한 뒷공론을 쑥덕거렸다.

그리스인이 착용한 남성용 모자 중에는 프리지아 모자Phrygian cap가 있다. 그리스 항아리의 그림이나 다른 예술작품에서 프리지아 모자는 비非그리스인인 트로이 영웅 파리스를 의미한다. 로마 시인들 역시 '프리지아의Phrygian' 란 형용사를 트로이를 지칭하는 데 사용했다. 이 프리지아 모자는 원래 페르시아의 태양 신 미트라, 아나톨리아의 신 아티스가 썼던 모자였으나, 통합적인 헬레니즘 문명과 로마 시대에도 널리 애용되었다. 특히 로마 제정기에 해방노예들이나 로마 시민이 된 노예의 자손들이 많이 착용했기 때문에 '자유의 상징' 이 되기도 했다. 고깔이 앞으로 꺾인 것과 같은 프리지아 모자의 특이한 모양은 후세에도 자주 재현되었다. 그 예로 프리지아 모자는 베네치아 관리의 모자와 프랑스 혁명가들의 모자의 모델이 되었다. 자유의 상징인 프리지아 모자는 미국 뉴욕의 자유 여신상이 쓰고 있는 모자의 원류이기도 하다.

발을 감싸는 도구는 원시 조상들의 최초 주요 발명품 가운데 하나였다. 그들은 식량과 따뜻한 휴식처를 구하기 위해 여기저기 사방으로 돌아다닐 때, 뾰족한 바위나 뜨거운 모래로부터 지친 발을 안전하게 보호할 필요가 있었다. 이집트나 중국 등 기타 다른 고대 문명의 문헌에도 신발에 대한 기록이 나와 있으며, 성경에서도 신발을 반복해 언급하고 있다. 기원전 1200년경의 이집트 파라오의 샌들은 길고 끝이 뾰족한데, 이것이 바로 왕이나 군주, 고급승려의 신분을 나타내는 표식이었다. 반면에 이집트 평민의 샌들은 대개 꼰 대마나 파피루스 구두창, 또는 무두질한 가죽끈으로 되어 있었다. 그리스의 남녀는 집 안에서는 맨발로 생활했고, 밖에서만 좌우 구별이 있는 샌들을 신었다. 샌들의 재료로는 나무, 가죽, 풀을 주로 사용했으며 가죽끈으로 묶는 형태였다. 고대 그리스인들의 크레피스krepis도 일종의 샌들인데, 구두의 갈라진 혀는 착용한 자의 신분이 자유민이나 시민임을 표시하는 것이었다. 상류층에서는 금박을 입힌 샌들을 신었고, 노예들은 항상 맨발로 지내야만 했다. 호메로스의 『오디세이아』에는 기원전 707년경에 카리안이란 사람이 장화를 최초로 발명했다는 기록이 나와 있다. 이것은 끝이 약간 뾰족한 장화였다. 그 후 끈으로 앞을 죈 것이 나왔는데, 이러한 형태의 신발은 로마 시대에 널리 사용되었다. 당시에는 남녀의 신발 모양이 구별되지 않았다. 단지 여자의 신발이 남자의 것보다 색깔이 곱고 작았을 뿐이었다.[27]

기원전 404년, 아테네의 항복으로 펠로폰네소스 전쟁이 끝난 뒤에 그리스에서는 키가 커 보이는 구두가 불티나게 팔리기 시작했다. 특히 아테네에서는 직업여성들이 앞 다투어 미용술에 전념한 결과, 아이섀도, 매니큐어 외에도 구두 속에 코르크를 깔아 키가 실제보다 더 커 보이게 만든 구두를 유행시켰다.

끝으로 향수에 대해 간략히 살펴보기로 하자. 향기의 역사에 대한 기원만큼 신비의 베일 속에 가려진 것도 없다. 정복욕에 불탄 알렉산드로스 대왕이 페르시아의 다리우스 3세를 패배시키고 이집트로 이동했을 때의 일이다. 그는 거기서 향수를 사용하기로 결정했다. 대왕의 마루에는 향기로운 물이 흩뿌려졌고, 그의 의상에서는 송진과 미르라Myrrha(몰약) 향이 물씬 풍겼다고 전해진다. 그리스인들은 향수가 '신들의 발명품'이라고 믿었다. 은은하고 향기로운 냄새는 신 또는 여신이 방문할 때 나는 것으로, 이것은 바로 신의 존재를 알리는 표시였다. 그러나 인류학자들은 향수의 기원이 아마도 분향을 목적으로 태우는 고무나 수지의 냄새에서 촉발되었을 것이라 추론하고 있다. 고대 그리스 세계에서 향수는 매우 풍요로운 편이었다. 호메로스의 『오디세이아』에서도 죽은 자의 시체를 향유로 씻기는 관행이 여러 차례 나온다. 또한 결혼식 때 신부의 들러리들은 향기로운 히아신스 관을 쓰고 있다. 아로마타aromata라는 그리스 단어에는 향, 향수, 향료, 향기 나는 약 등 다양한 의미가 함축되어 있다. 메갈루스Megallus라는 향수 제조업자가 발명했다는 전설적인 메갈레이온megaleion은 태운 수지, 카시아(녹나무과에 속하는 키나모뭄 카시아Cinnamomum cassia의 수피로 만든 향신료), 육계피(肉桂

27 | 중세가 되자 끝이 많이 뾰족한 신발이 등장했다. 신분이 높은 사람일수록 끝이 많이 뾰족한 신발을 신었다. 뾰족한 신발의 앞에 방울을 달기도 했다.

皮, 몰약 등이 포함된 합성물로, 화상이나 상처 치료에 주로 이용되었다. 특히 여사제들이 델포이 신전에 앉아서 태우는 월계수 향기는 환각적인 몽환을 불러일으킬 만큼 매우 자극적인 것이었다. 또 신전의 마룻바닥에 있는 여러 개의 구멍들은 연기의 '마술적' 인 효과를 살리는 데 한몫했다.

기원전 7세기경, 아테네인들은 수백 명의 향수 제조자들의 가게가 연이어 있는 대형 상업 센터를 개발해 냈다. 당시에 마요라나, 백합, 장미, 아이리스 같은 향초香草와 향수를 다루는 산업의 규모는 매우 컸다. 이 재료들은 매우 정교하게 잘 만들어진 소형 자기항아리에 담겨져 판매되었다. 그것은 오늘날 아테네 가게에서 흔히 볼 수 있는 작은 항아리와 유사하다. 소크라테스는 향수를 철저하게 거부했다. 요컨대, 향수의 사용은 땀 냄새를 심하게 풍기는 노예들과 그렇지 않은 자유민들의 구별을 흐리게 한다는 것이 그의 지론이었다. 비록 소크라테스 같은 대철학자가 향수 사용을 '사내답지 못한 행동' 으로 간주했다고 할지라도, 향수는 올림피아 대경기나 커다란 국가적 의식 등 그리스 사회에서 매우 중요한 역할을 담당했다. 한편 그리스인들은 자신들이 만드는 향수의 성분이나 식물의 종류를 철저하게 분류함으로써, 향수 학문의 발전에도 지대한 공헌을 했다.

귀족 의복과 서민 의복: 복식의 이원화

고대시대에서 의복만큼 해당 사회의 위계질서를 잘 나타내 주는 것도 없다. 옷의 천, 색깔, 여러 가지 장식이나 수, 장식품 등에서 우리는 그것을 착용한 사람들의 신분을 쉽게 파악할 수 있다. 가령 고대에는 자주색 옷을 신분이 아주 높은 사람들, 즉 왕이나 고관만 입도록 되어 있었기 때문에, 평민들은 이를 함부로 착용할 수 없었다. 우리가 어렸을 적에 흔히 '때때옷' 이라고 일컫던 여러 가지 화려한 색깔의 의상들은 그리스 문명 초기에는 매우 사치스러운 것이었다. 그리하여 '백의민족' 이라고 불리던 우리 조상들처럼, 그리스 서민들은 대체로 흰 옷을 즐겨 입었다. 그러다가 기원전 305년경에 여성의 '의복혁명' 이 일어나게 되었다. 페니키아 지방의 나사조개에서 얻은 물감이 개량되어, 색다른 염색법이 유행하게 되었다. 이 물감은 햇볕에 말리는 시간에 따라, 크림색, 노란색, 자주색, 빨간색 등 갖가지 색깔을 낼 수 있었다. 덕분에 서민들조차 색깔이 다양한 옷을 입게 되었다. 그러나 그것이 과연 어느 정도 '대중화' 되었는지에 대해서는 정확하게 알려진 바가 없다.

귀족이나 부유층은 겉옷으로 다양한 색의 히마티온을 걸쳤고, 귀금속 장신구를 달았다. 서민이나 노동자 계층은 주로 굵고 거친 모직 천으로 만든 장방형의 외투 클라미스Chlamys를 걸쳤다. 또 상류사회의 여성들은 흰색 면포의 눈부신 베일을 모자처럼 썼고, 머리에는 화관, 구슬 엮은 것, 망, 머리끈 등을 달았다. 그리스의 일반 직물은 주로 모직과 삼베였고, 무명은 아직 대중화되지 않은 귀한 물건에 속했다. 그러나 견직물은 무명보다 더 희귀했고, 귀금속보다 훨씬 더 값나가는 물건이었다. 동방의 사치한 견직물들이 본격적으로 대량 수입되기 시작했던 시기는 로마인들의 대외 활동이 본격화되면서부터였다.[28]

28 | 그리스 복식사에 대한 참고서적으로는 J. Anderson Black & Madge Garland의 *A History of Fashion*(London, 1979), Max Tilke의 *Costume Patterns & Designs*와 *The Dictionary of Costume*이 있다. 또한 Joanna Papantoniou의 *Greek Women's Dress & Jewelry Past & Present*(1985)와 Linda Welters의 *Women's Traditional Costume in Attica, Greece* 등을 들 수 있다.

공공장소가 발전하다: 아고라, 신전, 김나지움, 극장

고대 그리스의 폴리스Polis, 즉 도시국가는 외적의 공격에 대비하고, 또 비상시에는 시민의 안전한 피난처가 될 수 있는 산맥을 자연 경계로 삼았다. 평지는 국가의 근거지였으므로, 대체로 그 부근의 구릉지대에 성벽을 쌓아서 국가의 최후 방어거점으로 삼았다. 이것이 바로 아크로폴리스acropolis다. 다시 말해, 아크로폴리스는 '높은' 곳의 도시나 마을을 가리키며, 그리스인들은 여기에 시의 수호신을 모시는 신전과 지배자의 궁전, 시민들의 주거를 세웠다. 또 이 구릉지대 밑에는 물자를 교환하고 재판을 진행하는 집회장소로 쓰일 광장을 마련했다. 이것은 도시의 중심 광장이나 시장을 의미하는 아고라agora로 발전된다. 이렇게 해서 도시를 중심으로 그 부근의 농경지까지 합쳐져 하나의 도시국가가 성립되었다. 전성기 때 그리

아크로폴리스 & 아고라의 모습. 아크로폴리스는 방어를 위해 높은 곳에 자리한 도시를, 아고라는 시민들이 다양한 활동을 하던 공공광장을 가리킨다.

재미있는 토막이야기

만남의 광장 아고라

아고라는 시장, 회합 및 축제장소를 의미했다. 아고라는 주부를 위한 장소일 경우도 있었지만 원칙적으로는 '남성'을 위한 장소였다. 일종의 비공식적인 클럽으로도 이용되었기 때문에, 누구든지 그곳에서 오래 서 있으면 자신의 친구나 지인을 만날 수 있었다. 그러나 기원전 5세기경 희극작가 아리스토파네스의 작품 『구름』을 보면, 자영농민들은 아고라보다 김나지움에서 배회하기를 더 좋아했다. 그 이유인즉, 김나지움에서는 오직 동료들만 만날 수 있었기 때문이다.

아고라는 법률, 정치, 산업, 공업, 종교, 사회 등 다수의 중요한 도시 기능을 겸비했기 때문에 아크로폴리스의 기능을 대체해 갔다. 아고라는 후대 로마의 포룸forum(광장)과 조금도 다를 바 없이, 여러 인간들이 드나드는 무차별한(?) 장소가 되었다. 기원전 4세기에 한 시인은 "아테네에서는 한 장소에서 모든 종류의 물건들이 매매되고 있다. 그 물건들은 돼지, 소환장에 대한 증명, 포도송이, 순무, 배, 사과, 증거물, 장미, 모과, 죽, 벌꿀, 완두콩, 법의, 측량기, 붓꽃, 등잔, 세면기, 법률서적, 고발장 등이다."라고 기술했다. 신전이나 성소가 작업장 한가운데 터를 잡고 있었기 때문에, 오늘날 아테네에서 어떤 직공이 다른 동료 직공들을 쳐다보듯이 플라톤 같은 위대한 철학자도 개방된 작업장 앞에서 열심히 일하는 도공이나 목수들을 바라보며 휴식을 취하곤 했다. 그러면 농부들은 당나귀를 끌고, 철학자들이 쉬고 있는 자리를 헤집고 지나갔다.

스 전체를 지배했던 아테네를 비롯하여 코린트, 스파르타 등이 대표적인 도시국가다.

사회제도적인 측면에서 볼 때, 그리스의 도시국가는 노예제도를 바탕으로 한 과잉 생산물들을 모아 소비하는 장소였다. 도시의 특권계급은 시민권을 얻은 자로서 서로 민주적인 관계를 유지하고 있었으나, 도시주민

전체가 민주정치에 참여한 것은 아니었다. "가히 신들의 국가라고 불릴 만한 정치체제가 있다면, 그것은 바로 민주정이다. 그러나 이 정부의 형태는 너무도 완벽하여, 단순한 인간들에게는 적합하지 않다." 근대 민주주의의 아버지라 불리는 루소의 이 의미심장한 경구는 고대 아테네 민주정의 실패요인 내지 한계성을 잘 지적해 준다. 아테네인들이 생산의 하부구조로서 상당수의 노예를 거느리고 있었을 때, 여성에게 참정권을 주지 않았을 때, 또 거류외국인이 아테네 시민이 될 수 없었을 때, 또 아테네가 동맹국들을 강제로 굴복시키고 침략적 제국주의 정책을 실시했을 때에도 과연 신들의 이상(자유 · 평등)에 합당한 진정한 민주주의의 실현이 가능했을까? 역사가들은 대체로 아테네 민주정의 2대 한계로, 노예제도와 제국주의를 들고 있다.[29] 사실상 한 시민이 국정에 제대로 참여하려면, 고된 육체노동에서 해방되어 물질적이고 정신적인 '여가'를 즐길 만한 경제적 여건이 충족되어야만 한다. 그렇다고 해도 아테네 민주정의 근간이 단순히 노예제도와 제국주의라고 단정 짓기는 어렵다. 아무튼 체제의 정통성 문제는 우리의 논의대상 밖이므로 여기서는 생략하기로 하고, 그러한 체제가 과연 공간에서 어떤 형태로 구현되었는지를 알아보자.

우리는 도시 내의 고전적 민주체제가 도시계획에 구체화된 것으로서, 도심 광장 아고라나 질서정연한 도로망 체계에 특히 주목할 수 있다. 폴리

29 | W.S. 퍼거슨W.S. Ferguson은 아테네 제국주의를 비판하면서, 제국은 민주주의를 위한 사치가 아니라 '필요악'이었다는 주장을 폈다. 아테네 민주정의 절정기였던 기원전 5세기, 또한 침체기였던 기원전 4세기경에 이르러 데모스demos, 즉 다수 군중들의 정치 참여는 엄청나게 많은 국가자본의 투자를 필요로 했다. 최하층민이 생업을 포기하고 국정에 참여하게 된 경우에 그들은 당연히 생계 수단으로서 정기적인 봉급을 요구하게 된다. 결국, 민주주의는 국가의 거액의 지출 없이는 실현 불가능한 것이었다. 그리하여 아테네는 제국주의적인 공납과 거대한 해상제국을 필요로 했다. W.S. Ferguson, *Greek Imperialism*, Boston, 1913, pp.39-44.

스에서는 '자유 · 독립적인 시민들의 공동체', 즉 시민단이 국정의 담당자였기 때문에 그 도시 형태도 오리엔트의 도시국가나 에게 세계의 궁전도시와 같이 왕궁이나 신전을 중심으로 한 것과는 전혀 달랐다. 즉, 폴리스는 정치 · 종교 · 경제의 중심인 아고라를 중심으로 형성되어 있었다. 이 중심 광장은 로마 시대를 거쳐 중세, 근세, 그리고 비록 정치 형태가 다르긴 하지만 어쨌든 유럽 도시에 계승되어 오늘날까지 그 형태를 유지하고 있다.[30] 이미 언급한 대로 아고라는 아크로폴리스와 더불어 폴리스 시민의 공공생활의 중심지였다. 신전, 관청, 재판소 등이 있었고, 공예품이나 근교의 산물을 파는 시장 구실도 했다. 이곳은 성년 남자들이 무상으로 출입하면서 정치와 문예를 토론하던, 일종의 집 밖 사교장이었다.[31] 격자형 도로망은 기원전 7세기부터 이오니아에 보급되었으며, 후일 도시계획의 선조라고 불리는 히포다무스Hippodamus 등에 의해 그리스 모든 도시에 채택되었다.[32]

그리스 건축양식에는 도리아식, 이오니아식, 코린트식 세 가지가 있다.[33] 도리아식은 단순하고 중후하며, 기둥은 굵고 강한 엔타시스entasis(배흘림), 플루팅fluting(세로 홈) 장식으로 조각되어 있다. 이오니아식은 경쾌하

30 | 아테네가 아크로폴리스의 성새도시에서 발전하여 아고라 중심의 폴리스로 성장한 시기는 기원전 9-8세기라고 추정된다.

31 | 아고라가 아테네 시민의 공공생활의 중심이 된 것은 기원전 6세기경의 일로 조정자 솔론의 개혁 이후부터였다. 아고라의 서쪽에서 초석이 발견되었는데, 이는 최초의 공공건물로서 솔론 시대의 평의장評議場 유적이다.

32 | 이전의 도시 대부분은 왕궁을 중심으로 방사형으로 이루어졌다. 새롭게 채택된 격자형은 시민의 주택들을 평등하게 전면前面도로에 접하게 했으며, 또 기하학적 정연성의 요구도 충족시켰다. 주요 도로는 일상교통에 필요한 너비 이상으로 넓게 만들어져 제사행렬이나 전승행진 등에 지장이 없도록 했다. 윤정섭, 『도시 계획사 비교 연구』, 건우사, 1983, p.57.

도리아식 기둥(헤파이스토스 신전) & 이오니아식 기둥(에렉테움Erechtheum) & 코린트식 기둥(제우스 신전).

고 우아한 아름다움이 그 특색이다. 코린트식은 기원전 5세기경에나 처음 성립된 형식으로 기둥머리에 아칸서스 잎을 조각한 것이다.

이 세 가지 양식으로 지어진 그리스 신전을 언급할 때,[34] 우리가 유의해야 할 네 가지 사항이 있다. 첫째, 그리스 종교는 전지전능한 유일신 야훼를 모시는 기독교와는 그 성격이 판이하게 달랐다. 그리스인들은 올림포스 신들을, 인간보다 더 강하고 현명한 것 외에는 인간과 거의 대동소이한 존재로 간주했다. 둘째, 신전은 자신들이 숭배하는 신들이 기거하는 공간이었기 때문에, 보통 인간이 사는 주택보다 훨씬 좋아야 할 필요성이 있었다. 셋째, 그리스 종교에서는 기독교처럼 신도들이 모두 함께 모여 예배를 보는 일이 드물었다.

33 | 그리스에서는 건축용 목재가 부족했으므로 생벽돌로 신전을 조영했다. 그 결과 건축에서 점차 석재를 사용하게 되어 건축 재료가 변모했다. 후에 로마에서도 이를 받아들여 새로운 콘크리트로 파격적인 건축이 가능하게 되었다.

34 | 다른 고대 도시처럼 그리스 도시도 시초에는 '신의 집' 이었다.

그리스 아테네에 있는 파르테논 신전. 도리아식 건축물로 고대 그리스 문명이 만들어 낸 최고 걸작이다.

마지막으로, 그리스인들은 모든 신들이 제물을 원한다고 믿었기 때문에, 신에게 희생제물을 바치는 의식을 신전에서 거행했다. 야생 또는 집에서 키우는 동물이나 새, 물고기를 갖다 바치기도 하고, 때로는 풀이나 구근, 곡물, 과일, 치즈, 오일, 꿀, 우유, 향같이 피 없는 제물도 바쳤다. 신전 제단에 마련된 음식물이나 음료 따위를 태워 향기나 재를 하늘로 올리기도 하고, 우물이나 움푹 판 구멍, 또는 무덤 위에 직접 붓기도 했다. 그래서 거의 모든 신전의 동쪽 현관 밖에는 커다란 제단이 마련되어 있었다. 때로는 허술하게 제단만 갖추어 놓은 신전도 있었다. 기원전 447-438년경에 지어졌다는 아테네의 파르테논 신전은 특히 아름답고 유명하다. 하늘을 향해, 죽은 신들과 영원한 천재의 영광을 노래했다고 하는 이 거대한 신전은 도리아식 열주가 훌륭하게 배열된 것으로, 고대 그리스 문명이 만들어 낸 최고 걸작이다.

그리스 아테네에 있는 디오니소스 극장. 그리스 극장의 원형이다.

그리스의 고대 올림피아 대경기는 기원전 776년에 창설되어 거의 천 년 동안 계속 개최되었다. 이 경기는 그리스 도시국가의 뿔뿔이 흩어진 시민들을 단합시키고, 또한 정치·군사적 동맹을 이룩하는 계기가 되었다.[35]

이 올림피아 대경기에 자극을 받아 그리스 도시에서는 체육관이나 레슬링장 같은 시설물이 새로 건설된다. 이 시설물들은 원래 둥근 형태의 운동장으로, 흔히 플라타너스 나무가 자라는 작은 숲 속에 자리잡고 있었으나 각종 운동경기와 전시회를 치룰 수 있는 김나지움으로 발전했다. 김나지움에는 목욕탕, 탈의실, 심지어 정신적 극기훈련을 위한 강의실까지 딸

35 | 1-2세기가 지나면서 그리스 사회에는 상업성이 만연하게 되고 올림피아 대경기의 종교적이고 문화적인 목적은 천박한 전문주의와 상업주의에 의해 퇴색되었다. 이와 동시에 다른 도시에서도 이에 대항하는 경기가 개최되었다. 기원전 4세기경에는 경기의 진정한 목적이 우아한 힘과 속도 및 불굴의 정신의 발휘 대신에, 오늘날처럼 전문 운동가의 상 타기로 탈바꿈했다. 그리하여 타소스의 테아게네스는 500개의 상을 탄 것을 과시하기에 이르렀다.

재미있는 토막이야기

그리스의 도시들: 올림피아, 델포이 및 코스

메소포타미아 도시에서 물자의 교역과 수송이 일상생활을 자극했던 것처럼, 그리스에서도 식민도시가 개척되면서 한층 활발해진 올림피아, 델포이 및 코스에 대한 개인적인 방문이 종교, 정치, 문학 및 체육을 더욱 발전시켰다. 올림피아는 올림피아 대경기의 고향이고, 델포이는 아폴로 신의 주 성당이 있는 장소이자 중요한 신탁을 받던 곳이었다. 특히 델포이는 가톨릭 국가에서 바티칸이 차지하는 역할과 기능에 비견될 정도로 시민적 · 종교적 통합력을 지니고 있었다. 코스는 큰 건강휴양지 또는 요양원의 장소 중 하나였는데, 거기에서는 히포크라테스의 선배 및 후배들인 신흥 의사 집단이 모여 질병을 치료하고 건강을 증진하는 합리적인 방법을 연구하고 있었다.

려 있었다. 또한 신과 영웅들의 동상이 세워져 '완벽한 운동가' 혹은 '운동가의 어머니'를 연상시켰고, 신체의 미와 힘의 공공적 표준을 제시했다. 이 역동적인 동상들은 마치 현대 문명에서 영화배우의 사진 및 광고가 여성미의 표준이 되듯이, 그리스 도시의 젊은이들에게 커다란 영향을 미쳤다.

김나지움과 거의 같은 시기에 극장 시설이 도입되었다. 기원전 6세기의 화병에 그려진 대로, 초기의 극장은 아고라의 중심 광장에 나무로 만든 특별관람석을 임시로 놓는 형태였다. 그러나 도시 규모가 점점 커지면서 관람하는 관중들이 밀렸기 때문에, 도시 외곽의 언덕배기에 노천극장이 개설되었다. 극장에서 열린 축제는 촌락에서 오랫동안 개최되었던 종교제전의 연장이었다. 그래서 신전에서 온 사제들이 '상등석'의 맨 앞줄에 앉았다. 아테네의 희극이 신석기시대의 '풍년제'에서 유래한 것이라면,

비극은 운명과 기회와 자유의지라는 새로운 도시질서에서 나타난 인간발달의 문제를 다루기 위해 생긴 것이다. 비극 이후의 단계에서 종교와의 관계가 끊어지자, 극장은 단지 제국의 이민자와 연금 수령자들을 유치하기 위한 일종의 오락 시설로서 그 명맥을 유지했다. 고전 도시의 종언의 한 징표가 올림피아 대경기의 폐지라면, 또 다른 징표는 극장의 폐기다. 왜냐하면 그리스 시민은 이 극장 안에서 자신을 보았으며, "너 자신을 알라."는 델포이 신전의 격언을 따랐기 때문이다. 관객들은 아리스토파네스의 냉혹한 희극을 바라보며 고통스럽게 웃는 동안에, 타인에 의해 무언으로 징벌당하는 자신을 직시하게 된다. 그와 동시에 위기의 순간에 발현되는 영웅과 신의 위대한 모습을 모방하려는 군중 심리, 즉 달리 환언하면 각 개인에게 숨어 있는 잠재적인 자아의 표출을 통해 무사안일과 습관의 타성을 깨뜨리게 된다. 결국 이러한 자의식과 자기실현 및 자기초월이 도시적 개성의 새로운 징표가 되었는데, 그 정신이 그만 제국 말기에 소멸된 것이다.[36]

조잡한 주택 시설과 소비경제의 시작

앞에서는 아고라, 신전, 김나지움, 극장 등에 대해 간략하게 살펴보았다. 원래 질서정연한 바둑판 같은 도시계획은 그리스에서 시작되었다.[37] 그러나 화려하고 웅대한 공공건축, 신전이나 극장 시설 등에 비하면 폴리스

36 | 루이스 멈포드, 『역사 속의 도시』, 김영기 역, 명보문화사, 1990, pp.146-155.

의 도시 설비나 주택은 매우 조잡했다. 그리스인들은 형이상학적 세계에서 사는 것을 좋아하고 실생활에는 별로 관심을 두지 않았기 때문에, 오리엔트나 크레타 섬에서 진행된 도로 포장이나 상하수도 설비를 하지 않았다.[38] 그러나 도시 구조의 조잡성에도 불구하고 그리스 시민들은 "생활은 낮게 하고 이상은 높게 가져라."는 에머슨Ralph Waldo Emerson의 위대한 경구를 터득하고 있었다.

초기 도시의 주택 지구에 있는 도로망은 일관된 체계가 없었다. 도로는 사람이 당나귀나 시장바구니를 끌고 갈 정도의 수준이었고, 또 길을 잃지 않으려면 자기가 사는 구역을 미리 소상히 알아 둘 필요가 있었다. 도로망에 체계성과 방향성이 없다는 사실에 대하여 아리스토텔레스는 적군이 외성을 뚫고 들어왔을 경우에 방어수단으로 유용하다고 주장했다. 또 후대의 플루타르코스는 이것이 적을 혼란시키는 데 유리하다고 한껏 치켜세웠다. 개인생활보다는 '국가'가 우선이었고, 또 집안의 안주인이었던 여성의 지위가 매우 낮았던 것도 개인주택을 조잡하게 만드는 악영향을 초래했을 것이다. 남자들의 생활은 옥외에서 영위되었고, 주택은 단지 잠자리로만 쓰일 뿐이었다.

그리스 가정과 주택의 기능 내지 변천과정을 한번 살펴보기로 하자. 호메로스 시대의 가정은 모든 공동체 산업의 핵심을 구성했다. 대체로 가부장 가족의 수장과 가족 구성원들이 함께 거주하는 주택의 토지에서는 가

37 | 그리스의 건축물에 대해서는 Marjorie Quennell의 *Everyday Things in Ancient Greece*(New York, 1954)란 저서를 참고할 필요가 있다.

38 | 그리스에서는 봄철에는 진창을 막고 여름에는 먼지를 가라앉힐 도로 포장이 전혀 되어 있지 않았다. 도시의 중심부에는 내부 정원이나 나무가 심어진 공원도 없었다. 단지 덮개가 있는 공동산책로가 있을 뿐이었다.

재미있는 토막이야기

그리스 도시의 위생 시설

40-100에이커의 도시 면적이나 2천-5천 명 인구의 도시에서는 쓰레기와 인간의 배설물 등을 농촌 방식으로 처리할 수 있다. 그러나 도시의 규모가 커지게 되면 사정이 달라진다. 그리스에서는 큰 도시의 경우에도 공중화장실 시설이 없었다. 개인화장실 문제에 관해서도 삽(발굴 결과)과 말(기록)이 서로 다른데, 말 쪽이 좀 더 애매모호하다. 현대의 발굴자들은 그리스 주택에서 위생 시설의 어떠한 징표도 파내지 못하고 있다. 이러한 사실은 아리스토파네스의 『시민회의 소묘』라는 희곡의 한 구절로 뒷받침된다. 그는 주인공이 잠자리에서 일어나 용변을 볼 적당한 장소를 찾아 두리번거리다가 그냥 쭈그리고 앉아서 배변하는 과정을, 다른 여러 가지 외설스럽고 우스꽝스런 표현을 곁들여 관중들에게 보여 준다. 이는 기본적 시설의 부족과 육체적 수치감을 동시에 나타내고 있다.

목욕탕 유적은 당시에 주민이 1만5천 명밖에 되지 않는 올린투스에서 발견되었다. 아테네에 있었던 공중목욕탕은 오직 그리스인들의 사교적인 욕망을 충족시키기 위해 만들어졌다. 그러나 격리되어 집 안에서만 살고 있던 여자들이 공중목욕탕에 갔었는지는 의심스럽다. 한편 개인목욕탕이 이용되었던 것은 틀림없는 사실이다. 『평화』라는 희곡에서 트리게우스는 "서둘러서 이 처녀에게 내 집을 보여 주고, 목욕탕을 청소하고 물을 데워라. 그리고 나와 그녀를 위해 신방을 꾸며라."라고 명령하고 있다. 이를 보면 개인목욕은 특별한 경우를 위한 잔치처럼 보인다. 상수도관이 없고, 물은 전부 먼 샘에서 직접 길어 와야 하는 등 물이 귀한 사회에서는 당연한 현상이 아닐 수 없다. 일반적으로 고대 도시의 위생관계 시설이란 이처럼 제한적이고 저급했다.

족이 요구하는 모든 생필품들이 거의 다 생산되었다. 부유한 가정에서는 대체로 젖소와 양, 염소 같은 가축 떼와 농장, 목초지, 제분소, 또 일차 원료들을 식품으로 가공하거나 의복으로 만드는 편리한 시설들을 고루 갖추고 있었다. 실패나 물렛가락은 집에서 거의 매일 사용했다. 비록 베틀이 초보적인 형태였다고 해도 직조기술은 상당히 발전한 편이었다. 우리는 호메로스의 『오디세이아』에서 페넬로페가 남편을 기다리는 동안에 성가신 구혼자들을 물리치기 위해 완성된 천의 올을 풀고 또 다시 짜는 끈기 있는 직조노동을 했다는 사실을 엿볼 수 있다. 또한 이 구절을 통해 후기 그리스 역사시대에 지배적이었던 수노동手勞動에 대한 경멸이, 호메로스 시대에는 전혀 없었다는 사실을 알 수 있다. 심지어 호메로스 시대에는 위대한 신들조차 '노동자'로 표현된다. 가령, 제우스 신의 아들인 헤파이스토스는 대장장이 신이었고, 아테네의 수호신이자 전사인 아테나 여신은 육체노동인 직조를 손수 담당했다. 당연히 귀족 출신인 자도 목수일이나 가정산업에 필요한 연장을 만드는 일을 결코 수치스럽게 여기지 않았다.

비록 호메로스의 영웅시대에 대부분의 가족경제가 '자급자족' 형태였다고 할지라도, 특정 부문의 산업은 서서히 가정을 떠나서 독립하게 되었다. 목수일이나 집 짓기, 대장간의 일이나 귀금속을 제련하는 일 등이 대표적인 예였다. 5세기경부터 그리스 가정은 경제 단위로서의 기능을 상실하게 되었고, 점차 '소비' 단위로서의 기능으로 이행하게 되었다. 많은 노예들을 한꺼번에 거느릴 수 있는 시골의 부유층만이 과거의 자급자족 관행을 계속 지탱할 수 있었다. 가죽 무두질 작업은 지독한 냄새를 풍겼기 때문에, 아테네 시에서는 이 작업의 장소를 도시 밖으로 내보내는 법을 지정했다. 구두, 모자, 자기를 제조하고, 또 철이나 청동, 금 같은 금속제품을 다루는 직업은 이제 완전히 독립된 장인공업으로 발전했다. 또 같은 직종끼리 모인 특별한 대형 상가구역이 형성되어 날로 번창하기 시작했다. 이러한 옥외공업의 발달은 그리스 항아리에 세부적으로 잘 묘사되어 있다. 그리스의 각 가정은 이제 더 이상 곡식을 집에서 빻지 않아도 되었다. 적어도 도시에서는 공공대제분소가 생겨 빵집업자에게 제분을 판매했다. 빵집들은 도시의 시장위원들이 지정한 크기와 무게의 빵을 굽기 위해, 흙으로 구운 엄청나게 큰 오븐을 설비하고 있었다. 특히 아테네인들은 빵집업자들이 구운 빵의 우수한 품질과 달콤한 장식 케이크에 대해 공공연히 자랑을 일삼았다. 아리스토파네스의 희극에 따르면, 아테네에서는 빵을 거의 집에서 굽지 않았다. 아낙네들이 시장이나 광장 주변의 노점에서 판매되는 빵을 구입하는 것은 예사였다.

의복제조업의 발달도 빵제조업과 매우 유사한 과정을 거치게 된다. 그리스의 주요 도시에서는 전문적인 재봉점들이 하나둘씩 생겨나기 시작했다. 이제 부유층들은 집에서 생산되는 단순하고 조잡한 의상보다는, 전문적이고 세련된 옥외노동에서 생산되는 의상을 선호하게 되었다. 이제 리넨 제품도 집에서 손수 베틀로 짜는 것이 아니라, 의복공장에서 일하는 전문 재봉사들이 분업적으로 생산하는 경우가 더 많았다.[39] 이러한 근대적 분업노동의 실례를 몇 가지 더 들어 보자. 같은 의복공장 안에서도 여성복과 남성복을 따로 구분하여 제작했고, 또 가구공장에서도 침대와 의자, 옷장, 청동으로 된 문이나 현관, 거울, 심지어 금속 머리핀을 제조하는 노동자들을 따로 고용했다.

가정용 자기나 소형 항아리를 제작하는 일은 원래 그리스 여성들의 소임이었다. 그러나 이제는 도기업도 옥외산업으로 날로 번창하기 시작했다. 특히 아테네는 흙으로 구운 침대를 사용할 정도로 도자기의 견고성과

39 | C.B. Gulick, *The Life of the Ancient Greeks*, New York: D. Appleton & Co., 1902, p.229.

재미있는 토막이야기

고대 그리스의 가구

루시-스미스Lucie-Smith에 따르면, 기원전 7-4세기경 고대 그리스 사회에서는 다음 5가지 기본적인 가구들이 있었다. 등받이와 팔걸이가 없는 의자(스툴stool), 앉거나 누울 수 있는 소파(카우치couch), 작은 테이블, 상자, 그 외 의자. 초기 고대 그리스의 가구는 이집트의 영향을 가장 많이 받았다. 초기 가구의 특징은 매우 딱딱하고 사각형일 뿐 아니라 많이 가공하지 않은 모양을 하고 있었다. 그러나 기원전 5-4세기경에 이르러 고유하고 독창적인 스타일이 개발되면서부터, 그리스 가구는 종전의 딱딱한 사각형에서 좀 더 곡선적인 형태의 유연하고 우아한 모습을 띠게 되었다. 그리스의 등받이 없는 의자(바트론Bathron)는 오늘날의 작은 테이블과 흡사한 모습이다.

독특한 미로 그 명성을 날렸다. 그러나 종전의 힘든 가내노동이 옥외산업으로 대거 이동했다고 해도, 페리클레스 시대의 상류층 부인들이 단지 노동계급이나 노예들이 땀 흘려 생산한 제품들을 소비하는 주요 고객이었다고 상정하는 것은 잘못이다. 리넨 의상이나 요리는 노예여성들이 도맡았다고 해도, 그리스 주부들은 양털로 실로 잣거나, 모직물을 짜는 작업에 틈틈이 종사했다. 특히 그리스 여성들은 자수의 전문가들이었다. 그리스 여성들이 수놓는 광경은 그리스 도자기에도 생생하게 그려져 있다.

이제부터 그리스 고급주택을 살펴보기로 하자. 그리스 개인주택의 구조는 대개 '폐쇄형'으로 안뜰, 즉 중정中庭을 향해 배치되었고, 거리를 향한 벽에는 창문이 거의 없었다. '메가론'이라고 일컬어지는, 네모나고 커다란 홀은 맞배지붕을 얹은 것으로 왕이나 영웅들이 거주했다. 내부는 전실前室, 중앙에 화로를 놓는 주실主室로 나누어진다. 중정에는 그리스 가정의 보호자인 제우스 헤르케이오스Zeus Herkeios의 제단이 고이 모셔져 있었다. 가정의 대표이자 사제인 아버지가 이 제단 위에서 온 가족의 번영과 안정을 위해 희생제물을 바쳤다. 중정을 통과하게 되면, 안드론andron이라는 응접실에 다다르게 된다. 그리스 가정의 진정한 중심지라고 할 수 있는 안드론에는 화로가 설치되어 있었다. 이 가족적인 노상爐床에서 가족 전체의 평온과 안전을 기원하는 종교의식이 행해졌다.

집에서 그리 멀리 떨어지지 않은 들판에는 조상들의 무덤이 세워져 있었다. 특정한 날마다 온 가족들이 여기에 모여 장례용 음식인 케이크와 포도주를 바치고, 또 죽어서 이제는 신으로 추앙된 망자의 영혼을 달래기 위해 산 짐승의 살코기를 희생제물로 삼아 불태우는 의식을 행했다. 그리스인들은 죽은 조상의 영혼, 즉 가정신들이 제물과 음식을 정기적으로 받는 경우에만 선량한 수호신이 된다고 믿었다. 만일, 살아 있는 자손들이 그 의무를 게을리 하면 가정신들은 반드시 사악한 신으로 변해 오히려 가정의 평화를 해친다고 믿었다. 그래서 조상에게 주기적으로 바치는 제사나 상징적인 음식물은 지고의 중요성을 띠게 되었고, 이 때문에 사제이자 가족 재산의 총 관리자인 아버지의 권한이 날로 강화되었다.

끝으로 과연 가난한 서민들의 주택 사정은 어떠했을까? 기원전 6–5세기에 그리스 도시의 주택들은 대체로 소규모였고, 값싼 재료들로 지어진 것이 대부분이었다. 상류층의 주택이 대개 부엌, 목욕을 위한 작은 방, 또 2층에 마련된 여러 개의 침실, 남성들을 위한 식당과 부인용 방으로 다양하게 이루어진 반면, 서민들의 주택은 작은 뜰을 중심으로 방이 2–3개에서 많게는 12개까지 있었다. 그러나 아테네의 주택 사정에 대해 우리가 가장 정확하게 말할 수 있는 것은 부유층과 빈민층의 주택 지구가 서로 붙어 있었고, 또 집 크기나 내부 시설을 제외하고는 사실상 별 차이가 없었다는 점이다. 로마 제정 당시에 나타난 주택 사정의 심각한 불평등 현상에 비하면, 아테네의 경우에는 비록 세계 대제국을 건설하지는 못했지만 적어도 시민이라고 불리는 자들 사이에서는 훨씬 인간적이고 가치 있는 삶의 양식이 구현된 셈이다. 특히 기원전 5세기경에는 가난한 자가 부자보다 훨씬 존경을 받았고, 공공의 명예와 가문의 명성이 개인재산보다 더 높이 평가를 받았다. 당시에 낮은 지붕을 가진 1층짜리 주택들이 오늘날 미개발된 지중해 도시와 비슷한 주택 지구를 형성하고 있었는데, 단지 차이점은 흰색의 회칠 벽이 없었다는 것이다.

2장

가족생활

"지혜의 여신은 아버지의 머리에서 태어났다": 가부장사회

그리스 민족은 히브리 민족처럼 엄격한 '가부장제'를 유지했다. 히브리, 그리스, 로마에서 아버지는 부성적이고 온정적인 존재이기보다는, 권위와 위엄, 권력을 의미했다.[40] 본질적으로 가족관계는 권력과 의무를 상징했다. 그리스 가장은 가족 전체의 재산을 총 관리하는 수탁자이며, 가정신(조상)에게 정기적으로 제식을 행하는 제사장이었다.

그리스 친족제도에서 모계에 대한 언급은 거의 없다. 단지 신이나 외국인인 경우에 한해서만 이를 명시했다. 부계적인 요소를 지나치게 강조한 나머지, 임신을 한 경우에도 아버지의 신체적 요소와 역할을 지나치게 과

40 | 그러나 히브리 민족의 가부장제와 그리스 민족의 가부장제 사이에는 엄연한 차이가 있다. 히브리에서 아버지의 권위는 전지전능한 유일신인 야훼의 이미지에 따라 절대군주적인 성격을 띠고 있었다. 반면에 그리스에서 아버지의 권위는 아버지가 가족의 모든 재산을 관리하는 수탁자이자 조상에게 드리는 가정예배의 사제라는 데에서 나왔다. 아버지의 권위는 선천적인 것이 아니라, 이처럼 파생적인 것이었다. 결국 그리스에서 가족은 단순한 가장제가 아니라, 하나의 권력 단위였다.

장하는 경우가 있었다. 가령 헤라클레스가 화장더미 위에서 불타 죽을 때 어머니로부터 물려받은 부분은 금세 재로 변했으나, 아버지 제우스 신으로부터 물려받은 부분은 끝내 불타지 않았다는 전설적인 이야기나, 여성의 자궁을 거치지 않고 남신 제우스의 머리에서 직접 태어난 지혜의 여신 아테나의 탄생신화가 그 대표적인 예다. 결국 우리는 고대 그리스인들의 일상생활사에서 이러한 가부장제의 역할을 중점적으로 이해해야 되며, 이를 '사유제'와 연결하여 고찰해야 한다.[41]

그리스 가부장사회에서 가족은 부모, 자식, 노예들로 구성되어 있었다. 솔론 시대 이전의 아버지에게는 자녀들을 마음대로 매매할 권리가 있었다. 그렇다고 해서 자식의 신체를 진짜 매매했다는 뜻은 아니며, 미성년 자식이 아버지의 권력 밑에 놓여 있는 동안에는 그 자식의 노동력을 마음대로 팔 수 있다는 뜻이었을 것이다. 그러나 그리스 문명이 점차 개화됨에 따라, 과거의 비인도적 관행은 세인들의 지탄의 대상이 되었다. 그래서 먼저 딸을 매매하는 관습이 법으로 금지되었고, 곧 이어 아들에게도 이 법을 적용시켰다. 그리스의 아버지는 아이의 적법성을 검사하는 권한도 가졌다. 그가 인정하지 않는 자식인 경우에는 심지어 밖에 내다 버리라고 명할 수 있었다. 히브리 민족과 마찬가지로, 그리스의 아버지는 자녀의 혼사 문제에 모든 결정권을 쥐고 있었다. 그러나 히브리 민족과는 달리, 그리스에서는 결혼 당사자인 자녀들의 동의를 구하지 않아도 되었다. 또 아버지는 자기 아들을 가족 내에 통합시키거나, 또는 가족의 테두리에서 완전히 제

41 | 그리스 역사에서는 초기 히브리 민족에게 나타나는 '재산공유제'에 대한 기록을 거의 찾아보기 어렵다. 친족 집단에서 토지를 매매, 양도하는 일은 비록 엄격히 금지되어 있었으나 그리스의 사유재산제도는 이미 호메로스 시대부터 정립된 것으로 생각된다.

명시킬 수 있는 권리를 가졌다. 원래 아버지의 권한은 아버지가 생존하는 동안에는 계속 유지되었으나, 솔론 시대부터는 성년이 된 아들들은 아버지의 통제에서 자유로워질 수 있었다.

그렇다면 아내에 대한 남편의 권리와 일반적인 여성의 지위는 어떠했을까? 사실상 그리스의 가족에서 부부관계는 부모와 자식 간의 '종속적인' 관계와 별 차이가 없었다. 그리스 역사시대의 여성(아테네/스파르타)을 다루기 전에, 그리스 신화에 나타난 여성들의 역할이나 지위를 우선 살펴보자. 남편에 대한 정절을 지키는 착하고 어진 아내로부터 질투심에 가득 찬 가히 살인마적인 여성, 또 세상물정을 전혀 모르는 순진하고 아름다운 처녀로부터 메두사처럼 파괴적이고 위험한 괴물에 이르기까지 그리스 여성의 이미지는 그야말로 천차만별이다. 이런 다양한 특징들은 고대 그리스 사회의 '이중적' 여성관에서 유래한 것이다. 여성은 유약하고 남편에게 종속된 수동적 존재인 반면, 또 한편으로는 남성들에게 불행과 악을 가져오는 유해한 존재였다.

그리스 여성의 창조신화를 살펴보자. 헤시오도스의 작품 『신들의 계보 *Thegony*』에서 제우스는 대장장이 신 헤파이스토스에게 최초로 여성을 만들도록 명한다. 여성은 남성에게 매우 부담스러운 존재인 동시에, 종의 보존을 위해 필요불가결한 존재였다. 헤시오도스는 『일과 나날』에서 최초의 여성 판도라에 대하여 좀 더 구체적으로 기술했다. 애석하게도 최초의 여성은 인류에게 온갖 재앙을 불러오는, 악과 불행이 담긴 상자를 여는 악역(?)을 담당했다. 여성에 대한 이 같은 불길한 최초 이미지 때문에, 그리스 사회에서는 여성에게 '복종'의 미덕을 강요했는지도 모를 일이다.

실제로 그리스에서 미혼여성은 순수한 처녀의 상징인 달의 여신 아르테미스에게 복종해야 했다. 결혼 전에는 부모에게 철저하게 종속되어 있었고, 결혼 후에는 남편에게 절대 복종해야만 했다. 여성은 가사를 돌보고 자녀를 생산했는데, 여성 본연의 위치는 바로 가정이었고, 그녀의 임무는 실을 잣거나 직물을 짜고 요리를 하는 일이었다. 때문에 불을 지피는 아궁이 여신인 헤스티아나 직물 여신인 아테나가 기혼여성들의 수호신이 되었다. 호메로스의 『일리아스』에서 트로이의 대장군 헥토르는 자기 아내 안드로마케에게 전쟁 중 속히 집으로 귀가할 것을 명했다. "자, 어서 집으로 돌아가시오. 베틀이나 물레에 앉아서 당신의 직분에 전념하시오. 또 하녀들이 열심히 일하는 모습을 잘 지켜보시오. 전쟁은 우리 남성들의 소관이오."(『일리아스』 6권, 490-492행)

여성에게는 죽은 자에 대한 의무가 있었다. 여성들은 죽은 이의 몸을 씻기고, 거기에 기름을 뿌린 다음 깨끗한 새 옷으로 갈아 입혔다. 여성들은 수의를 짰고, 공식적으로 애도하는 역할을 맡았다. 여성이 가족과 죽은 자들에 대해 갖는 이 같은 의무는 의학이 그리 발달하지 않았던 고대에 신생아가 죽은 채로 태어난다든지, 산모가 아이를 낳다 죽는 일이 많았기 때문에 비롯된 일이었다. 특히 그리스인들은 여성이 죽으면 저승을 지배하는 신 하데스와 결혼한다고 믿었다. 즉 생전에 여성이 집안에서 남편을 섬겼듯이, 죽은 뒤에는 저승에서 하계의 왕 하데스를 섬긴다는 것이다. 그래서 여성들은 하데스와 결혼한, 농업의 여신의 딸 페르세포네와 매우 깊은 연관성이 있었다.

이제 역사시대 그리스의 여성에 대해 살펴보자. 이미 언급한 대로, 그리스 여성의 '낮은 지위'는 그리스 가부장사회의 성립과 서로 연결해서 고찰할 필요가 있다. 그리스가 역사시대로 이행하고, 또 사유제와 종교제

재미있는 토막이야기

그리스 신화 속에 나타난 여성들

신화 속에서 신들과 교제하는 여성은 대개 아름답고 순수한 젊은 처녀들이다. 제우스나 아폴로 신의 정욕의 대상이 되는 다나에, 이오, 다프네 등은 신의 아들을 잉태하거나 희생물이 되든지, 자연의 일부로 변해 버렸다. 아라크네와 니오베 같은 거만한 여성들은 자기들이 신보다 더 낫다고 자랑하다가, 신에게 무서운 벌을 받았다.

'신이 아닌' 남성들과의 교제는 비극적인 경우가 많았고, 일반적으로 여성 쪽의 고통을 수반했다. 고전적 예로는 그리스 영웅 오디세우스의 부인 페넬로페와 대장군 아가멤논의 부인 클리템네스트라의 대조적인 경우를 들 수 있다. 페넬로페는 직물을 짜면서 트로이 전쟁에 참가한 남편의 귀환을 기다리는 정숙한 아내였다. 반면 클리템네스트라는 불륜을 저지르고, 또 전장에서 돌아온 남편을 살해하는 악독한 부인이었다. 결국 페넬로페는 돌아온 남편과 결합하지만, 클리템네스트라는 딸 엘렉트라에게 살해당한다. 다른 비극적인 예로는 트로이 전쟁의 불씨가 된 미녀 헬레네나, 본의 아니게 남편 헤라클레스를 죽이게 된 데이아네이라 등을 들 수 있다.[42]

도를 근간으로 하는 가부장제가 점점 확고부동해짐에 따라, 그리스 여성의 지위는 더욱 하락했다. 그리스 가장이 아내에 대해 갖는 권리는 자녀에 대한 권리와 거의 비슷했다. 가족은 결코 절멸되어서는 안 되는 지고의 집단이었기 때문에, 남편은 결혼의 진정한 목적인 자손을 낳지 못하는 아내를 거부할 권리가 있었다. 즉 여성의 '불임'은 공식적 이혼이나, 남편이

42 | 신화 속에 나타난 그리스 여성에 대하여 좀더 자세하게 연구하려면 Richard Buxton의 *Imaginary Greece: The Contexts of Mythology*(New York: Cambridge University Press, 1994), K. Dowden의 *Death and the Maiden*(London and New York, 1988), G.S. Kirk의 *The Nature of Greek Myths*(New York: Penguin Books, 1990), Mary R. Lefkowitz의 *Women in Greek Myth*(Gerald Duckworth and Co. Ltd., 1986)를 참조할 필요가 있다.

아내를 버리는 충분한 사유가 되었다. 호메로스 시대 이후에는 아테네 여성이 가져오는 지참금은 모두 남편이 소유했고, 또 평생 동안 남편이 아내의 재산을 관리했다. (대체로 빈민층) 아내가 약간의 돈벌이를 하는 경우에도 그 수입은 모두 남편이 독차지했다. 아내는 전적으로 남편의 통제 아래 있었고, 상류층 부인인 경우에는 외출할 때마다 반드시 남편의 허락을 얻어야만 했다. 실제로 아내는 가정에서 자녀보다 약간 높은 위치에 있었다. 이오니아인들은 여성을 남성보다 훨씬 열등한 존재로 생각했고, 집안에서는 동양적인 엄격함을 가지고 여성들을 다스렸다. "남성은 본질적으로 여성보다 훨씬 명령(지배)에 적합하다. 그것은 마치 연장자가 미성년자보다 더 우월한 것과 마찬가지다."라고 아리스토텔레스는 언급했다.

그러나 스파르타에서는 여성의 지위가 이오니아에서보다 훨씬 더 높은 편이었다. 스파르타에서는 아내에게 '여주인'이라는 칭호를 내렸다. 물론 스파르타인들도 여성이 집안에만 틀어박혀 있기를 원했으나, 사실 스파르타 여성들에게는 해외여행을 할 수 있는 자유가 있었다. 특히 미혼여성들에게는 상당한 자유가 허용되었다. 그리하여 다른 도시국가의 남성들은 스파르타 여성들이 매우 오만방자하고, 주제넘은 행동을 한다고 비판했다. 젊은 남성은 교제하는 처녀의 집을 비교적 자유롭게 방문할 수 있었고, 또 포도축제 때에는 함께 어울려 춤도 추었다. 사실상 호메로스의 『일리아스』나 『오디세이아』에서 묘사된 바에 의하면 역사시대 이전의 남녀관계는 매우 솔직하고 자연스러운 편이었다. 그리하여 사랑스러운 헬레네는 남편이 출타한 사이에 남편의 불성실한 손님인 파리스를 자유롭게 접대할 수 있었다. 우리는 이처럼 호메로스 신화 속에 등장하는 여러 일화들을 통해, 역사시대의 상류층 이오니아인들이 신화 속의 그리스 남녀보다 훨씬 더 제약적이고 구속적이며, 덜 자유로웠다는 사실을 알 수 있다.

아테네, 테베, 기타 다른 이오니아계 도시국가 여성들에게 이처럼 엄격한 제재가 가해진 원인은 바로 동양의 영향 때문이었다. 이오니아 여성들은 남성의 후견 내지 보호 아래서 미성년자 취급을 받았고, 또 합법적인 지위를 갖지 못했다. 여성들은 남성들처럼 교육을 제대로 받지 못한 상황에서 남성들보다 도덕적으로나 지적으로나 훨씬 열등한 존재로 간주되었다. 이러한 의미에서 볼 때, 아테네 여성들은 남편과 동등한 배우자가 되기에는 부적합했다. 물론 아테네 여성들도 참관할 수 있었지만, 여성들의 무덤에는 어떠한 공물도 놓이지 않았다. 남편이 죽은 뒤에도 여성들은 결코 자유롭지 못했고, 남편이 지정한 후견인의 보호 아래 놓였다. 여성은 아이들에 대한 권리를 주장할 수도 없었고, 아이들 역시 남편이 지정한 후견인의 보호 아래 맡겨졌다. 때문에 그리스 시인인 메난드로스Menandros는 아테네 상류 여성들의 삶을 다음과 같이 묘사했다. "존경받는 여성들의 삶은 거리의 문에 의해 갇혀 있었다." 단지 아스파시아Aspasia같은 외국 태생의 여성이나 몇몇 재능 있는 고급창녀들만이 자유롭게 이동할 수 있었으며, 교육의 혜택을 누릴 수 있었다.

5세기 말이면 교육과 사회생활에서 소외된 채 집 안에만 갇혀 있던 그리스 여성들이 더 많은 자유와 권리를 요구하는 움직임이 극劇 중에서 자주 나타나기도 하지만, 결과적으로 여성들의 이러한 요구는 그리스 사회에서는 관철되지 못했다.

같은 가정신을 모시지 않으면 한 가족이 될 수 없다: 종교제도로서의 가정

플라톤은 친족을 일컬어 "같은 가정신을 모시는 공동체"라고 표현한 적이 있다. 그리스의 가족제도는 종교제도와 밀접한 연관성이 있다. 그리스에서는 집안의 제단 위에 고이 안치해 놓은 가정 수호신을 숭배하는 사상이 있었다. 그리스 가정은 이처럼 혈연적 유대뿐 아니라 조상숭배의식을 공유함으로써 서로 일치단결할 수 있었다. 현세에서나 저승에서나 가문의 번창을 기원하고, 조상들의 영령을 끊임없이 달래야 할 필요성 때문에, 신성한 가정예배식은 계속 행해졌다. 그리스 가정의 진정한 유대는 죽은 조상과 신성한 횃불을 모시는 종교의식을 통해 이루어졌다. 그래서 집안의 최고 종교사제로서 이 모든 행사를 주관하는 아버지의 권한은 날로 강화되었다. 오직 남성들만이 조상숭배의식에 직접 참여할 수 있었기 때문에, 그리스의 친족제도는 남계친男系親으로 알려져 있다. 비록 먼 친척이나 남의 자식일지라도 입양된 아들은 동일한 가정신의 숭배의식에 참여하기 때문에, 진정한 가족의 일원이 될 수 있었다. 그러나 같은 피를 물려받은 딸이나 여성 자손들은 여기서 철저하게 배제되었다.[43] 결혼한 딸의 경우에는 남편의 가정신을 따라야만 했다. 한편, 아버지의 통제나 굴레로부터 벗어난 아들들은 가정신 숭배에 참여할 수 없었고, 결국 이방인이 될 수밖에 없었다.

43 | Willystine Goodsell, *A History of Marriage and the Family*, New York: The Macmillan Company, 1934, pp.81-84.

사유제와 노예제를 유지시킨 가정: 경제제도로서의 가정

그리스 아버지들이 가장으로서 누리고 있는 최고 권위에는 종교적인 요인 외에도, 경제적인 요인이 많이 작용했다. 가장은 전시에는 가족의 보호자이며, 평상시에는 가축과 농업이라는 중요한 생업에 종사했기 때문에 남성의 경제력은 날로 증대했고 발언권도 강해졌다.

그리스의 경제는 '사유제'와 '노예제'를 토대로 했다. 그리스인들은 고대 초기부터 사유재산제도를 발달시켰으며, 아득한 호메로스 시대에도 재산공유제는 존재하지 않았다. 가족의 토지는 가장이 관리했고, 가장이 사망한 뒤에는 반드시 장남에게만 상속되었다. 조상숭배제도의 발전과 더불어, 고대법과 관습법은 주택이나 토지 양도를 엄격히 금지했다. 그리스 가정의 주택과 토지에는 반드시 가정신을 모시는 제단이 있었기 때문이다. 새로운 가정이 수립될 때마다 집 근처에는 제단이 세워졌고, 그 제단은 집이 건재하는 한 거의 영구적으로 보존되었다. 이처럼 신성한 횃불을 모신 제단을 중심으로 뭉친 가족들은 토지 위에 고정되었다. 그래서 솔론 시대 이전에는 어떤 아테네인도 신성한 장례지를 매매하는 사례가 없었다. 솔론은 이 금지법을 해제시키긴 했지만, 토지를 매매한 장본인에게 과중한 벌금을 물리거나 그의 시민권을 박탈함으로써 사실상 이러한 매매를 금지시켰다.

토지 상속에 대해 더 자세히 살펴보자. 가정종교를 유지해 나가는 막중한 책임을 물려받은 장남만이 유일하게 가족의 토지를 상속받을 수 있었다. 딸은 일단 결혼을 하게 되면 가족의 구성원에서 완전히 떨어져 나가기 때문에, 재산상속권을 주장할 권리가 없었다. 만일 어떤 아테네인이 아들과 딸을 남기고 죽었다고 가정해 보자. 이 경우에 유일한 상속자인 아들이 죽은 아버지를 대신하여, 누이나 여동생의 지참금을 마련하고 결혼을 중재했다. 만일 가장이 아들 없이 딸만 남기고 죽는 경우를 가정해 보자. 친족들은 집안의 재산이 다른 가문으로 넘어가는 것을 방지하기 위해, 그 딸을 거의 강제적으로 죽은 부친과 가장 가까운 친척과 결혼시켰다. 극단적인 경우에 삼촌이 본처와 이혼하고 어린 조카딸과 재혼하여 죽은 형 대신 가장이 되는 사례도 있었다. 만일 가장이 살아 있는데, 아들은 없고 딸만 있는 경우를 상정해 보자. 어떤 아버지의 경우는 사윗감에게 첫 아이를 자신에게 양도하는 조건으로 딸과의 혼인을 허락했다. 결국 자기 외손자를 양자로 삼는 경우다. 이처럼 엄격한 상속규칙을 통해 아테네인들은 가족 재산의 양도나 해체를 막을 수 있었다.

한편 스파르타에서는 남성의 재산상속권만 인정했던 것이 아니기 때문에, 여성들도 자유롭게 토지나 개인재산을 상속받을 수 있었다. 아리스토텔레스에 의하면, 스파르타 전 국토의 2/5가 여성 상속자의 소유였다고 한다. 그러나 아테네 가정에서는 오직 장남에게만 집과 토지가 상속되었으며, 동산의 경우에는 아버지가 사망한 뒤, 나머지 아들들끼리 서로 나누어 가졌다. 젊은 아들들은 결혼하면, 집을 떠나 새로운 가정을 차렸고 자신들의 신성한 횃불을 밝혔다.

가부장제 형태인 그리스 가족은 부모와 자녀, 또 남성 가장의 권위에 의해 그리스 사회 안으로 통합된 '노예'들로 구성되어 있었다. 고대 아테네 민주정의 치명적 오점 가운데 하나인 고대의 경제체제, 즉 노예제도에 대한 언급 없이 그리스 가정의 경제적 기능을 설명하는 것은 거의 불가능하다. 노예제도의 기원을 정확히 추정하기는 어렵다. 그러나 호메로스 시대에 노예제는 이미 보편적인 제도였다. 그 당시 노예라는 인적 재산은 주로 전쟁이나 해적질을 통해 구해진 경우가 대부분이었다. 그러나 역사시대에는 흑해나 소아시아 지방의 시장도시 등에서 구입한 야만인들이 거의 주종을 이루었다. 부모에 의해 버려진 아이들이 간혹 노예가 되는 경우도 있었으나, 그들은 직업적인 댄서나 플루트 연주자로 구제되기도 했다.

영웅시대의 그리스 노예들은 비록 사회적 지위가 열등하기는 했으나, 생활조건이 그다지 열악한 상태는 아니었다. 노예가 주인과 함께 단란한 식사를 하는 등, 주인의 가족생활에 참여했던 경우는 얼마든지 있다. 그러나 기원전 5세기경이 되면 이런 광경은 거의 찾아볼 수 없게 되었다. 노예들은 법적으로 '인간' 이 아니었기 때문에, 합법적인 혼인계약을 할 수 없었다. 단지 주인의 동의에 따라 짝을 맺고, 이로써 하나의 노예가족이 성립되었다. 그러나 노예가족은 주인의 매매나 자의적인 의지에 따라 생이별을 하는 경우가 많았다. 노예들은 가축 기르기, 농사, 곡식 빻기 등 집안의 온갖 중노동과 허드렛일을 거의 도맡았다. 그러나 초기 그리스의 상류사회 여성들은 노동계급이 생산해 낸 물품을 소비하기만 하는 '무위형無爲型 귀부인' 이 아니었다. 이들은 베틀에 앉아 직물을 짜고, 또 자수나 수예 등 여성적인 일에 종사하는 근면한 기질이 있었다. 우리는 고대 그리스 문학 도처에서 여성의 이런 의무를 명시하는 구절을 발견할 수 있다.

"독신은 조상신을 거역하는 행위다" : 결혼식과 결혼생활

모든 고대 가부장사회와 마찬가지로, 결혼은 그리스에서도 매우 신성한 의식이었다. 오직 결혼이라는 공적 예식을 통해서만 가족은 번영할 수 있었고, 조상숭배에 바쳐지는 재산도 계속 지켜 나갈 수 있었다. 그래서 독신은 조상신을 거역하는 가장 심각한 '범죄' 중 하나였다. 아테네에서는 행여 절멸된 가족이 발생하지 않도록, 도시의 제일행정관인 아르콘이 이를 의무적으로 감시하는 법률이 명시되어 있었다. 플루타르코스에 의하면, 스파르타의 독신남성들은 권리의 일부를 박탈당하는 불행을 겪었다고 한다. 독신남성들은 자기보다 훨씬 연하의 젊은이들에게서조차 업신여김을 당했다.

신부와 시중을 드는 사람들이 그려져 있는 항아리. 기원전 430-420년경.

그리스에서 결혼의 일차 목적은 가문의 위업을 잇는 것이었다. 그렇기 때문에 당사자들의 의견은 거의 무시한 채, 양가 부모의 일방적인 합의로 모든 것이 결정되었다. 단지 가문의 재정적인 고려 때문에, 감정이 결핍되고 또 약혼상대가 누구인지 잘 알지도 못하는 상황에서 결혼한 그리스의 젊은 쌍들은 불행했을 가능성이 매우 높다.

그리스인의 결혼 준비과정을 살펴보자. 호메로스 시대의 결혼식은 매우 조잡한 행사였다. 대개 결혼선물은 신부 아버지가 마련하는 가축이었다. 단순한 결혼예식과 축제가 행해진 다음, 신부는 즉시 신랑에게로 넘겨졌다. 신부 측이 부담했던 결혼비용은 한 번에 모두 지불되는 것이 아니었으며, 형편이 어려운 경우에는 정기분할로 지불되었다.

그러나 이와는 정반대로 영웅들이 신부 아버지에게 어떤 임무를 행한 다음, 그 대가로 신부를 데려오는 경우도 있었다. 페르세우스는 공주 안드로메다를 용으로부터 구출한 다음에 결혼을 승락받았다. 그러나 통상적으로 여성은 남성 구혼자에게 가장 부유한 선물을 가져오는 고마운 '봉' 같은 존재였다. 호메로스 시대의 여성들은 신랑감의 주의를 끌기 위해 그다지 많은 지참금이 필요하지 않았다. 그러나 아테네에서는 솔론 시대 이전부터 아버지가 딸의 지참금을 마련하기 위해 개인재산의 일부를 미리 떼어 놓거나, 목돈을 저축하는 관행이 부유층과 빈민층 사이에서 똑같이 생겨났다.

플루타르코스는 솔론 시대에 신부의 지참금 액수를 제한하는 법률이 통과되었다고 전한다. 그러나 이런 제한은 단지 신부가 결혼식 때 입는 의상이나 장식에만 가해졌을 것이다. 결혼지참금에 대한 의무적 조항은 신부 아버지 측에 많은 부담감을 안겨 주었다. 때문에 그리스에서는 딸을 낳았을 때, 그냥 내다 버리는 일도 많았다.

다른 고대 민족들과 마찬가지로, 그리스에서도 약혼식과 결혼식이 있었다. 약혼식은 부모나 지정된 후견인 사이에서 결정되는 결혼에 대한 사전계약이다. 재정적인 이해타산이 많이 작용하는 이 형식적인 약혼식에 결혼 당사자들이 굳이 참석할 필요는 없었다. 약혼식에서는 여성의 지참금 액수에 대해 양가가 서로 합의하고, 그 지불방식이나 형태, 또 정당한 사유 없이 여성이 이혼당하는 경우에 이루어지는 지참금의 반환형식 등을 논의했다. 간혹 결혼한 뒤에 남편과 아내의 공동재산에 대한 합의가 이루어지는 경우도 있었다. 약혼식은 본질적으로 법률행위에 속했으며, 마치 사업계약과도 같았기 때문에 종교적인 의식은 수반되지 않았다.

그렇다면 결혼식은 어떠했을까? 그리스인들은 최종적인 결혼식이 반드시 길일에 진행되어야 한다고 생각했다. 대체로 길일은 달이 꽉 찬 보름날이며, 흉일은 달이 기우는 날이었다. 아리스토텔레스는 『정치학』에서 겨울이 결혼하기에 가장 좋은 계절이라고 기술했으나, 왜 그런지 그 이유는 정확히 밝히지 않았다.

결혼식 날짜가 점점 다가오면, 대개 14-15세밖에 안 된 소녀 신부들이 결혼한 여성의 의무를 시인하고, 소녀시절에 대한 상징적 이별식을 거행했다. 소녀시절에 사용하던 허리띠와 인형과 장난감들, 간혹 자신의 머리타래 등을 처녀신인 아르테미스나 다른 지방신들에게 바쳤다. 결혼식 날 아침, 신랑과 신부는 각자 이른 새벽에 길어 온 신성한 샘물이나 시냇물로 깨끗이 목욕을 했다. 해가 질 무렵이면 신랑은 성장을 하고 머리에 화관을 쓴 채, 결혼식에 초대된 가족과 친지들이 모여 있는 신부의 집으로 갔다. 식장에 들어가는 손님들은 꿀이 섞인 참깨과자를 선물로 받았다. 근대적 결혼 케이크의 원형이라고 할 수 있는 이 참깨과자는 결혼식의 본질적인 요소를 차지하고 있기 때문에 결코 생략되는 법이 없었다. 손님들이 다 모이면, 신부 아버지는 결혼 신, 제우스, 헤라, 아르테미스 여신 등에게 제물을 바치는 의식을 거행했다. 신부 아버지는 젊은 쌍의 결혼생활에 조금이라도 쓰디쓴 요소가 스며들지 않도록, 희생된 짐승의 쓸개즙을 제거하는 데 세심한 주의를 기울였다. 의식이 끝나면 신부 아버지는 자기의 지배권과 종전의 가정신 숭배로부터 신부를 자유롭게 한다는 서약을 한 다음, 딸을 사위에게 직접 넘겨주었다. 부친의 이런 선서에 의해서만 신부는 비로소 남편 가족의 진정한 일원이 되며, 또 남편의 가정신을 새로 모시게 되었다. 여기서 우리가 주목해야 될 사실은 이러한 종교의식이 모두 사적私

的이라는 점이다. 아버지 자신이 스스로 결혼식의 사제가 되기 때문에, 전문적인 종교대리자가 따로 필요하지 않았다.

신부를 신랑에게 넘겨준 다음 결혼피로연이 벌어졌다. 여성들은 비록 남성들과 멀리 떨어져 앉아야 되고, 또 베일로 얼굴을 부분적으로 가려야 했지만 이 결혼피로연에 참석할 수 있었다. 밤이 더욱 깊어지면, 신부 어머니는 딸을 신랑에게 넘기는 의식을 다시 행했다. 노새가 이끄는 마차 위에 이런 공개적인 행사를 몹시 수줍어하는 신부를 태우면, 손님들은 신부를 환송하기 위해 일제히 마차를 에워쌌다. 플루트 연주자와 횃불을 든 자에 의해 인도되는 마차는 결혼송가가 울려 퍼지는 가운데 거리를 행진한 뒤 신랑의 집에 당도했다. 어느 고대 작가의 주장에 따르면, 신부 어머니도 횃불을 들고 신부의 마차를 따랐다고 한다. 꽃으로 장식된 신랑 집의 문 앞에 일단 당도하게 되면, 신부는 짐짓 들어가기를 꺼리는 시늉을 했다. 한창 거짓 실랑이를 벌인 뒤에, 드디어 신부는 신랑 집의 문턱을 넘어섰다. 이 희한한 거짓의식은 아무래도 원시시대에 행해진 아내 납치극의 잔재로 여겨진다. 결혼한 쌍은 흰옷과 화관을 쓰고, 가정신의 제단으로 갔다. 여기서 신부에게 깨끗한 물을 뿌리는 의식을 행했다. 신부는 자신의 손을 신성한 횃불 주변에 가까이 대고, 주위 사람들이 시키는 대로 새로운 가정신을 위한 맹세를 수차례 반복했다. 그러고 나서 신부는 가정신과 부부 상호간의 통교를 의미하는 참깨과자를 신랑과 함께 나누어 먹었다. 이런 의식을 통해 신부는 비로소 남편의 가정예배에 통합되었다. 그 뒤에 드디어 신부는 신방으로 인도되었는데, 문 앞에는 결혼축시나 송가를 부르는 합창단이 대기하고 있었다. 솔론 법에 의하면, 신부는 신방에 들어가기 전에 다산을 상징하는 마르멜로라는 열매를 먹어야만 했다. 또 젊은 아내에게 이제 가정일이 전적으로 자신의 소관이라는 것을 깨우쳐 주기 위해, 방문 앞에 곡식 찧는 공이를 매달아 두기도 했다.

스파르타에서 행해지는 결혼식은 이보다 훨씬 더 조잡하고 간단했다. 부모들에 의해 일단 약혼이 성립되면, 신랑은 신부를 자기 집에 강제로 데리고 갔다. 플루타르코스의 『리쿠르고스의 생애』에 의하면, 일단 신부가 신랑 집에 당도하게 되면 신부 들러리가 그녀를 맞이하여 신부의 머리를 바싹 자른 다음 남자의 외투와 신발을 신겼다. 그리고 어두운 방의 침상 위에 신부를 혼자 오랫동안 내버려 두었다. 신랑은 여느 때처럼 막사에서 공동식사를 마치고 돌아와 신부를 맞이했다.[44] 스파르타에서 남편과 아내의 사교는 매우 엄격했다. 대개 남편들은 신혼 초에도 자기 아내를 오직 밤에만 방문할 수 있었고, 결혼한 지 한 달이 지나서야 겨우 대낮에 자기 아내의 얼굴을 대할 수 있었다.

결혼이 부모들의 의사에 의해 일방적으로 결정되었기 때문에, 신랑과 신부는 결혼 첫날밤에 첫 대면을 하는 경우가 많았다. 상대방의 기질이나 성격에 대해 서로 무지한 상태에서 결혼했기 때문에, 상대적으로 행복한 결혼이 될 수 있는 확률은 매우 적었다. 여성들은 일찍부터 남성들의 세계로부터 차단되었기 때문에, 자신의 가족과 몇몇 친한 소꿉친구들을 제외하고는 사회생활에 대한 경험이 미숙한 편이었다. 이처럼 부끄러움을 많이 타는 신부가 치밀한 교육과 이미 폭넓은 사회경험을 쌓은 남성의 진정한 동반자가 되기에는 아무래도 역부족이었을 것이다. 크세노폰의 『경제

44 | 스파르타 여자들은 결혼한 뒤에 남편과 저녁식사를 함께하는 법이 없었다. 그 이유는 남편들이 매일 저녁 공동식사를 했기 때문이다. 기원전 4세기에는 스파르타 여자들이 방종했다는 평판이 일었는데, 이는 어쩌면 당연한 일 같다.

학』에는 여성의 이 같은 유순함이 잘 묘사되어 있다. "내가 어떻게 당신을 도와드릴 수 있을까요? 나의 능력이 무엇일까요? 매사가 당신 손에 달려 있어요. 어머니가 말씀하시기를, 나의 사명은 경거망동하지 않는 것이라고 합니다."

고대 희극작가 아리스토파네스에 의하면, 외간 남자가 집을 지나치거나 또 창문으로 집 안을 들여다볼 때, 대개의 기혼여성들은 부끄러움을 느끼고 뒤로 물러서는 것이 일반적인 경향이었다. 그러나 그리스 아내들이 모두 다 경거망동하지 않았던 것은 아니었다. 이오니아 여성들이 외간남자와 간통죄를 저지르는 것은 결코 드문 현상이 아니었다. 또 집안의 남성 노예와 불륜관계를 맺는 경우도 종종 발생했다. 사회가 여성의 순결을 강요했음에도 불구하고 이처럼 불륜죄가 발생한 현상에서, 우리는 여성의 사회적 격리나 무지가 결코 능사는 아니라는 점을 깨달을 수 있다.

그리스의 사회관습이 아무리 남성 위주였다고 해도, 남편은 자기 아내에게 공손한 말씨를 사용해야만 했다. 또 자기 신분에 어울리지 않는 행동을 함부로 해서는 안 되었다. 그리스의 기혼여성들은 처녀시절보다는 좀 더 많은 자유를 누릴 수 있었다. 그러나 대체로 부인 방을 지켜야 했고, 남편의 허가 없이 함부로 외출할 수 없었다. 거리에 나갈 때면 반드시 베일로 얼굴을 가렸고, 남편이 지정한 노예를 옆에 대동했다. 남편이 대부분의 시간을 해외에서 또는 시장에서 공적인 일에 종사하고 토론에 열중하는 동안, 여성들은 집 안에서 노예나 가사을 감독하면서 한가로운 여가를 즐겼다. 남편과 아내가 한 방에서 같이 식사를 할 수 있었지만, 만약 남편의 친구가 방문하게 되면 아내는 즉시 부인 방으로 물러가야만 했다. 그래서 그리스 남편과 아내의 일상생활은 거의 분리된 상태였다.

고대 그리스인의 성생활: 축첩, 매춘, 동성애

그리스에서는 '일부일처제'를 시행했으나, 초기 고대시대에는 축첩제도가 존재했다. 본처와 첩을 따로 구분했는데, 본처는 양가 부모의 합의에 따라 신부 아버지 측의 주재로 정식으로 결혼식을 올린 경우였던 반면에, 첩은 전쟁의 전리품으로 단지 재산목록의 일부에 지나지 않았다. 그리스에서는 일부일처제가 성립된 뒤에도 여전히 축첩제도가 행해졌다. 첩은 주로 집안의 노예들 사이에서 충원되었다. 그러나 첩은 가정신의 예배의식에 참석할 수 없었기 때문에, 진정한 가족 성원은 아니었다. 또한 첩에게서 난 자식도 진정한 가족의 일원이 아니었기 때문에, 재산 상속에 참여할 권리가 없었다.

그리스에서 귀족여성과의 성적 접촉은 오직 중매결혼을 통해서만 가능했다. 그러나 성적 쾌락은 모름지기 '민주적'이어야 한다는 취지 아래, 아테네에서는 값싼 매춘이 널리 성행했다. 과연 솔론이 이 같은 매음굴을 제도화시켰는지의 여부는 정확히 알 수 없으나, 결국 이런 현상들은 당시의 이데올로기를 충분히 반영하고 있다. 즉 국가는 남성의 성적 욕구를 당연히 충족시킬 의무가 있다는 것이다. 그래서 매춘은 아테네인들의 일상생활사가 되었고, 또 매춘굴을 이용하는 데에 대한 수치심도 별로 없었다. 매춘은 합법적이었고, 도시 당국은 매춘에 세금을 매겼다.

당시 소년매춘부들의 연령은 대개 18세였다. 남성시민의 육체는 '신성불가침'이라는 원칙 아래, 매춘에 종사했던 소년들은 나중에 성인이 되어서도 결코 시민생활에 정상적으로 참여할 수 없었다. 여성매춘부들은 다음 5가지 사회적 범주로 나누어져 있었다. 첫째 매춘굴의 노예들, 둘째 거리 배회자들(노예, 외국인, 빈민층 여성들), 셋째 심포지움에서 음악과 성을 제공하는 댄서나 플루트 연주자들, 넷째 첩(보통 지속적이고 장기적인 성생활을 전제로 했다. 빈민층 처녀들에게 이 첩제도는 일종의 결혼 대용물이었다. 또한 첩들은 매춘세에서 면제되었다.), 마지막은 고급 유녀인 헤타이라들이다.

아테네에서 매춘은 가격이 매우 저렴했다. 대개 1드라크마drachma(옛 그리스 은화 이름), 즉 일일노동자의 하루 임금과 맞먹는 정도의 금액을 지불하면 되었다. 심포지움의 댄서나 플루트 연주자들은 보통 2드라크마였으며, 장기적인 관계를 맺은 첩이나 헤타이라들은 이보다 훨씬 비싼 가격을 흥정했을 것이다. 당시 화대가 높고 인기가 있었던 헤타이라들은 객석에 물시계를 갖다 놓고 있다가, 시간이 되면 얼른 돌아가 버렸다. 우리는 가장 유명한 헤타이라로 외국 태생인 아스파시아를 들 수 있다. 그녀는 보기 드문 미인인데다가 재치가 있고 학식이 뛰어나며, 또한 아테네의 뛰어난 철학 강연자로도 유명했다. 그 문하생으로 페리클레스, 소크라테스, 에우리피데스와 같은 정치가, 철학자, 문학가가 있었다. 아스파시아는 뒤에 페리클레스와 결혼하여, 그의 두 번째 부인이 되었다.

한편, 그리스에서는 동성애가 대유행하여 미소년 매매가 시작되었다. 이 동성애를 가장 강력하게 반대한 자는 이로 말미암아 생활의 위협을 받게 된 여자매춘부들이었다. 그리스에서는 이미 여성들의 동성애도 시작되었다. 그리스의 여성시인 사포Sappho는 레스보스 섬에서 신부학교(결혼학교)를 설립했는데, 여기서 시와 음악 · 무용 따위를 가르쳤다. 그녀는 여학생들과 돌아가며 사랑에 빠졌는데, 그 사랑은 레스보스의 사랑(레즈비언 러브)이라고 불리게 되었다. 그러나 그녀가 진정한 레즈비언이었는지는 약간 의문의 여지가 있다. 왜냐하면 사포에게는 엄연히 중매결혼을 통해 낳

재미있는 토막이야기

아테네의 성性문화

다산fertility은 원래 여성의 모태에서 유래하지만, 고대 그리스에서는 종교 숭배나 남근 우상화를 통해 남성의 공으로 돌려졌다. 제우스의 남근은 신들을 위한 자궁이 되었다. 그리스 신화에 의하면 신들에게 생명을 준 이는 바로 최고신 제우스였다.

기원전 5세기에 아테네의 성性문화는 모두 성인남자 시민을 중심으로 건설되었다. 아테네 성인남자들의 육체는 모든 국가권력의 근간이 되었다. 다른 모든 인간들, 즉 여성, 노예, 외국인, 사춘기의 귀족소년들은 모두 아테네 성인남자들의 성적 대상으로만 존재했다. 귀족여성들은 결혼 후 합법적인 자녀들을 생산하기 위해 존재했고, 또 다른 여성들–첩, 창녀, 고급창녀–은 남성들의 성적 만족을 채우기 위한 욕정의 대상에 불과했다. 그러므로 아테네 민주정은 정치제도일 뿐만 아니라, 성적 제도이기도 하다.

그리스의 성적 행동은 성인 남녀의 상호동의에 입각한 것이 아니라, 계급적 위계질서를 엄격히 반영하고 있었다. 성인남자 시민은 오직 자신보다 열등한 지위에 있는 사람, 즉 여성, 노예, 외국인, 소년들과 성관계를 유지했다. 그리스의 이 같은 남성우월주의의 성문화는 '가정의 천사'인 아내와 매춘굴의 여인(또는 하녀)이라는 이분법을 표방한 19세기 빅토리아 시대의 영국과도 유사한 점이 많다.

고대 그리스 예술에는 남성들에 의한 남근숭배사상이 많이 나타난다. 남성들은 군인을 포함해서, 대체로 나체로 표현되는 경우가 많았다. 덕망 높은 기혼여성들의 경우에는 대개 옷을 걸치고 있는 상태로 표현되었다. 같은 예술작품에서 그녀들의 남편이 비록 홀랑 벗고 있을지라도, 여성들은 결코 나체로 등장하는 법이 없었다. 그러나 창녀들의 경우에는 벌거벗은 남성과 함께 적나라한 나체로 묘사되었다. 후기 그리스 예술에서 남성들은 작고 우아한 성기를 드러내기를 좋아했다. 그러나 초기 그리스 예술(기원전 5세기)에서는 과장된 남근을 과시하기를 즐겼다. 때때로 두 개의 남근을 가지고 있는 경우도 있었다. 남성 예술가들은 식물들을 땅에 있는 남근으로 묘사하기도 했다. 그들은 심지어 동물들을 남근 형태로 묘사했다. 가령 발기한 남근을 가진 말이나, 머리 위에 발기한 남근을 지닌 새가 대표적인 경우다. 디오니소스 숭배는 아테네에서 가장 인기 있는 연중축제였는데, 남성들은 팀을 이루어 가능한 한 가장 큰 남근상을 나르는 장대한 시가행진을 펼쳤다. 대장장이 신 헤파이스토스가 탄 나귀 역시, 발기한 남근을 지니고 있다. 아크로폴리스에 있는 아프로디테 신전의 제단도 남근 형상으로 덮여 있다.

고대 그리스에서 남근은 다산의 주요 상징이었다. 그들은 가죽으로 만든 모조남근 dildo을 만들어 냈고 이를 시중에서 판매했다. 그리스 남성들은 여성들이 자신들의 남근을 몹시 부러워한다고 생각했다. 그래서 남성들은 모조남근을 가지고 노는 여성들을 예술작품에서 곧잘 묘사하곤 했다. 그러나 여성의 동성애나 수음은 거의 표현하지 않았다. 그리스에서는 강간이 몹시 흔했으며, 그리스 남성들은 이를 여성에 대한 일종의 지배권(?)으로 간주했다. 심지어 제우스 신도 많은 여성들을 범한 강간범이었다. 그는 백조 모습을 한 채 유부녀인 레다를 강간했으며, 황금비로 변신하고 몰래 성탑에 침입하여 다나에를 유혹했다. 그는 심지어 인간인 알크메네의 남편으로 변장하고 천연덕스럽게 알크메네와 동침했다. 또한 제우스는 가니메데스Ganymedes 같은 미소년을 납치하여 범하기도 했다. 그리스의 평범한 남정네들도 우물가에 몰래 숨어 있다가, 물을 길러 온 여성들을 범하곤 했다. 창녀와 노예여성은 물론이고 심지어 잠자리를 거부하는 자기 부인을 범하는 일도 비일비재했다.

은 딸 클레이스가 있었기 때문이다. 사포의 이 같은 애정행각은 성적으로는 남성들의 동성애의 복제판이라고 할 수 있지만, 문화적으로는 상당히 다른 면모를 지니고 있다. 남성 헤타이라들은 주로 전쟁이나 주연에 전념한 반면, 사포와 그녀를 따르는 무리들은 사랑의 여신 아프로디테에 대한 찬미와 춤과 노래에 전념했다.

그리스에서 동성애는 과연 언제부터 시작되었을까?[45] 호메로스의 서사시에 나오는 영웅들 간에는 강렬한 감정적 유대가 존재하지만, 그들의 성애는 주로 이성(여성)을 향한 것이었다. 가령 영웅 아킬레우스는 자신의 가장 소중한 친구였던 파트로클로스의 죽음을 몹시 비통해 하지만, 그들의 육체적 관계에 대한 언급은 전혀 보이지 않는다. 한편, 헤시오도스는 에로스 쪽보다는 농촌의 실생활을 많이 묘사했는데, 당시 농촌 가장의 가장 막중한 소임은 가급적이면 많은 아들을 생산하는 것이었다. 어떤 학자들은 도리아인들의 이주와 더불어, 그리스에 동성애가 정착되었다고 주장한다. 그러나 동성애문화에 대한 증거는 도리아인인 티르타이오스Tyrtaeus보다는, 오히려 이오니아인인 솔론이나 아이올리스인인 사포로부터 나온다. 초기 그리스 동성애에 대한 연구의 포문을 최초로 연 이는 『그리스 동성애*Greek Homosexuality*』(1978)의 저자인 도버K.J. Dover다. 현재 낭만적인 사랑을 지칭하는 그리스어 '에로스'는 원래 동성들끼리의 성적 욕망을 의미했다. 그러나 도버가 지적한 대로, 그리스에서 이 기이한 로맨스는 남몰래 하는 사랑이 아니라 일종의 사회현상이었다. '이성이냐, 아니면 동성이냐?' 하는 것은 문제시되지 않았으며, 그리스 대부분의 남성들은 양쪽을 모두 선호했다고 전해진다.

도버의 견해에 따르면 기원전 7–6세기경 아테네에서는 각종 여가활동이 활발했는데, 그것이 바로 그리스 남성들에게 에로틱한 문화를 형성할 빌미를 마련해 주었다. 이러한 로맨스 구도에서는 항상 성인남성이 미소년을 따라 다녔다. 원래 동성애는 '귀족적' 쾌락을 의미했는데, 아테네에 민주주의가 점차 보급되면서부터 사라졌다. 그러나 폴 홀설Paul Halsall은

45 | 우리는 이러한 자료들을 예술작품이나 도자기, 또는 문학작품에서 찾아볼 수 있다. 특히 문학자료들은 매우 다양한데, 호메로스, 헤시오도스, 솔론, 아나크레온, 테오그니스, 사포, 아리스토파네스, 헤로도토스와 투키디데스, 또 철학자 플라톤 등의 작품을 열거할 수 있다. 또한 기원전 4세기경에 고대 아테네 정치가이면서 뛰어난 웅변가였던 아이스키네스Aeschines가 티마르쿠스Timarchus에게 대항하여 한 연설에서도, 우리는 동성애에 대한 언급을 발견할 수 있다.

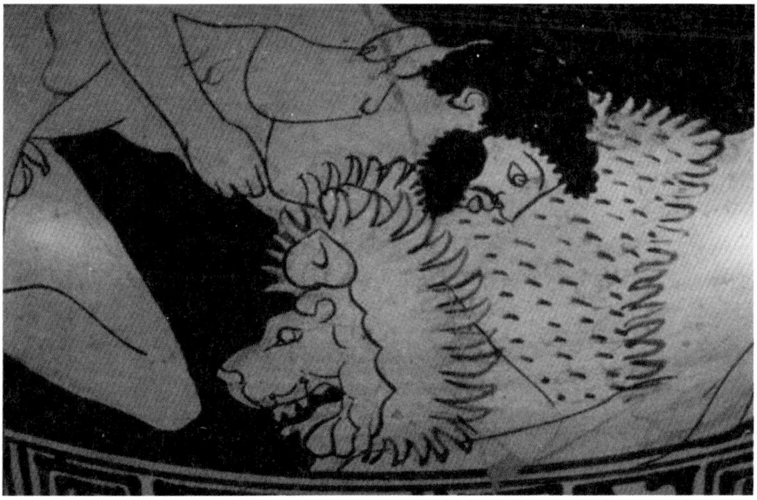

헤라클레스가 네메아 사자를 죽이는 장면. 고대 그리스에서 사냥은 남성 전용의 오락이었다.

도버의 이 같은 주장을 반박한다. 첫째, 그 당시 스파르타는 전혀 여가를 즐길 만한 한가로운 상황이 아니었음에도 불구하고, 동성애가 널리 인정되었다. 즉, 그리스 역사에서 아테네는 매우 중대한 위치를 차지하고 있지만 동성애가 비단 아테네적 현상만은 아니라는 것이다. 둘째, 그리스에서 귀족과 상류층 문화는 결코 사라진 것이 아니었다. 또한 스파르타를 위시한 다른 몇몇 도시국가들은 아테네의 급진적 민주정을 채택하지도 않았다.

홀설에 따르면, 동성애의 문화적 기원은 정치제도의 변화 같은 역사적 사건보다는 기원전 7–6세기 사회생활상에서 찾아볼 수 있다. 그리스는 초기 8–7세기보다 훨씬 더 안정된 상태였고, 인구와 도시 성장을 이룩했다. 도시에서 여성의 지위는 더욱 하락했고, 남성들만이 오직 시민권을 향유했다. 그래서 도시의 사회적 시설들은 주로 남성들을 위해 마련되었다. 김나지움에서 남성들은 전라로 씨름을 하고, 각종 시합이나 격렬한 운동

따위를 즐겼다. 심포지움이나 주연도 도시생활의 일부로 정착되었는데, 이 역시 남성 전용의 오락이었다. 이러한 환경 속에서 자연스럽게 동성애 문화가 싹텄을 것이라고 홀설은 추정했다.

이혼은 남성의 권리다: 이혼제도

이혼에 대한 남성의 권리를 먼저 살펴보기로 하자. 호메로스의 『일리아스』와 『오디세이아』를 보면, 이혼에 대한 언급은 거의 한마디도 없다. 그러나 역사시대에는 이혼이 그리 드문 현상은 아니었다. 히브리 민족과 마찬가지로, 그리스에서도 이혼하는 권리는 거의 남성의 전용물이었다. 즉, 이혼은 일종의 남편의 특권이었다. 아내가 불임이거나 간통죄를 저지른 경우에 남편은 얼마든지 이혼을 요구할 수 있었다. 다산을 기원하는 사회에서 불임은 첫 번째 이혼사유로 지극히 당연하게 받아들여졌다. 그러나 어떤 남편은 부인과 이혼하는 대신, 버려진 아이를 몰래 데려다가 자기 자식으로 삼는 부부애(?)를 발휘하기도 했다.

아내가 간통을 저지른 경우, 흥분한 남편이 정부와 아내를 모조리 죽이는 극단적인 사태까지도 발생했으나, 아내를 그냥 매질한 후 방에 가두는 경우도 있었다. 그러나 아내의 부정이 일단 세상에 공식적으로 알려지게 되면, 그 아내는 평생 죄인처럼 낙인이 찍힌 채 종교의식이나 심지어 신전에 들어가는 일조차 금지당했다. 또한 결혼은 자동적으로 무효화되었다. 보통 귀족여성의 불륜은 성폭행보다 훨씬 더 극악무도한 범죄에 속했다. 왜냐하면 그것은 귀족여성과 직접적으로 관련된 남성, 즉 남편의 권리에 대한 위반이었기 때문이다. 부정한 아내를 둔 남편이 과연 어떻게 자기 자식이 '적자' 라고 확신할 수 있겠는가?

스파르타인들은 자신들이 이오니아인에 비해 간통사건이 적다는 사실을 공공연히 자랑했다. 그러나 그것은 스파르타인의 도덕적 우월성을 입증하는 것이 아니라, 스파르타인의 성생활이 아테네인의 경우보다 훨씬 더 자유로웠다는 것을 의미했다. 스파르타에서는 만일 남자가 너무 늙고 자식이 없는 경우, 젊은 아내에게 건장한 청년과 동침해서 자기 가문을 위해 건강한 자식을 낳아 줄 것을 종용하는 일도 더러 있었다고 한다. 전설적인 입법가 리쿠르고스는 순전히 우생학적인 견지에서, 아내를 혼자 독점하려는 것은 무척 어리석고 이기적인 행위라고 가르쳤다. 결국 건강한 자식은 아버지의 소유가 아니라, '국가' 의 소유라는 것이 리쿠르고스의 본질적인 견해였다.

이번에는 이혼에 대한 여성의 권리를 살펴보기로 하자. 그리스 여성들은 이혼에 대하여 거의 권리가 없었다. 남편 쪽의 부정이나 간통행위는 그리스 국가에서 정당한 이혼사유가 될 수 없었다. 남편의 방탕이 너무 잔인무도해서 전체 가족에 대한 무시나 엄청난 불행을 초래했을 경우에는 여성이 먼저 이혼을 청구할 수 있었다. 그러나 이런 경우에도 여성의 이혼청구는 사실상 불가능했다. 여성은 일차적으로 이혼문서를 도시의 최고책임자인 아르콘에게 제출해야만 했다. 그러나 남편은 아내가 어떤 행동도 취하지 못하도록 그녀를 집에 가둘 수 있었다. 한편, 이혼은 기혼여성에게 약간 허용된 자유의 상실을 의미했다. 그러나 간혹 부부가 상호동의하여 이혼하는 경우도 있었다. 이혼도 결혼과 마찬가지로 그리스에서는 '사적' 영역에 속했기 때문에, 간통의 경우를 제외하고는 국가나 종교의 권위가 별로 필요치 않았다.

고대 그리스식 '남녀칠세부동석'

아이의 초기 훈련과정에서 그리스 가정의 역할은 매우 중요했다. 만일 사내아이가 태어나게 되면 이를 경축하는 의미에서 문 밖에 올리브 화관을 걸어 두었다. 그러나 계집아이가 태어나게 되면, 평생 동안 여자의 생업이 될 직조와 관련된 모직 천 조각을 문 밖에 걸었다. 또 아이를 인지하는 가정의식이 거행되었는데, 만일 아버지가 아이의 적법성을 인정하지 않으면 아이는 그냥 밖에 내다 버려졌다. 그러나 이런 일은 사내아이가 태어났을 때에는 그리 흔한 경우가 아니었고, 주로 계집아이나 불법적인 사생아의 경우에만 일어났을 것이다. 간혹 사내아이를 버리는 경우도 있었는데, 이는 집안이 너무 가난해서 부모가 도저히 키울 능력이 없거나, 또는 재산을 분할하지 않기 위해서였다. 아이가 태어난 지 10일째 되는 날에 조상신에게 제물을 갖다 바치고, 또 친척들을 불러 모아서 아이의 탄생을 축하하는 잔치를 벌였다. 바로 이때 아이의 이름을 지었다. 이런 형식적 절차를 거쳐 승인된 아이는 대체로 노예들의 손에서 양육되었다. 당시에 스파르타를 제외하고, 그리스의 상류층 부인들이 아이에게 직접 젖을 먹이는 경우는 매우 드물었다. 이후 18세기 프랑스에서도 상류층은 물론이고, 하류층 사이에서도 생모 대신 젖을 물리는 유모제도가 일반적 관행이 되었다. 그리하여 동시대인들에게 겸허한 마음으로 "자연으로 돌아갈 것"을 설파했던 장-자크 루소는 스파르타식 자연교육법을 극구 선전 · 찬양했다.

서판에 철필로 필기를 하고 있는 소년. 이런 서판은 학교에 다니던 그리스 소년들이 가장 많이 사용하던 것이다.

놀랍게도 그리스 어린이들이 갖고 놀았던 장난감은 오늘날의 장난감과 매우 유사했다. 부모는 아이들에게 절대적인 복종을 요구했고, 이런 목적을 위해 체벌을 자주 사용했다. 또한 보모들은 아이들의 도덕적 교육을 위해 영웅담을 자주 들려주었다.

우리나라에 '남녀칠세부동석'이란 말이 있다. 그리스에서도 남자아이와 여자아이가 일곱 살이 되면 판이하게 다른 교육을 받았다. 남자아이는 엄격한 학교교육을 받게 되며, 교육은 모두 집 밖에서 행해진다. 교육의 목적은 훌륭한 시민 또는 군인이 되는 것이다. 반면 여자아이는 거의 하루 종일 집 안에 갇혀 직물을 짜고 자수를 놓거나, 만일 집안이 유복하지 않을 경우에는 가정요리를 배웠다. 그리스 남성들은 여성들의 지적 교육을 이처럼 완전히 무시함으로써, 결국 여성이 아내나 어머니로서의 제대로 된 능력을 갖추지 못하게 하는 결과를 자초했다.

"국가가 모든 가정사를 관리해야 한다": 가족에 대한 가치관

우리는 고대 그리스 철학을 통해 그리스인들이 당시에 가족에 대해 가졌던 가치관을 살펴볼 수 있다. 플라톤이나 아리스토텔레스는 공익 차원에서, 국가가 가족적인 사무를 모두 관리할 것을 권장했다. 플라톤은 『국가』에서 지배층 남녀들이 국가가 관장하는 혼인축제에서 서로 '제비뽑기'로 짝을 선정할 것을 추천했다. 그리고 아이가 태어나면, 아이는 즉시 부모 곁을 떠나 국가가 운영하는 공동탁아소에 맡겨져야 한다고 했다. 플라톤에 의하면, 아이와 떨어져 비탄에 잠긴 부모들은 곧 자기 아이와 비슷한 시기에 태어난 아이들에게 보편적 애정을 가짐으로써 위안을 얻게 될 것이다. 아이를 버리거나 키우는 것을 결정하는 것 역시 국가의 소관이었다. 결혼, 아이 양육 등은 모두 개인적인 일이 아니라, 국가적 사무에 속하는 일이었다. 플라톤은 초기 가정교육의 중요성(정서적인 면)을 강조한 것으로도 유명하다. 한편 플라톤은 여성이 남성보다 비록 열등하기는 해도 동일한 인격체임을 강조하여, 여성에게도 남성과 동등한 교육의 기회를 베풀 것을 권장했다.

플라톤보다 덜 사색적인 아리스토텔레스는 실증적이기는 해도 상당히 보수적이었다. 아리스토텔레스도 국가가 가정생활에 개입하는 것에 찬성했다. 그는 국가가 결혼연령을 법적으로 지정할 것을 기대했다. 무분별한 조혼에 의해 탄생한 아이들이 지나치게 작고 허약하다는 사실에 개탄을 금치 못했다. 그도 플라톤처럼 아이를 버리기로 결정하는 비인도적인 처사에 대해 전적으로 반기를 들지는 않았다. 그 당시에는 개인적 생활의 가치보다, 도시국가의 전체적 복지가 훨씬 더 중요했기 때문이었다.

3장

문화생활과 여가활동

신들의 발명품, 춤

우리는 그리스 민속춤의 연구를 통해서 그리스 역사와 삶의 양식을 좀 더 생동감 있게 알 수 있다. 춤은 고대 그리스인의 생활에서 매우 중요한 비중을 차지했으며, 그리스인들은 춤이 육체와 감정적인 건강에 유익하다고 믿었다. 고대에는 남성과 여성이 함께 춤을 추는 경우는 드물었다. 그리스 춤의 종류는 코믹 춤, 전쟁 춤, 운동선수를 위한 춤, 종교적 숭배의 춤, 결혼과 장례와 축제를 위한 춤 등 자그마치 200개가 넘는다.

그리스 춤은 고대에서 현재에 이르기까지, 형태가 별로 변하지 않은 채 본래의 모습을 그대로 간직하고 있다. 가령, 그리스 영웅 테세우스는 크노소스의 미궁에서 인간의 몸에 소의 머리를 한 괴물 미노타우로스를 해치우고 아테네로 귀환하던 도중, 델로스에서 발길을 멈추고 신들에게 감사의 제물을 바쳤다. 희생제물이 바쳐지는 동안, 테세우스는 '미궁의 춤'으로 알려진 춤을 신명나게 추었다. 이 얘기는 그냥 신화에 불과하지만, 펠

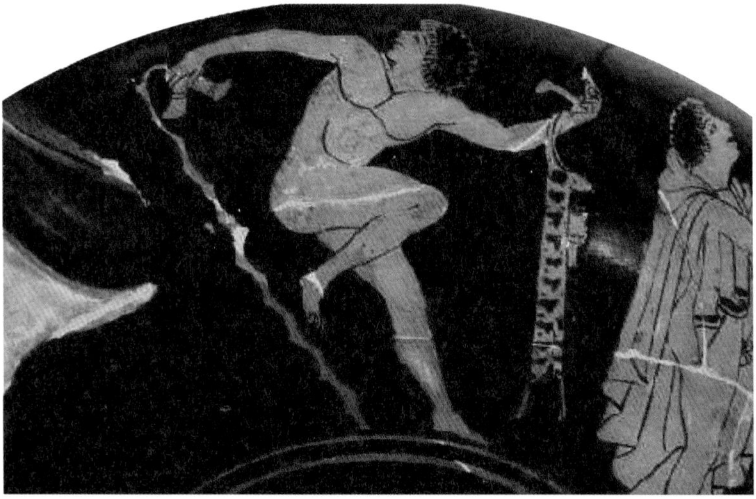

크로탈라(krotala, 작은 청동 심벌즈)와 플루트 케이스, 지팡이를 들고 춤을 추고 있는 댄서의 모습. 기원전 480년경.

로폰네소스 지방에서는 오늘날까지도 이와 비슷한 형태의 춤이 남아 있다. 그리스의 춤은 이처럼 3000여 년 전의 아득한 과거와 현재를 연결하는 중요한 고리다.

고대 그리스인들은 춤이 '신들의 발명품'이라고 믿었기 때문에, 춤을 종교의식과 그대로 연결시켰다. 신들은 몇몇 선택받은 자들에게 춤추는 법을 가르쳐 주었고, 선택받은 자들은 다시 그 춤을 인간 동료들에게 가르쳐 주었다는 것이다. 그리스 신화에 의하면 춤의 기원은 여신 레아로부터 유래한다. 거인신 크로노스는 자기 아버지 우라노스를 폐위시키고 신들의 제왕이 되었기 때문에, 자신도 혹시 아들들에 의해서 폐위되지 않을까 몹시 두려워했다. 그래서 그는 태어나는 자식들을 모두 삼켜 버리는 괴물이 되었다. 이에 그의 아내 레아는 제우스를 낳자 남편의 눈을 피해 아이를 크레타의 한 동굴 속에 숨겼다. 그리고 아이 대신에 돌을 배내옷에 싸서, 크로노스에게 천연덕스럽게 건네주었다. 그리고 레아는 크로노스가 아이의 울음소리를 듣지 못하도록, 크레타의 반신반인半神半人의 쿠레테스족에게 동굴 앞에서 소리를 마구 지르고 방패를 휘두르며 전쟁 춤을 추라고 명했다. 덕분에 아무 탈 없이 자란 제우스가 드디어 성인이 되어 크로노스의 제위를 찬탈했을 때, 쿠레테스족은 그 공로를 인정받아 제사장이 되었다. 쿠레테스족의 자손들은 그 후에도 종교제식의 일부로서, 이 전쟁 춤의 전통을 계속 이어 나갔다. 대부분의 그리스 춤들이 종교의식에서 유래되었기 때문에, 위의 신화는 어느 정도 역사적인 근거나 타당성을 지니고 있는 것으로 여겨진다. 대부분의 고대 연구가들은 그리스 춤이 크레타의 쿠레테스족으로부터 많은 영향을 받았다는 점에 동의하고 있다. 우리는 호메로스, 플라톤, 아리스토텔레스의 작품에서 춤에 대한 기록을 엿볼 수 있다. 또한 고대 벽화나 자기 등에서도 춤추는 그리스인들의 모습을 발견할 수 있다.

민속춤은 한 민족이나 집단이 영위하고 있는 생활방식이나 전통과 불가분의 관계에 있다. 춤은 또한 민족이나 국가의 문화 수준을 잘 대변해준다. 예를 들면, 문화 수준이 낮은 민족의 춤은 대개 원시적인 성적性的 요소와 관련된 것이 많고, 골반운동이 춤동작에서 매우 중요한 위치를 차지하고 있다. 그러나 그리스 민족의 위대한 전통 가운데 하나인 그리스 춤은 골반동작을 무시하고, 단지 인간미와 유연성을 강조하고 있다. 다른 민족들과 마찬가지로 그리스인은 춤이 매우 흥겹고 즐거우며, 또한 율동적인 자기표현 방식 중의 하나라고 생각했다. 그리스인의 춤에는 또 다른 독특한 의미가 있다. 첫째, 춤은 그리스 민족(헬라스)을 하나로 결속시키는 강력한 활력소가 되었다. 그리스 춤의 기본적인 특징은 그리스 어느 지역을 가나 거의 대동소이하다는 점인데, 이러한 춤의 통일성은 지방색이 강한 그리스의 여러 지역들을 하나로 통합시키는 역할을 했다. 그리스에서는 볼품없는 촌부에서부터 왕에 이르기까지, 모두 너나 할 것 없이 춤을 즐겼다. 1974년에 왕정이 폐지되기 전까지, 그리스 왕들은 왕실의 모든 제관 수여식이나 결혼식에서 춤을 추었다. 그리스의 춤은 아무리 초보자라고 해도 전문가와 함께 발을 맞출 수 있을 만큼 기본 스텝이 매우 간단한 동시에 전문가에게는 여러 가지 복잡한 기교를 충분히 살릴 수 있는 기회를 제공한다.[46]

고대 그리스인들도 온천욕을 즐겼다

이번에는 그리스 시대의 목욕문화에 대하여 살펴보기로 하겠다. 호메로스 시대의 영웅들은 기나긴 여행이나 전투의 피로감을 풀기 위해 목욕을 자주 했다. 목욕은 주로 식사 전에 했다. 집주인이 하녀들로 하여금 손님의 목욕 시중을 들게 하는 것은 바로 예우의 표시였다. 손님의 지위가 아주 높은 경우에는, 집주인의 아내가 직접 목욕 시중을 들기도 했다. 그래

46 | 그리스 민속춤에 대해 더 많은 정보를 알고 싶으면 다음의 도서를 참고하길 바란다. L. Ellfeldt, *Folk Dance*, Brown Physical Education Activities Series, Dubuque: W.M.C. Brown Company Publishers, 1969; G. Jonas, *Dancing*, London: BBC Books, 1992; J. Lawson, *European Folk Dance*, Bath: Pitman Publishing, 1970; A. Raftis, *The World of Greek Dance*, Athens: Finedawn Publishers, 1987; C. Sachs, *World History of the Dance*, Norton, 1937; D. Stratou, *The Greek Dances -Our living link with antiquity*, Athens: Dora Stratou Dance Theatre, 1992. 그 외에 다음의 그리스 문헌을 참고하라. *Η.Σ.Δήμα*, *Ελληνικoi Παραδοσιακoi Χοpoi*, *Αθήνα*; *Α.Π. Μπουσιώτη*, *Ο Χορός*, *Αθήνα*, 1979.

서 헬레네는 트로이에 몰래 잠입하기 위해 거지로 변장했던 오디세우스를 윤기 있는 돌로 만든 목욕통에서 목욕시켰다. 그러나 호메로스 시대의 영웅들은 목욕하는 데 보통 강물이나 바닷물이면 충분했다. 더운 물로 데워 목욕하는 관습은 좀 더 나중에 가서 시작되었다.[47]

고대 아테네 법은 도시 성벽 안에 공중목욕 시설을 만드는 것을 금지했다. 공중목욕탕은 기원전 6세기경에 나타나기 시작했는데, 원래는 고대 그리스의 씨름장에 그 기원을 두고 있다. 초기에 목욕은 이처럼 신체적 운동과 밀접한 연관이 있었으나, 사람들은 점차 목욕 그 자체에서 즐거움을 찾기 시작했다. 이러한 목욕을 통한 감각적인 쾌락의 추구는 그 정도가 지나쳐서 준엄한 사회적 비판의 대상이 되기도 했다. 고대의 개성 있는 정치가 중 한 사람인 솔론은 다른 사치금지법과 함께, 남성용 고급향수의 사용을 금하는 법률을 통과시켰으나 아무런 소용이 없었다.[48]

기원전 5세기경에는 온천요양법이 시작되었다. 의학의 시조 히포크라테스는 병의 원인이 스트레스에 있다고 하여, 이를 해소하려면 알맞은 온도의 온천에 몸을 담그는 것이 좋다고 충고했다. 그 치료법은 극히 정확했다. 기원전 472년경에는 비누가 발명되었다. 아테네에서는 목욕을 할 때 기름과 알칼리 석회를 섞은 비누를 사용하여 몸을 씻는 습관이 시작되었다. 그러나 그 당시에 비누는 단단한 것이 아니고, 진흙같이 물렁물렁한 것이었다.

47 | 기원전 770-760년경에 그리스에서는 더운 물로 목욕을 하는 관습이 시작되었다. 그 이전에는 찬물로만 목욕을 했으나, 이때부터 물을 끓여 넓적한 대야에 넣고 목욕을 했다.

48 | Ned Rival, *Histoire anecdotique du lavage et des soins corporels*, Paris: J. Grancher, 1986, pp.22-24.

우리는 고대 그리스의 장식미술에서 여자들이 결혼 전야에 목욕하고 화장하는 모습을 가끔 볼 수 있다. 대개 하녀가 물병을 날라 와서 결혼하는 처녀의 긴 머리를 정성스럽게 감긴다. 그리스의 이오니아계 상류층 여성들은 대체로 여가시간이 많았기 때문에 몸치장으로 소일했다. 이는 초기 로마 여성들이 훌륭한 어머니로서 남편과 자식들에게 존경받는 위치에 있었고, 집 안의 한가운데 앉아서 하인들을 감독하고 또 물레를 돌리는 손을 잠시도 멈추지 않았던 것과는 대조적이었다.

Ⅱ

강력한 제국의
고대 로마인

짧게 쓰는 고대 로마사

로마의 역사는 중앙 이탈리아의 한 작은 마을에서 시작되었다. 이 수수한 작은 촌락은 도시로 성장했고 이탈리아 전체와 남부 유럽, 중동 그리고 이집트까지 정복하고 지배하기에 이르렀다. 그리하여 기원후부터는 천하를 호령하는 가장 강한 제국이 되었다. 로마인들은 그 어떤 민족도 시도하지 않았던 단일화된 행정방식으로 지중해 세계를 오랫동안 지배했다. 섬나라 영국에서 이집트, 스페인, 메소포타미아 지방에 이르기까지 로마 제국의 전성기는 그야말로 평화와 번영을 구가하던 시대였다. 로마인들은 자신들의 제국을, 나머지 세계에 '법과 정의'를 전파하는 일종의 도구로 간주했다. 또한 로마인들이 전파한 상대적인 평화와 안정은 그들의 이러한 견해를 뒷받침해 주었다.

늑대의 젖을 먹고 자란 로물루스가 나라를 세웠다는 로마의 건국설화에 의하면, 로마의 건국은 기원전 753년의 일이다. 제1기는 건국기부터 포에니 전쟁의 말기인 기원전 202년까지이며, 제2기는 포에니 전쟁의 말기부터 기독교가 로마인의 일상생활에 영향을 미치기 시작했던 기원후 4세기까지다. 로마인들은 그리스인들과는 달리 군사적이고 실용적인 성격이 강했다. 그러나 문화적인 관점에서 볼 때 로마인들은 자신들이 무력으로 정복한 그리스인들에게 상대적으로 열등의식을 느끼고 있었다. 로마인들은 그리스인들의 예술, 건축, 철학, 심지어 종교에 이르기까지 많은 것을 그대로 수용했고, 한층 더 나아가 자신들의 독특한 세계관과 실용적인 필요성에 이를 잘 적용시켰다. 이 변형된 그리스 문화를 우리는 '그리스-로마 문명Greco-Roman civilization'이라 일컫는다. 그것은 후일 중세 유럽과 르네상스 문명에 잘 전승되었다.

이제부터 공화정에서 대제국에 이르기까지 로마인들의 일상문화를 그려보기로 하자. 로마는 목가적이고 전원적인 작은 도시에서 출발하여, 아름다운 신전과 공공건물이 즐비하게 늘어서 있으며 시끄럽고 먼지가 자욱하고 수많은 인구가 모여 복작대는 거대한 매머드형 도시로 탈바꿈했다. 부자들은 입구에 노천식 아트리움(중앙 홀)이 있는 우아한 저택에서 안락하게 살았고, 중간 서민층은 그래도 꽤 괜찮은 아파트 같은 집합주택에서 살았으며, 도시의 최하층 빈민들은 세입자로 아주 열악한 주거환경 속에서 하루하루 허덕이며 지냈다. 비좁은 길들이 로마의 일곱 개 언덕을 굽이굽이 휘감고 있었다. 어떤 이들은 로마 시내를 하루 종일 도보로 걸어 다녔고, 어떤 이들은 노예가 끄는 으리으리한 마차를 타고 거리를 질주하며 부와 사회적 위용을 한껏 과시했다. 군인들은 사슬이나 가죽으로 된 갑옷과 투구를 쓰고 거들먹거리며 어슬렁어슬렁 돌아다녔다. 또한 노동자들은 벨트를 맨 어두운 모직의 튜닉을 입고 부산하게 움직였다. 동이 트기 전에 소년들은 학교에 서둘러 갔고, 로마 시민들은 하얀 모직의 튜닉을 입고 여유롭게 도시를 산책했다. 거리에는 상가가 밀집되어 있었고, 포룸forum에서는 법정이 열리고 대원로원 연사들이 만나 서로 논쟁을 벌였다. 빈민층에게도 로마의 하루는 항상 활기에 넘치는 것이었다. 가 봐야 할 곳, 한 번쯤은 반드시 들러야 할 곳이 있었기 때문이다. 제정 로마의 부자들이 대다수 민중들을 위해 무상으로 베푸는 푸짐한 축제가 바로 그곳이었다. 이것이 세계에서 가장 강한 제국을 일구어 낸 로마의 일상이다.

	연대	주요사건
BC	753	로마 시가 건설되다.
	500	로마 공화정이 성립되다.
	451	12표법이 제정되다.
	264-241	제1차 포에니 전쟁.
	218-201	제2차 포에니 전쟁.
	149-146	제3차 포에니 전쟁.
	88-84	제1차 미트라다테스 전쟁.
	83-83	제2차 미트라다테스 전쟁.
	82	술라의 독재시기.
	74-64	제3차 미트라다테스 전쟁.
	73-71	스파르타쿠스가 반란을 일으키다.
	64	시칠리아 왕국이 로마의 속주가 되다.
	60	제1회 3두정치가 시작되다.
	58-50	카이사르의 갈리아 정복시기.
	44	카이사르가 살해되다.
	43	제2회 3두정치가 시작되다.
	31	악티움 해전이 벌어지다.
	30	클레오파트라가 죽다. 프톨레마이오스 왕조의 이집트가 멸망하다.
	27	로마 제정이 시작되다.
AD	51	세네카가 『행복론』을 저술하다.
	64	네로 황제가 그리스도교도를 박해하다.
	79	폼페이가 매몰되다.
	80	콜로세움이 완성되다.
	96-180	네르바가 즉위하다. 5현제시대가 시작되다.
	117	트라야누스가 아시리아를 속주로 삼다. 로마의 영토가 가장 커지다.
	166	게르만인이 로마 제국의 북쪽을 위협하다.
	180	아우렐리우스가 『명상록』을 간행하다.
	192-284	군인황제의 시대가 시작되다.
	212	카라칼라가 모든 국민에게 로마 시민권을 부여하다.
	250-306	데키우스가 그리스도교도를 박해하다.
	285	디오클레티아누스가 제국을 양분하다.
	313	밀라노 칙령이 발표되다.
	380	테오도시우스가 그리스도교를 국교로 삼는다는 칙령을 발표하다.
	476	게르만인에 의해 서로마 제국이 멸망하다.

1장

의식주생활

로마 귀족들은 대식가이자 미식가였다

고대 그리스와 마찬가지로, 로마의 육식문화는 주로 지배층의 것이었다. 서민들은 폴렌타Polenta라는 명칭의 곡물 죽이나 빵으로 연명했다. 그러나 로마 제정시기에는 넓은 테이블에 고급도기나 유리기구가 호화롭게 놓이고, 또 기름진 산해진미가 산더미처럼 쌓였다. 잘 차린 정찬을 즐기는 시간은 정오부터 시작하여 저녁 때까지 계속 이어졌다. 또 매일 연회 때마다 먹기경연대회를 열어, 대식가에게는 상금을 주었다. 이 때문에 새의 깃털로 목구멍을 간질여서 먹은 것을 도로 토해 내고 다시 먹기를 계속하는 이도 있었다.[49]

보미토리움vomitorium이란 말은 라틴어 사전에서 원래 두 가지 사물을

49 | 로마에서는 '미식'과 '대식'이 미덕으로 여겨져 요리사의 사회적 지위가 높았다. 로마 교외의 팔라티누스 언덕에 세워진 요리학교 '코레기옴 코크오룸'에서는 전문적인 요리사를 배출했다.

바쿠스제 광경을 그린 폼페이 벽화. 바쿠스의 여사제가 나체로 현란한 춤을 추고 있으며, 무릎을 꿇고 있는 여자는 제식의 매를 맞기 위해 기다리고 있다.

지칭한다. 이것은 원형 극장이라는 의미 외에, 진귀한 외래 음식을 많이 먹기 위해 한 번 먹은 것을 토해 내고 또 먹는 게걸스러운 식도락가가 사용한 식당 겸용의 특별한 방을 가리킨다. 얼핏 보기에 이 두 공간은 별로 상관관계가 없는 것처럼 보인다. 그러나 상징적으로 많이 먹은 것을 급하게 토해 내는 작업은 원형 극장의 많은 군중들이 입장하고 퇴장하는 장면으로 전환될 수 있다.

'대식한大食漢' 이란 별명을 지닌 막시미누스Maximinus 황제는 원래 트라키아의 농민 출신이었다. 농사를 짓다가 일개 병졸로 군에 입대했으나 거구와 놀라운 체력 및 대식으로 군대 안에서 인기를 끌어 라인 강 주둔 군단의 최고사령관 지위를 얻고, 세베루스 알렉산데르의 뒤를 이어 황제까지 된 자다. 비록 원로원의 승인을 얻지 못하고, 이탈리아로 진군하는 도중 부하의 손에 살해되었으나, 합리적인 다이어트 내지 절식을 미덕으로 아는 현대인의 눈에는 대식으로 출세한 막시미누스의 개인 경력이 매우 이채롭지 않을 수 없다.

로마인들은 폭음폭식의 강렬한 인상을 후세에 남겼다. 공화국 초기에는 검소한 생활방식이 존재했다. 그러나 바쿠스제(고대 그리스의 디오니소스제) 같은 통음 난무痛飮亂舞의 대향연은 우리로 하여금 로마의 검소한 전통과 미덕을 까마득히 잊어버리게 할 정도로, 정신을 몽롱하게 한다.

로마인의 식사나 요리 방식의 기본적인 특징을 살펴보자. 조리기구나 요리 방식은 그리스 시대와 별 차이가 없다. 여전히 식사 때는 포크를 사용하지 않고, 그냥 손으로 음식을 집어 먹었다. 로마인들은 향기 나는 풀을 요리재료로 즐겨 사용했고, 짜고 단맛을 혼합시킨 요리를 추구했다. 또 특기할 만한 사항은 생선 내장을 발효시켜 얻은 가룸garum이란 독특한 조미료를 요리에 많이 사용했다는 점이다. 독특한 향료의 사용과, 짜고 단맛 내지는 달고 신맛의 조합은 중세기에도 계속 이어진다. 그러나 고대 로마의 초호화판 식사는 단지 이 시기에서만 성행했다.

로마인들은 대체로 1일 2식을 했다. 『로마 제정 절정기의 일상생활』의 저자인 제롬 카르코피노Jérome Carcopino에 따르면, 로마인들은 제국의 번영기에도 단지 오후 2-3시경의 식사, 즉 하루 중 가장 유일하게 진정한 식사라고 할 수 있는 케나cena에만 관심을 가졌다.[50] 로마인은 아침 일찍 기상했다. 그러나 명문 출신인 경우에는 거의 아침식사를 할 시간이 없을 정도로 바빴다. 피보호민을 많이 거느린 귀족들에게는 아침에 하사품을

50 | Jérôme Carcopino, *La vie quotidienne à Rome à l'apogée de l'Empire*, Paris: Librairie Hachette, 1939.

내리는 전통이 있었기 때문이다. 초기에 이런 선물은 대개 음식물이었다. 그래서 배고픈 자들은 하사품을 즉석에서 먹어 치우는 사례가 많았다. 그러나 시간이 경과됨에 따라, 점차로 현물 대신 현금이 지급되었다.

로마인의 아침식사jentaculum는 매우 간단했다. 대개 마늘 바른 빵을 포도주에 살짝 적셔 먹었다. 아침에 좀 더 시간적 여유가 있는 부자들은 달걀과 꿀, 치즈와 과일을 먹었다. 두 번째 식사prandium 역시 첫 번째 식사와 마찬가지로 간단했고, 어제 먹다 남은 음식을 먹는 게 대부분이었다. 하루 중 가장 식사다운 식사는 목욕을 마친 오후의 끝 무렵부터 시작되었다. 보통 가족들끼리 먹는 평상적인 케나는 식사시간이 한 시간 정도밖에 되지 않았다. 야채 스프와 고기와 생선을 각각 한 접시씩 먹었다. 제일 많이 섭취한 고기의 종류는 새끼 염소나 가금류, 특히 돼지고기였다. 송아지고기는 비교적 자주 먹는 편이었으나, 소고기를 먹는 경우는 드물었다.

손님을 초대한 케나의 경우, 식사시간이 길어지고 음식의 양도 보통 때와 비교가 안 될 정도로 많았다. 제롬 카르코피노에 의하면, 적어도 일곱 번의 상차림이 있었다. 그냥 날것이나 소스를 친 굴, 성게, 대합류로 이루어진 전채요리에 이어, 암퇘지의 젖통이나 구운 연작류(제비와 참새 등) 따위가 담긴 중심요리 세 가지, 또 각종 고기요리(노루, 멧돼지, 프리지아산 닭, 야생 오리), 그리고 마지막 후식으로는 매우 무겁고 걸쭉한 케이크와 꿀을 넣은 단 것 등이 나왔다. 요리 때마다 따끈따끈한 작은 빵과, 코르크(또는 점토) 마개에 양 손잡이가 달린 물병에 담긴 순수 원액의 포도주가 나왔다.

만일 누군가 송진 냄새가 물씬 나는, 꿀을 탄 진한 포도주를 그냥 마신다면, 고대 로마인들은 이상한 눈초리로 그를 쳐다볼 것이다. 그리스 역사가 헤로도토스는 "스키타이인(북방의 야만인)의 방식대로" 원액 포도주를 그

테르모폴리아. 평민들은 이곳에서 포도주를 마시며 원기를 회복했다.

냥 마시는 것을 몹시 비난한 적이 있다. 로마인들도 그리스인들처럼 포도주에 물을 타서 마셨다. 식사를 하는 도중에 포도주를 마시는 것은 오늘날 이탈리아인들의 일상적인 모습이다. 그러나 고대 로마인들은 포도주를 식사 도중이 아니라, 저녁과 야찬이 끝난 후에 마셨다. 연회에 초대된 회식자들은 모두 '그리스 방식대로' 물을 탄 포도주를 음미했다. 주사위 따위를 던져 선발된 그날의 회장이 물과 포도주의 적정비율을 결정했다. 혹시 포도주 원액에 섞은 물의 온도가 너무 높은 경우에는, 네로 황제처럼 그 속에 얼음을 넣고 식혀서 마셨다. 당시에는 포도주에 찬물보다 더운물을 타는 것이 더 위생적이라고 여겨졌고, 특히 노인이나 환자들에게 적극 권장되었다. 그리하여 부유한 해방노예 트리말키오Trimalchio가 베푼 큰 잔치에서, 한 손님은 "포도주와 뜨거운 물!"을 달라고 크게 외쳤다.

부유한 로마인들은 대저택의 지하실 창고에 포도주를 보관했다. 그러나 나머지 대다수 평민들은 포도주 상인이나 도시의 소매상에게 소량의 포도주를 구입하거나 술집을 들락거렸다. 이 술집은 테르모폴리아thermopolia라고 하는데, 원래 그리스어에서 유래한 말이다. 그러나 그리스에서 지체가 높은 사람들은 결코 이러한 장소에 출입하지 않았다. 초기 로마

재미있는 토막이야기

고대 로마인과 포도주

이탈리아 격언에 "포도주는 좋은 피를 만든다."는 말이 있다. 오늘날 이탈리아인에게 포도주는 파스타(밀가루를 반죽하여 만든 식품의 총칭), 생선, 고기 등과 마찬가지로 인간의 피와 살을 만드는 필수 음식물 중 하나다. '신의 음료'라고까지 칭송되는 포도주를 시칠리아와 이탈리아 지역에 최초로 전해 준 이는 바로 그리스인들이다.

로마에서 포도주가 널리 인정받기 시작한 것은 기원전 6세기경의 일이다. 그러나 초기 로마 시대에는 30세 미만의 청년이 포도주를 마시는 일은 금지되어 있었다. 특히 여성들에게는 포도주가 절대적으로 금지되어 있었다. 그래서 에그나투스 메케니우스 Egnatus Mecenius라는 사람은 자기 부인이 통 속의 포도주를 마셨다고 해서 그녀를 때려죽였다. 로마의 정치가 카토는 기원전 2세기 전반기의 로마를 상징하는 흥미로운 인물로, 많은 일화를 남겼다. 좋은 가문에서 출생하지 못해 아랫도리만 가리고 노예들과 함께 노동하며 같은 빵을 먹고 같은 포도주를 마신 것으로도 유명한 그는 "만일 네 아내가 포도주를 마시는 것을 발견하게 되면, 그녀를 죽여라!"라고 충고했다.

이처럼 초창기에 포도주는 미성년자나 법적 지위가 없는 여성에게는 엄격히 금지된 금단의 열매였다. 그리하여 로마 가장pater familias은 집안의 여성들의 입에서 혹시 술 냄새가 나는지를 확인하기 위해, 이들을 시험 삼아 품에 안을 수 있는 권리가 있었다. 한편, 로마 황제 아우구스투스는 품행이 단정치 못한 딸 율리아를 판다타리아라는 작은 섬으로 귀양 보낼 때, 포도주를 비롯해서 일체의 즐거움과는 인연을 끊게 했다.

시기에도 테르모폴리아는 매춘이나 도박이 성행하는 수상쩍은 장소였다. 그러나 차츰 시간이 경과함에 따라 테르모폴리아는 매춘굴의 성격이 사라지고, 친밀한 지기들끼리 서로 어울려서 차거나 뜨거운 포도주를 마시면서 원기를 회복하는 장소가 되었다.[51]

단순히 친구들끼리 친목을 도모하는 식사의 경우에는 날이 어둡기 전에 파하는 것이 일반적이었다. 그러나 대연회인 경우에는 식사예절이 그리 까다롭지 않은 만큼 상대적으로 파하는 시간이 훨씬 더 늦어졌다. 회식자들은 자유롭게, 심지어 자리를 뜨지 않은 채 그 자리에서 소변을 보는 경우도 있었다. 여성들이 연회에 참석하는 일은 오랫동안 금지되어 있었다. 그러나 드디어 로마 여성들은 오직 음식 만드는 일에만 참여했던 불행한 할머니나 어머니들과는 달리, 손에 물 한 방울 튀기지 않고 연회에 참석할 수 있는 권리를 얻게 되었다.

식사하는 광경을 좀 더 자세히 살펴보기로 하자. 대개 회식자들은 가벼운 옷차림을 하고 있으며, 신을 벗고 있는 경우도 있다. 노예들은 손님들을 차례대로 씻기기 위해, 향기 나는 물병을 든 채 부지런히 연회장을 오간다. 손님들은 네모난 테이블 옆에 놓인 경사진 침대, 즉 3인용 트리클리니움triclinium 위에 각자 드러눕기 시작한다.

대개 나무나 금속으로 된 트리클리니움에는 현란한 장식과, 회식자가 편한 자세를 취할 수 있도록 폭신한 쿠션이나 베개 따위가 갖추어져 있었다. 이처럼 로마인들은 누워서 식사하는 것으로 정평이 나 있었다. 그러므로 자연 식사시간이 길어질 수밖에 없었다. 오늘날 이탈리아인의 점심시간이 긴 것도 바로 이러한 전통 때문이다. 그러나 누구나 식사 때 '눕는 권리'를 향유했던 것은 아니었다. 식사 때 누운 자세는 일종의 사회적 특권을 의미했다. 로마에서 앉은 자세로 밥을 먹는 자들은 주로 아이들과 노예, 그리고 지방의 촌민들이었고, 과거에는 여성들도 여기에 포함되어 있었다. 카토의 증손자인 소小카토는 한 연회석상에서 카이사르의 독재가

51 | Jean-François Gautier, *Histoire du vin, Que sais-je?*, PUF, pp.14-17.

지속되는 한, 자기는 '앉아서' 식사를 하겠노라고 맹세한 적이 있다.

식사 때는 항상 음악이 따랐다. 매번 상차림이 끝날 때마다 막간극으로 악기 연주, 곡예, 흥겨운 놀이나 묘기 또는 복권 추첨 등이 이루어졌다. 이러한 즐거운 관행은 중세 때도 계속 이어진다. 특히 로마 시대에는 회식자들의 관능을 자극하는 농염한 무희들의 호색적인 춤이 대단한 성공을 거두었다.

폼페이 벽화에 그려진 식사 장면. 특권 계층의 로마인들은 누워서 식사를 했다.

식도락가들의 별난 요리들

로마 요리의 두 가지 기본적인 특징은 바로 '세련미'의 추구와 '대식'이라고 할 수 있다. 그렇다면 과연 로마인들은 무엇을 먹었을까? 로마인들은 암퇘지, 특히 돼지의 자궁과 젖통요리를 최상으로 쳤다. 그러나 아무 돼지의 자궁이나 젖통이면 다 되는 것이 아니라, 태어나서 아직 어미젖을 빨지 않은 아기 암퇘지의 젖통을 가장 최상품으로 여겼다. 암퇘지의 자궁 요리로는 제왕절개수술로 꺼낸 새끼의 자궁을 요리한 '불바 에젝티티아vulva ejectitia'와 낳자마자 즉석에서 새끼의 자궁을 요리한 '불바 포르카리아vulva porcaria'가 있다. 물론 인공수술보다는 자연분만한 자궁을 훨씬 더 고급요리로 쳤다. 극도로 요리의 세련미를 추구했던 로마인들은 기발하고 희한한 별미를 발견하기 위해 혈안이 되어 있었다. 가령 그들은 식사 때 나온 요리를 다시 재료로 사용하여, 거기에 파스타나 꿀을 가미한 크림

류의 후식을 고안해 냈다. 또 돼지의 반은 굽고, 나머지 반은 그냥 삶거나 끓이는 요리를 했다.

가장 유명한 돼지고기요리는 '트로이 방식'으로 요리한 것이었다. 돼지의 귀를 통해서 절묘하게 속을 모두 비운 다음, 온갖 종류의 진귀한 고기들로 다시 속을 채웠다. 중세의 요리사들은 앞 다투어 이러한 요리 방식을 흉내 냈다. 특히 시칠리아 요리사들이 유명했는데, 이들은 제정 말기에 유행했던 낙타의 발뒤꿈치, 코끼리의 코, 앵무새의 머리, 밤 꾀꼬리의 간 스튜, 공작의 뇌, 새의 혀로 만든 정통 요리를 발명해 낸 장본인들이었다. 이들이 단 한 접시의 새의 혀요리를 준비하기 위해서는 수백 마리의 새가 무더기로 죽어야만 했다.

로마의 유명한 식도락가들을 알아보자. 로마 시대의 화려한 식도락을 대표하는 인물로, 제일 먼저 루쿨루스Lucius Licinius Lucullus(기원전 117-56)를 손꼽을 수 있다. 그는 기원전 117년경 집정관의 아들로 태어났고, 문학, 철학, 전법 등을 두루 연구했다. 총명하고 영리했던 그는 일찍이 술라가 미트라다테스를 정벌하러 다닐 때, 그를 열심히 따라다녔다. 세르토리우스 토벌전에서 명성을 날린 폼페이우스에 뒤지지 않으려는 경쟁심에서, 기원전 74년에 집정관이 되자마자 미트라다테스와의 전쟁을 혼자 떠맡고 출동했다. 그러나 큰 성과를 거두지 못한 가운데 루쿨루스에게 여러 액운이 겹쳤다. 그는 다른 장성들과 마찬가지로 수하 군인들의 반란에 직면해야만 했다. 오랜 원정에 지친 병사들이 귀국을 요구하면서 폭동에 가까운 소란을 피운 것이다. 게다가 로마 시의 정세도 그에게 아주 불리했다. 부득불 루쿨루스는 로마로 귀환하지 않을 수 없었다. 그러나 그는 국외 원정에 나가 있는 동안 많은 재산을 긁어모았다. 그는 자신의 막대한 부를 이용하여, 풍요와 사치의 전설을 후세에 길이 남겼다.

루쿨루스는 도시에서 가장 아름다운 정원을 만들었다. 또한 여름 동안 머무는 투스쿠룸에 많은 예술작품들을 모아 놓았다. 나폴리에서는 자신의 양어장에 바다생선을 양껏 공급하기 위해 수로를 건설했다. 그의 로마 저택에는 여러 개의 살롱이 마련되어 있었다. 그리하여 초대받은 회식자들은 제각기 자기 신분과 지위에 어울리는 살롱으로 인도되어 알맞은 대접을 받았다. 이 화려한 연회에는 키케로, 폼페이우스, 카토 등 당대 명사들도 참석했다. 후대에 루쿨루스의 이름은 부富와 동의어로 간주되며, 송로버섯이나 푸아 그라Foie Gras(거위 간)를 기본으로 하는 고급요리를 언급할 때 자주 등장한다. 그의 뜻하지 않은 죽음은 사랑의 미약을 과다 복용했기 때문이라고 전해지는데, 그때 그의 나이는 67세였다.

네 명의 아키피우스Acipius 역시, 로마 시대의 유명한 식도락가들이다. 그러나 식탁예술의 공헌자라는 점을 빼면, 사실상 이 '요리 사총사' 들에게는 아무런 공통점이 없다. 『로마 제국의 쇠망사*History of the Decline and Fall of the Roman Empire*』의 저자 에드워드 기번Edward Gibbon이 "인류 역사상 가장 행복한 시대"라고 극찬해 마지않았던 5현제시대의 5현제 중 한 명이었던 트라야누스의 제위기에 아키피우스라는 인물이 있었다. 그는 신선한 굴을 보존하는 방법을 후세에 남겼다. 그러나 그들 네 명의 아키피우스 중에 가장 유명했던 인물은 바로 네로 황제 시대의 마르쿠스 가비우스 아키피우스Marcus Gabius Acipius였다. 네로의 후견인이며 철학자였던 세네카는 자신의 저서에서 그를 인용한 적이 있다.

위대한 식도락가였던 마르쿠스 가비우스 아키피우스는 많은 요리사들을 고용했고, 또 완벽한 기법과 세련미를 자랑하는 요리법을 창조해 냈다.

그는 요리재료의 품질을 더욱 높이기 위해, 마른 무화과 열매와 벌꿀을 탄 포도주로 식용 암퇘지를 통통하게 살찌웠다. 이렇게 요리재료를 살찌우는 방식은 나중에 '푸아 그라용' 거위들에게까지 확대된다. 그는 요리비법을 후세에 전수하기 위해, 일종의 요리학파를 형성했다. 또 『요리 기술 *Ars Magirica*』이라는 요리책도 저술했다. 이것은 후세에 전달된 가장 오래된 요리교본 중 하나인데, 당시의 기본적 요리법을 잘 설명하고 있다. 아키피우스는 로마 시를 불태운 뒤에 황금의 방에서 전설적인 향연을 열었던 네로를 따라서, 그야말로 '모든 로마인'을 자신의 연회에 초대했다. 그는 매일 향연을 베풀기 위해 엄청난 돈을 낭비했다. 그는 더 이상 연회를 치를 돈이 남지 않았을 때, 친구들을 모아서 마지막으로 대주연을 베풀었다. 그러고 나서 독약을 먹고 자살했다.

지금까지 상류층의 화려하고 절도 없는 식도락에 대해서만 언급한 것 같다. 그러나 모든 로마인들이 트리말키오의 성대한 연회처럼 음식 접대에 항상 인심이 후했던 것은 아니었다. 집정관 카틸리우스 세베루스의 저택에 초대되었던 소小플리니우스는 "아무런 준비나 비용도 들지 않고, 단지 소크라테스적인 대화만으로도 즐거운" 식사를 맛보았다! 1인당 상치 한 잎과 달팽이 세 마리, 또 달걀이 두 개씩 제공되었다. 그 외에는 올리브와 양파, 호박, 꿀을 탄 뒤 눈 속에서 차갑게 식힌 포도주를 적신 스펠트밀 과자가 나왔다. 또 어떤 로마인들은 말할 수 없이 구두쇠였다. 식사 도중에 처음 선보인 포도주를 질 나쁜 포도주로 몰래 바꾸어 내놓거나, 또는 아예 처음부터 회식자들에게 값싼 포도주를 내놓는 인색한 주인들에 대해서 대大플리니우스는 몹시 비난했다. 또한 고대 로마의 풍자시인 마르티알리스Marcus Valerius Martialis(약 40-104)는 흰 눈을 사르르 녹일 수 있을 정도로 뜨거운 '켈티아celtia의 고급포도주'와 관능적 형태의 감미로운 빵을 즐기는 어떤 여주인이, 정작 자신의 회식자들에게는 둥근 흑빵과 코르시카의 항아리 속에 든 거친 독약(실상은 코르시카산 포도주)을 마시게 했다며 통렬히 비난했다. 그 당시 마르티알리스는 그 여주인뿐만 아니라, 코르시카산 포도주에 대해서도 큰 반감을 품고 있었던 것으로 여겨진다.

로마 서민들의 식생활 수준

이번에는 곡물 죽이나 빵, 유제품, 소량의 야채를 상식하는 로마 서민들의 식생활 수준을 살펴보기로 하자. 우리가 저택에 초대된 회식자들에게 '물'을 접대하는 귀족을 전혀 상상할 수 없듯이, 초기에 포도주는 부자나 상류계급의 전유물이었다. 서민들은 대개 집에서 조잡한 방식으로 만든 맥주나 거친 과일주 따위를 마셨다. 당시에는 병이 아직 발명되지 않았고 통도 무척 귀했다. 게다가 로마 소시민들은 오늘날의 아파트처럼 과밀한 집합주택에 모여 살고 있었다. 그렇기 때문에 귀족들처럼 넓은 지하실에 커다란 포도주통을 대량으로 보관한다는 것은 거의 불가능했다. 때때로 종교축제나 제식에서 육류나 포도주를 얻어 마시는 일이 있었지만 그것은 어디까지나 예외였다. 대개는 (그것도 도시민에 한하여) 소매상에서 자기가 원하는 양만큼 조금씩 포도주를 구입하는 것이 예사였다. 그러나 상류층과 일반 서민층이 마시는 포도주의 질에는 엄청난 차이가 있었다. 그래서 17세기 말의 프랑스 식도락가들이 개탄해 마지않던 '포도주의 이원화' 내지 '대중화(질의 하락)' 현상이 이 시기에 벌써부터 조짐을 보이기 시작했다.

로마가 세계 제국으로 발돋움하게 되고, 또 각 속주에서 들어오는 물적 · 인적 자원이 엄청나게 늘어남에 따라 로마인의 식생활도 일변하게 되었다. 식탁은 갑자기 풍성해지고, 또 진귀한 외국산 과일이나 산물을 쉽게 맛볼 수 있게 되었다. 그러나 이 막대한 부는 모든 시민들에게 골고루 분배된 것이 아니며, 엄청난 빈부 격차를 가져왔다. 원래 고대의 전쟁은 노예사냥의 성격이 강했다. 그리하여 대량의 포로노예가 이탈리아로 끌려 왔으며, 대지주들은 이 노예들을 이용하여 대규모의 농업을 경영했다. 이 대규모 노예제도에 의한 경영(라티푼디아latifundia)이 일반화되자, 로마 군대의 중핵을 이루었던 중소 자영농이 거의 '프롤레타리아트Proletariat화' 되고 말았다. 그래서 그라쿠스 형제 같은 명문가 출신들이 대중운동을 벌였으나, 귀족들의 맹렬한 반대로 실패하고 말았다.[52] 이제 몰락한 자영농에게는 실질적인 대책도 없이, 그저 정부에 의한 빵의 무상 지급과 서커스 관람만이 기다리고 있었다.

사치스러운 옷을 즐겨 입다

로마인들은 의상에서 그리스인들처럼 주름진 드레이프의 원리를 그대로 고수했다. 로마인들은 그리스 의상의 영향을 많이 받았으면서도 '단순성'을 중시했던 그리스인들과는 달리, 장식이 많고 화려하며 사치스러운 의상을 즐겨 입었다. 로마인의 의상에 대한 정보 역시 그리스의 경우처럼 말(기록)보다는 시각적인 예술작품이나 삽(발굴)에서 기인한다.

원래 에트루리아 문화를 흡수하여 성장한 로마에서는 공화제를 확립하면서부터 남자는 튜닉에 길고 펑퍼짐한 겉옷인 토가toga를, 여자는 속옷인 스톨라stola와 겉옷인 팔라palla를 입었다. 튜닉은 'T자' 모양의 느슨한 옷으로 상류층 부인은 길게, 서민층 부인은 짧게 무릎까지 오도록 입었다. 하층민들이 대개 경제적인 측면과 활동성을 고려해서 짧은 옷을 걸쳤다고 볼 수도 있으나, 실제로 긴 옷은 '권위'를 상징했다.

공화국 시대에 튜닉의 어깨 부위에서 수직으로 드리우는 가장자리 장식인 클라비clavi는 '계급'을 표시하는 데 매우 중요한 역할을 했다. 클라비의 일반적인 세 가지 형태 중 가장 폭이 넓은 '라투스 클라부스latus clavus'는 가장 높은 계급의 상징이었다. 이것은 원로원 의원이나 그보다 훨씬 직위가 높은 정부 고위층 관리를 위한 것이며, 그 폭은 대개 3~4인치 정도였다. 메트로폴리탄 박물관에 있는 작은 로마 소년 상과, 로마의 카피톨리누스 박물관Capitoline Museum에 있는 카밀루스 상은 가장 좁은 클라비의 훌륭한 예를 제시한다. 띠 안에는 아무런 무늬가 없고, 색상은 대개 자주색이었다. 윌슨Lillian Wilson에 의하면 이 장식은 로마 시민의 아들이면 누구나 달 수 있는 것이었다.[53] 클라비에 의한 신분 구별은 제국 초기에 사라졌고, 클라비는 단지 장식품이 되었다. 제정시대에 이르러 튜닉은 달마티카dalmatica라는 길고 느슨한 의상으로 바뀌는데, 이는 뒤에 가서 중세 종교복의 훌륭한 모체가 된다.

52 | 그라쿠스 형제의 개혁은 두 차례에 걸쳐 이루어졌으나 모두 실패로 끝났다. 그 결과, 형 티베리우스는 자신의 일파 300여 명과 함께 돌과 곤봉으로 무자비하게 타살당한 다음에 티베르 강에 던져져 물고기 밥이 되었다. 동생 가이우스 역시 형의 개혁을 이어 나갔으나 실패하고 티베르 강 너머로 달아났다가 가장 충실한 노예와 함께 자살했다.

53 | Lillian Wilson, *The Clothing of the Ancient Romans*, Baltimore: Johns Hopkins, 1938, p.62.

고대 로마의 전형적 의상인 토가. 입는 사람의 지위에 따라 토가의 색깔이나 모양이 달랐다.

가장 로마적인 의상이라 생각되는 토가는 오직 로마 시민만 착용할 수 있었다.[54] 카라칼라 황제가 로마 제국에 거주하는 모든 자유인에게 로마 시민권을 '헐값에 판매'하여 그 지위가 다소 격하되기는 했지만, 토가는 그 후에도 여전히 빛나는 로마 시민의 영광을 상징했다. 토가 역시 신분이나 계급에 따라 모양이나 입는 방법, 색깔 등이 달라진다. 토가를 입는 방법의 한 예로는 현弦이 5미터, 호弧가 2미터인 반달 모양의 모직 천을 왼쪽 어깨에서 오른쪽 겨드랑이 밑을 통해 이중으로 감아서 가사처럼 입는 게 있었다. 자주색 토가는 오직 황제만이 입을 수 있었다. 특별한 행사 날에 입는 토가는 질이 가장 좋았다. 얇은 모직이나 모직과 실크 혼방인 것이었고, 금으로 자수를 놓았다. 어두운 토가는 상喪 중에 입었고, 또 순결을 상징하는 흰색 토가는 공직 지망자들이 입었다.

토가는 로마에서 가장 중요한 의상이었다. 모든 로마 시민의 아들들은 어렸을 때에는 시민 신분을 알리는 일반적 토가만이 아니라, 가장자리에 자주색 천을 댄 흰색 토가인 토가 프라에텍스타toga praetexta를 입을 자격이 있었다. 그러나 16세 때 성년식을 하면서 격식을 갖추어 로마 태생임을 상징하는 불라bulla(리본에 달린 둥근 팬던트)와 토가를 가정 수호신들에게 바쳐야 했다. 이제 성인이 된 이들은 모든 로마 시민의 표시인 평범한 흰색 토가를 입어야 했고, 만일 다시 토가 프라에텍스타를 입으려면 적어도 원로원 의원이나 높은 행정장관이 되어야 했다.

초기 로마에서는 여성도 토가를 입었으나, 공화제가 되면서부터 헬레니즘의 영향으로 이오니아식 키톤을 입게 되었다. 이때, 속옷은 스톨라,

54 | 비록 토가가 로마 문명의 상징이 되었다고 할지라도, 그것은 에트루리아 의복에 기초한 것이었다.

겉옷은 팔라였다. '여성의 미'는 바로 국력의 척도라고 할 수 있는데, 로마가 점점 번영함에 따라 여성들은 각별히 몸치장에 신경을 썼다. 로마의 절정기에는 사치의 취미가 극에 달해, 귀족여성들은 인도산 면이나 동방의 견직물, 또 값진 보석류로 온몸을 치장했다. 공화정시대에는 쇠로 만든 결혼반지를 많이 착용했으나 이제는 금반지를 착용했다. 로마 여성들은 발트 해에서 수입한 호박을 좋아했는데, 좋은 감촉과 은은한 향기, 따뜻한 느낌 때문에 손에 많이 지니고 다녔다. 벵골의 다이아몬드, 극동의 진주, 또 에메랄드와 루비가 유행했다.[55]

로마의 '평화의 제단Ara Pacis'에는 아우구스투스의 딸 율리아와 그녀의 두 번째 남편 아그리파가 묘사되어 있다. 원체 바람둥이로 소문난 율리아는 밤만 되면 속이 환히 비치는 요사스러운 옷차림으로 대로를 활보하고, 중앙 광장이나 민회의 연단 위에서 공공연히 정사를 벌였다고 한다. 결국 율리아는 지나친 난행 때문에 황제의 딸임에도 불구하고, 로마에서 완전히 추방당했다. 초기 로마 여인들의 억제된 취향과는 달리, 율리아, 클라우디우스 황제의 세 번째 후비인 메살리나Messalina와 네 번째 후비인 소小아그리피나, 또 네로의 후비 포파이아와 같은 여인들은 대담하고 사치스러운 의상을 통해 성적 매력을 발산했다고 볼 수 있다. 신체의 곡선을 지나치게 강조하고 활동이 몹시 자유롭도록 만든 의상들은 당시 로마인들의 극도로 문란한 사생활을 반영하고 있으며, 이는 후일 테르미도르의 반동기에 '신고전주의'로 다시 재현된다.

55 | 로마 시대의 역사가인 플리니우스에 의하면, 칼리굴라 황제Caligula(재위 37-41)의 아내 파울리나 왕비는 한 저녁 만찬 때 목, 팔, 손, 허리띠에 각각 에메랄드와 진주로 화려하게 장식하고 나타났다. 또 하드리아누스 황제의 아내 사비나는 백만 달러 정도의 가치가 있는 왕관을 가지고 있었다.

재미있는 토막이야기

로마 제정기의 탕녀들: 메살리나, 소아그리피나, 포파이아

소아그리피나의 모습.

클라우디우스 황제(재위 41-54)의 세 번째 비 메살리나는 당대 제일의 탕녀로서, 상대한 남자들을 이루 헤아릴 수 없었다. 메살리나는 정부와 결혼하려고 황제를 살해하려는 음모를 꾸미다가 그만 발각되어 정부와 함께 처형당했다. 클라우디우스는 조카딸인 소아그리피나를 후비로 맞았다. 그는 이미 메살리나와 1남 1녀를 낳고, 아들 브리타니쿠스를 후계자로 정해 놓고 있었다. 그러나 야심 많은 소아그리피나는 황제를 설득해서, 자신과 전 남편 사이에 태어난 아들을 황제의 양자 겸 후계자로 삼게 했다. 이 아들이 바로 폭군으로 오명을 남긴 네로였다.

그러나 소아그리피나는 황제가 변심할 것을 두려워 한 나머지 황제의 주치의를 매수하여 클라우디우스를 독살했다. 두 처妻가 모두 남편 살해라는 끔찍한 음모를 꾸몄으니, 클라우디우스는 그야말로 불운한 황제가 아닐 수 없다.

이러한 우여곡절 끝에 제5대 황제로 즉위한 네로는 어머니의 피를 받아서 격정적이며 자제심이 매우 약했다. 네로는 나이 어린 후비 옥타비아와의 성생활에 대한 불만을 자기보다 5-6년 연상인 포파이아와의 결혼으로 해소하려 했다. 로마 역사가 타키투스에 의하면, 이때 소아그리피나는 아들 네로를 포파이아에게 뺏기지 않으려고, 아들이 취해 있을 때 화장을 요란하게 하고 다가가서 근친상간을 여러 차례 시도했다. 네로의 후견인인 세네카는 모자간의 불륜도 막고 네로의 재혼도 막기 위해 여러 방법을 동원했다. 그러나 네로와 포파이아는 자신들의 결혼을 성사시키기 위해 소아그리피나를 모살할 음모를 꾸몄으며, 소아그리피나는 결국 참살당했다. 네로는 옥타비아에게 간통죄를 씌워 살해한 다음에, 드디어 포파이아와 재혼했다. 포파이아는 나중에 네로를 충동질해서 그리스도교도들을 박해했다. 그러나 덕성스럽지 못하다는 것 외에는 여자로서 갖추어야 할 것을 모두 갖춘 대단한 여자였다고 한다.

공화국시대에는 반지가 남성들의 유일한 장식품이었다. 원래 반지는 철로 만들어져 편지나 문서를 봉하는 데 이용되었다. 금반지를 끼는 것은 특정 정부관리들의 권리였다.[56] 그러나 국력이 신장한 제정기에는 커다란 변화가 생겼다. 반지는 장식품이 되었고, 남자들은 모두 손가락에 반지를 끼었으며, 한 손가락에 여러 개를 끼는 일도 예사가 되었다. 군인들에게도 명예로운 메달 대신 금반지나 팔찌 따위를 수여했고, 군인들 역시 그것을 자랑스럽게 착용했다.

엘라가발루스Marcus Aurelius Antonius Elagabalus(재위 218-222)가 목에 진주목걸이를 걸고, 팔을 온통 팔찌로 감싸고 또 손에는 무거운 반지들을 끼고 나타났을 때, 그것은 남자 장식에서 전례 없는 기록적인 사건이었다. 그러나 그는 로마의 보통 시민이 아니었다.

엘라가발루스는 또한 최초로 진주왕관을 쓴 로마 황제였다. 최초의 네 명의 로마 황제는 금으로 만든 월계수 잎의 화관을 썼다. 뒤를 이은 네로는 태양 광선에서 영감을 얻어 태양 방사선형 왕관을 택했다. 동방 통치자들의 왕관을 본떠서 만든 화려한 왕관을 최초로 쓸 용기를 지녔던 자는 바로 디오클레티아누스 황제였다. 이 황제의 왕관은 진주를 박은 금으로 된 넓은 띠 모양이었는데, 그 후 모든 왕관의 원형이 되었다.

이제 로마 시대의 머리 모양을 살펴보기로 하자. 공화국시대의 머리 형태는 그리스 양식에 기초하고 있었으나, 제정기 특히 1세기 후반에 커다란 변화가 나타났다. 이제 머리 모양은 가장 간단한 형태에서 가장 정교한 형태로 바뀌었다. 머리 앞부분을 풍성한 짧은 컬로 높이 치솟게 만든 형태

56 | 기원전 2세기에는 마술가 계층에게도 금반지를 낄 권리가 주어졌다.

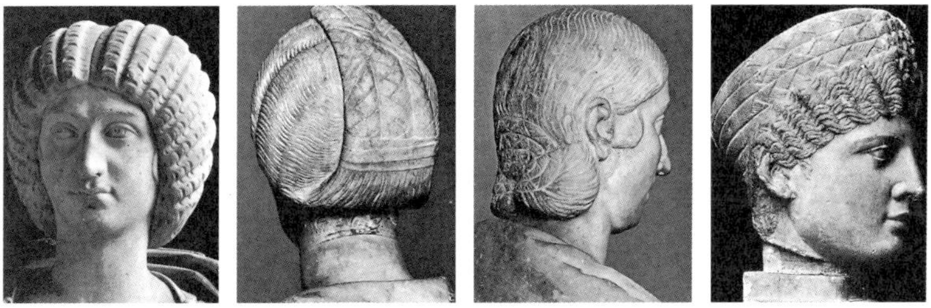

고대 로마 여성들의 다양한 머리 모양.

로 바뀐 것이다. 나머지 머리카락은 땋아서 목 윗부분에서 큰 매듭을 지었다. 티투스 황제(재위 79-81)의 딸 율리아 플라비아Julia Flavia가 이러한 환상적이고 우아한 머리 모양을 했는데, 이것의 유행은 2세기까지 계속되었다. 트라야누스(재위 98-117)의 통치기에는 풍성하게 땋은 머리를 정수리 둘레에서 비스듬히 감아서, 마치 터번 같은 실루엣을 만드는 게 유행했다.

숱이 많아야 가능했던 이런 머리 모양들을 볼 때, 우리는 의문을 갖게 된다. 그 당시의 발모제가 지금보다 더 효과적이었는가? 아니면 그것은 단순히 가발이었는가? 당시 로마에서는 금발의 게르만인과 접촉하게 됨에 따라, 금발이 대단히 유행했다. 그러나 머리 염색이나 표백법이 효과적으로 발달하지 못했던 당시로서는, 아마도 남의 머리로 만든 가발을 사용했을 것이다.

로마 남자의 머리 모양은 '단발형' 으로, 로마 역사를 통해 거의 변화가 없었다.[57] 로마의 왕정시대에는 머리가 더 길었으나, 현존하는 상이나 부조를 보면 머리가 짧다. 램지Ramsay가 쓴 '로마 유물' 에 관한 책자를 보면,

57 | 제국 말기에 장발이 유행하기 시작했다. 로마 귀족들은 게르만인을 '버터를 바른 장발의 더러운 놈들' 이라고 깔보았으나, 젊은이들은 대번에 그 모양을 흉내 내어 앞 다투어 장발을 했다.

고대 로마 시대의 구두장이 모습 & 로마인들이 신었던 샌들.

기원전 3000년경에 시칠리아에서 이발사가 건너왔고, 젊은 스키피오 장군은 매일 면도를 한 최초의 사람이었다고 한다. 제정기에 하드리아누스 황제Publius Aelius Hadrianus(76-138)는 턱수염을 기르는 습관을 다시 유행시켰다. 당시 이발소는 매우 인기 있는 장소였다. 그곳의 시설은 오늘날과 별 다른 차이가 없었다. 손톱과 턱수염을 깎기 위한 칼과 면도칼이 있었고, 가위, 빗, 족집게, 인두, 거울, 수건, 가운도 있었다.

신발은 어떠했을까. 로마인들은 솜씨가 좋은 무두장이이자 구두장이였다. 심지어 오늘날까지도 이탈리아는 구두에 매우 관심이 많은 나라다. 색이나 디자인이 풍부한 것은 말할 것도 없고, 엄선된 소재와 바느질 한 땀마다 정성을 쏟는 수공 솜씨가 다른 나라 제품의 추종을 불허한다. 로마인들의 신발은 그리스와 에트루리아의 것과 비슷하지만, 더 다양하고 정교했다. 샌들과 구두의 중간 형태인 크레피다crepida, 목이 높이 올라와 끈으로 매는 부츠인 코투르누스cothurnus가 있었다. 로마인들은 그리스인에 비해 샌들을 덜 신는 편이었다. 샌들 종류보다는 발을 완전히 감싸는 칼케우스calceus가 더욱 인기 있었다. 여인들의 신발은 남자들의 것과 비슷했

다. 신부의 신발은 금색이나 노란색이었다.[58]

제정시대에는 다량의 향수가 로마로 유입되었다. 네로 황제의 만찬 방에 있는, 상아로 조각된 천장에는 파이프가 숨겨져 있었는데, 그 파이프를 통해 향기 나는 물안개가 계속 흘러나와 밑에 있는 손님들에게 뿌려졌다. 또한 옆의 장식 판자에서는 신선한 장미 꽃잎들이 나와 사방에 흩뿌려졌다. 그러나 이러한 향기의 남용이 아무런 문제도 발생시키지 않았을까? 한 불행한 손님은 이 현란한 장미꽃의 무도舞蹈 때문에, 거의 질식상태에 이르렀다고 한다. 코스메테cosmetae라고 불리는 노예들이 옆에서 대기하고 있는 동안, 로마의 남녀들은 문자 그대로 향수로 목욕을 했다. 고체 연고와 향기 나는 오일, 향기 파우더 등 세 가지 유형의 향수가 몸에 사용되었는데, 이 모든 종류는 당시에 의사로 존경받았던 연고 상인에게서 구입할 수 있었다.[59] 현대인들이 대체로 "오, 하니(꿀)!" 또는 "나의 슈가(설탕)!" 또는 "나의 달콤한 파이여!" 등과 같은 미각적인 애정표현을 한다면, 로마인들은 "나의 몰약이여!" 또는 "나의 시나몬 향기여!" 등과 같은 후각적인 애정표현을 연인에게 했다.

"잘 살기 위해서는 로마로 가라": 도시 과밀화와 심각한 주택난

로마는 건축 · 주거 양식은 물론이고, 도시의 구성방식에서도 그리스 유

58 | 블랑쉬 페인, 『복식의 역사, 고대 이집트에서 20세기까지』, 까치, 1997, pp.118-140.
59 | 로마 시대의 역사가인 플리니우스는 장미에 의한 처방약이 32개, 백합이 21개, 바이올렛이 10개, 박하류가 25개라고 언급했다.

폼페이 유적에서 발견된 아트리움. 아트리움은 로마 주택의 실내에 설치된 중앙 홀을 가리킨다.

산을 상당 부분 전수받았다. 그러나 광대한 제국을 건설한 로마 사회는 수 세기에 걸쳐 전쟁 없는 '로마의 평화Pax Romana'시기를 유지할 수 있었으므로, 새로운 기술과 사회 · 경제조건을 기반으로 새로운 건축문화를 형성했다. 특히 주거에 있어서는 그리스와는 상당히 다른 새로운 주거 유형을 창출했으며, 일찍부터 고도로 '집합화' 된 주거환경을 도시에 건설했다. 토머스 모어의 『유토피아』에 기술되어 있듯이, '표준적 시설' 로 짜인 로마 도시 하나를 알면, 전체 도시를 알 수 있었다. 로마는 내용과 형식이 천차만별인 타 문화를 일률적으로 연결시키는 위대한 '소시지 기계' 였다.

이탈리아인은 로마 시대 이래로 2,000년 동안 거의 변함없이 아파트에서 산다. 로마 시대의 황제가 주옥같은 바닷가 등지에 여름 별장으로 독립가옥이나 웅장한 성관을 지었던 전통은 휴가용으로 독립가옥을 세우는 오늘날의 습관으로 이어져 내려오지만, 이탈리아인에게 있어 일상적인

인술라 모형. 로마의 인구가 폭발적으로 증가하자 일반 서민들은 집합주택인 인술라에서 거주했다.

집 개념은 아파트와 같은 말이다.

그러나 도시의 과밀화가 진행되기 이전에 로마 주거지역의 구성은 단독주택이 중심이었다. 초기 로마의 단독주택은 아트리움atrium을 중심으로 구성되었다.[60] 이 로마 고유의 주거 형식은 이후 헬레니즘 문화의 영향으로 아트리움과 페리스타일peristyle을 동시에 지니는 도무스domus 주택으로 발전했고, 이것이 도시 상류층 주택의 기본적인 유형이 되었다.[61]

일반 서민들은 초기에는 도무스 주택 주변에 형성된 임대용 주거공간에 거주했는데, 점차 '인술라insula' 라고 불리는 집합주택에 거주하게 되었다. 제정시대로 접어들면서 인구 증가와 도시화가 급속히 진행되었으

60 | 아트리움은 고대 로마의 주택에서 안마당이나 중앙 홀을 가리킨다. 중앙에는 지붕이 없으며, 빗물을 받는 홈통이 있다

61 | 페리스타일은 사면이 열주列柱로 둘러싸인 중정식 건축 형식을 가리킨다.

며, 결과적으로 로마의 많은 도시에 집합주택이 보급되었다. 그리하여 중산층 이하 대부분의 주민들은 임대용 집합주택에 거주하게 되었다.[62]

거대한 제국의 수도였던 로마 시는 제국의 전성기였던 2~4세기 동안에 인구가 백만 명에 이르는 거대도시가 되었다.[63] 오늘날에 일부 몰지각한 파리 시민이나 런던 시민들이 생각하는 것처럼, 로마의 상류계층들도 로마에 사는 것을 특권이라고 생각했다. 사실상 그들에게 지방의 소도시는 전혀 안중에도 없었다. 잘 살기 위해서는 우선 로마에서 살아야만 했다. 로마 같은 과밀도 지역에서 발생하는 지독한 역병의 유행이나 사회적 · 계절적인 고역도 일시적으로 수도를 떠나 시골 별장에 가는 이유는 될지언정, 지방 도시에 정주하는 동기는 되지 못했다. 그들은 지방 도시에서 사느니 차라리 로마에서 죽기를 더 바랐다. 우리 속담에도 "말馬은 제주도로, 사람은 서울로 보내라."는 말이 있을 정도니, 아마도 수도에 대한 집착은 세계 공통현상인가 보다.

백만 명이라는 거대한 인구를 수용하기 위해 많은 수의 집합주택이 건축되었고, 이 집합주택들이 주거지역의 대부분을 차지하는 고밀도의 주거환경이 형성되었다.[64] 4세기 공식조사 기록에 의하면, 당시 로마 시에는 오벨리스크가 6, 교량이 8, 공중목욕탕이 11, 운하가 19, 원형 경기장이 2, 원형 극장이 2, 극장이 3, 도서관이 28, 검투사 학교가 4, 해전 경기

62 | 손세관, 『도시주거 형성의 역사』, 열화당, 2000, pp.62-64.

63 | 제국시대의 수도 로마의 인구에 대해서는 여러 가지 설이 있다. 1세기 중반~2세기경 즉 제국이 가장 번성했던 시기에는 인구가 80만 또는 100만, 더 나아가 120만 명에 달했다는 의견이 있다. 그러나 최근의 연구 결과에 의하면, 제국의 최고 절정기에도 수도 로마의 인구는 100만 명 이하였을 것으로 추정되고 있다. 제국은 3세기 중반부터 쇠퇴했고 4세기에는 인구가 상당히 감소했다는 사실에 비추어 볼 때 4세기경의 인구를 80만 명 이하로 보는 것이 타당하다. 손세관, 위의 책, p.98.

장이 5, 대리석 아치가 36, 성문이 37, 창고가 290, 공영 빵공장이 254, 도무스 주택이 1790, 또 집합주택 인술라가 46,000여 개에 달했다.[65]

『역사 속의 도시*The City in History*』에서 멈포드Lewis Mumford는 로마 시의 주거 상황에 대해 다음과 같이 기술했다. "1,800가구의 얼마 안 되는 귀족들은 넓은 정원과 자유민 종자와 노예 전부를 살리고도 남는 대저택의 개인별장을 소유했고, 공무원, 상인, 소규모 경영자 등 중산층 시민들은 로마 근교의 항구도시 오스티아에서 발견된 것 같은 아파트에서 거주했을 것이다. 이런 주택들은 상당히 괜찮은 수준이었다. 그러나 임대료는 상당히 비싸서, 카이사르 시대에 이탈리아 다른 도시들의 무려 4배나 되었다. 무산계급의 절대다수는 약 4만6천 채의 임대용 집합주택에서 살았는데, 각 건물에는 평균 200명에 가까운 사람들이 살았음이 분명하다."[66] 여기서 멈포드는 중산계층의 아파트와 임대용 집합주택을 구별하여 설명하고 있는데, 이것은 모두 인술라를 의미하는 것이라 볼 수 있다. 그런데 200명 정도가 거주한 대규모 집합주택이 4만6천 채에 달했다는 설명은 좀 확인해 볼 필요가 있다. 왜냐하면 이 말은 로마에 거주했던 인구 중 하층 서민

64 | 로마 시의 집합주택은 몇 가구가 거주하는 작은 규모의 것부터 수십 가구가 거주하는 큰 규모의 것까지 그 종류가 다양했으며, 5층에서 7층 정도의 고층 주택이 흔했다고 알려져 있다. 그러나 서민들이 거주했던 임대용 집합주택은 매우 부실하게 건축되었고 또한 혼잡하게 밀집되어 있었으므로 대부분 '슬럼화' 되었으며, 붕괴와 화재도 빈번하게 발생했다.

65 | 란시아니Rodolfo Lanciani는 (최소로 잡아도 62,800명이 이용 가능한) 926개의 민영목욕탕과 18개의 공공광장을 더 추가했다. 그리스의 지리학자 스트라보Strabo의 기록에 의하면, 구기 종목, 굴렁쇠 돌리기, 레슬링 등 다양한 용도로 연중 사용된, 잔디 깔린 공유지(캄피) 8개소, 비슷한 용도의 공원과 정원 30개소가 있었다. 원래 그것들은 돈 많은 시민이 개인 편익을 위해 만든 것이었으나 결국 공유지로 흡수되었다. 그 외에도 터커Turker가 기록한 수영장 700개와 분수 500개가 있었다. 여기에 물을 대기 위해 130개의 취수구 내지 저수지가 있었다고 한다.

66 | 루이스 멈포드, 위의 책, pp.221-222.

의 숫자만 해도 100만 명이 넘었다는 주장이 되기 때문이다. 또 집합주택의 규모 또한 사실과 커다란 차이가 있다.[67]

뉴욕의 전세건물과 마찬가지로 인술라 지구의 건물은 막대한 이윤을 볼 수 있는 투기사업이었다. 이 투기사업은 그냥 서 있기도 어려운 날림 건축물을 짓는 청부업자와, 낡은 주택을 더 작은 방으로 나누어 가난한 직공들에게서 더 많은 임대료를 거둬들이는 모리배 지주의 합작으로 이루어졌다.[68] 인술라는 어찌나 날림으로 지어졌던지 고대 로마 최고의 풍자 시인 유베날리스Decimus Junius Juvenalis(60-128)의 표현을 빌리자면, "강한 바람만 불어도 심하게 흔들려 날아가 버렸다."고 한다. 이 셋집 사업으로 전설적인 이익을 본 이는 바로 제1차 3두정치인 가운데 하나이며, 당대 일류 재산가였던 크라수스Marcus Licinius Crassus였다. 그는 "건물을 짓는 데 돈이 한 푼도 들지 않았다."고 자랑했다. 64년 네로 시대에 발생한 원인불명의 대화재 같은 계획적인 '빈민가 철거계획' 은 그 뒤에 시행된 도시재개발에도 불구하고, 결과적으로 서민들의 심각한 주택부족난을 더욱 가중시키고, 탐욕스러운 지주의 이익만 강화시켰다.[69]

조잡한 신석기시대의 촌락에서도 주택은 언제나 신체를 보호하는 차폐물 이상의 것이었다. 그것은 가족들의 만남의 장소이고, 또 가정신의 집이

67 | 손세관, 위의 책, pp.98-100.

68 | 카이사르 집권 당시의 로마 시내는 인구 증가로 인해 교통 수요도 늘어나서 걷잡을 수 없는 혼잡 상태였다. 그 결과 포장도로 위에서 굴러가는 나무 또는 쇠테를 두른 수레바퀴 소리 때문에 시민들이 밤에 잠을 제대로 잘 수 없었다. 이 소음은 나중에 시인 유베날리스를 불면증에 걸리게 했다. 이에 카이사르가 집권한 뒤에 최초로 내린 법령 중 하나는 낮 동안에는 로마 도심부에 차량 통행을 금지하는 것이었다. 그러나 로마 시내에서 낮에도 차량 통행이 허용되었던 자들이 있었으니 바로 '건물 청부업자들' 이었다.

며 가족생활의 터전이었다. 가정의 '화로'는 요리하는 데 쓰일 뿐만 아니라, 종교의식의 중심이었고 또 돈으로 환산될 수 없는 도덕적 가치의 저장소였다.

그러나 키케로 같은 저술가들이 주택에 부여한 경건한 용도나 가족에 대한 감상적 가치는 오직 귀족의 집에만 허용되었다. 여기에 대하여 티베리우스 그라쿠스Tiberius Sempronius Gracchus가 남긴 명언이 있다. "들의 짐승과 하늘의 새들도 자신들의 구멍과 숨을 자리를 갖고 있는데, 이탈리아를 위해 싸우고 죽어 가는 사람들은 겨우 햇볕과 공기의 혜택을 얻을 수 있을 뿐이다." 그러나 제국 치하의 로마에서는 햇볕과 공기마저 부족했다. 기원전 2세기의 한 작품에서 유베날리스는 다음과 같이 주장했다. "저택의 치솟은 규모를 보라. 층 위에 층이 쌓여 10층까지 올라갔네."[70]

69 | 이 화재로 인해 로마 시의 14개 지구 중 3개 지구가 모두 불타 버렸고, 7개 지구가 심하게 파괴되었다. 그러나 그 이후 파괴된 주거지역을 대상으로 체계적인 도시재개발을 시행하여 새로운 물리적 환경을 조성할 수 있었다. 그리스에서 기원한 격자형 가로망과 장방형 블록이 새로 마련되었으며, 이 장방형 블록 내부에 집합주택이 건설되었다. 네로 황제는 새로운 주택 건축에 목재의 사용을 금지하고, 돌, 벽돌, 콘크리트 등 내화 재료만 사용하도록 했다. 낡은 인술라 등에는 외부로 창을 내고 발코니와 아케이드를 설치하도록 했으며, 콘크리트나 돌로 계단을 조성하도록 했다. 건물의 수준 향상과 함께 위생 시설도 향상되어, 도시의 전 지역에 물이 공급되었으며 하수 시설도 대폭 개선되었다. 그러나 네로 황제는 화재로 파괴된 지역에 넓은 인공호수와 정원으로 둘러싸인 호화로운 대규모의 궁전Domus Aurea을 새로 짓게 했는데, 이것은 네로 황제의 인기를 바닥에 떨어지게 한 원인이 되었다.

70 | 루이스 멈포드, 위의 책, pp.221-222.

2장

고대 로마 초기의 가족생활

로마 건국기—포에니 전쟁 말기

그리스 가족과는 달리 로마 가족은 상당히 '진보적'인 편이었다. 그래도 로마 초기에는 그리스와 마찬가지로 엄격한 가부장제를 유지했기 때문에, 개인이 '가족 제도권'을 떠나 독자적인 삶을 영위하기는 어려웠다. 그러나 로마가 세계 제국으로 성장하게 됨에 따라, 고대 로마인의 관습도 변하기 시작했다. 로마 가족은 오늘날처럼 '개인주의적'이 되었다. 로마 전체 역사를 통틀어 볼 때, 여성 지위의 상승은 남편에 대한 '해방'이란 의미를 지니고 있었다. 결국 제정 말기 로마의 가정은 질박質朴하고 강건한 기풍의 초기 로마 공화정의 가정보다는 오히려 오늘날 미국의 가정과 유사한 점이 많았다.

로마 가족의 사상이나 관습은 크게 두 시기로 나누어 볼 수 있다. 첫째 시기는 전설적인 로마 건국기부터 포에니 전쟁 말기(기원전 753-202)까지다. 둘째 시기는 포에니 전쟁 말기에서 로마 제정 말기(기원전 202-기원후 4세기)로 잡을 수 있다. 이때부터 기독교가 이교적인 로마의 결혼관과 가족제도에 영향을 미치기 시작했다. 먼저 초기 로마 가족을 살펴보기로 하자.

"남편은 아내의 심판관이다"

대정복사업 이전의 로마는 그리스처럼 전형적인 가부장사회였다. 가족은 합법적이고 종교적이며 경제적인 기본단위였다. 로마 최초의 성문법인 '12표법' 이 제정되기 전에 이미 로마에서는 사유제가 성립되었다. 로마 초기에는 장자상속제가 거의 알려지지 않았던 것으로 추정된다. 만일 가장이 죽으면 모든 가족 성원에게 그의 전 재산이 골고루 분배되었다. 아직 미혼인 딸이나 부인 역시 아들들과 마찬가지로 고인의 유언이나 상속자들의 동의에 따라 재산을 물려받을 수 있었다. 그러나 이미 결혼한 딸들은 재산상속권이 없었다. 일부 역사가들은 로마인이 재산 분할을 방지하기 위해, 점차 그리스와 같은 장자상속제를 택했을 것이라고 주장했다. 초기 로마 가족은 가장을 중심으로 아내와 자식, 손자와 노예들 등 대가족으로 구성되어 있었다.

그리스와 마찬가지로 로마에서도 집안의 연장자인 가장이 조상 숭배와 재산 관리를 맡았다. 그러나 그리스와는 달리, 집안의 모든 남성들에 대한 로마 가장의 지배권은 그가 생존해 있는 한 계속되었다. 로마에서 '아버지의 권리(파트리아 포테스타스Patria Potestas)' 는 그리스보다 훨씬 강했고, 이것은 12표법에 잘 명시되어 있다. 아버지는 자식을 채찍질하거나 심지어 노예로 팔 권리도 있었다. 아들이 죄를 짓는 경우에 아버지는 대가족회의를 소집, 가정재판의 판결에 따라 아들을 노예로 만들거나 극형을 언도할 수 있었다. 만약 대다수 가족들과 의견이 불일치하는 경우에도, 아버지는 가장으로서 끝까지 자기 의사를 관철시킬 수 있었다. 그러나 아무리 12표법이 자식매매권을 인정했다고 해도, 로마 역사에서 이를 시행한 아버지의 예는 거의 찾아보기 어렵다.

'입양'은 그리스나 로마에서 널리 시행된 제도였다. 아들이 없는 경우 아버지는 양자를 맞아들여, 가정의 신성한 화로나 가정신(라레스Lares)에 대한 의식에 참여시켰다. 로마의 아버지는 자녀의 의사를 거의 무시한 채 사위나 며느릿감을 직접 선택했고, 또한 강제로 이혼시킬 수도 있었다. 결혼을 해도 아들이나 손자는 여전히 가장의 지배권 밑에 놓여 있었다. 설령 결혼한 아들이 국가 고위층의 관리라고 해도, 그는 아버지 생전에는 자기 봉급을 마음대로 할 수 없었고, 가족재산을 관리할 수도 없었다. 그러나 로마 가장의 권력은 그리스와 마찬가지로, 전제군주의 권위가 아니라 가족의 대표이며 제사장인 아버지에게 위임된 일종의 대리권이었다.

로마 가부장사회에서 '여성 지위'의 문제를 살펴보기로 하자. 로마 법은 여성의 선천적인 열등성을 강조했다. 로마 법은 여성을 '미성년자'로 간주했으며, 영구적인 법적 무능력자로 취급했다. 그래서 여자들은 처녀 시절에는 아버지의 권력 밑에, 결혼한 뒤에는 남편의 권력 밑에 놓였다. 결국 여성에게 결혼이란 자신에 대한 주도권이 아버지에게서 남편에게로 옮겨 가는 것을 의미했다. 이런 결혼을 '마누스manus('수권手權'이라고도 번역함)에 의한 결혼'이라고 한다.

공화정시대의 대표적인 정치가이자 학자이며 집정관이었던 카토는 "남편은 아내의 심판관이다."라는 유명한 말을 남겼다. 만일 아내가 죄를 저지른 경우 남편은 아내의 심판관이 될 수 있었다. 아내가 간음죄를 저질렀을 때, 남편은 다른 친척이나 증인이 재판에 입회하지 않는 경우에도 혼자서 능히 아내에게 사형을 언도할 수 있었다. 그렇지만 아내의 법적 책임자는 남편이었기 때문에, 만일 아내가 벌금형을 선고받았다면 남편이 대신 벌금을 물어야 했다. 어떤 남편은 벌금을 물지 않으려고 아내의 노동력을 파는 경우도 있었다.

로마에서는 비록 여성의 합법적인 권리가 명시되어 있지 않았으나, 그래도 여성들은 매우 존중받는 위치에 있었다. 로마 여성들은 그리스의 아내들처럼 온종일 규방에 갇혀서 지낼 필요가 없었다. 로마 여성들은 집 안의 중심부에 앉아 실을 잣고 부지런히 가사를 감독했다. 로마 여성들은 남성들과 함께 식사를 할 수 있었고, 연회에도 참석할 수 있었다.

결혼의 여러 형태들

로마 초기에는 귀족과 평민 간의 통혼이 엄격히 금지되어 있었다. 12표법에는 귀족과 평민의 통혼을 허용하는 규정이 있었지만, 몇 년 못 가서 폐지되었다. 공화정시기의 로마 사회는 여러 가지 면에서 그리스 사회와 공통점을 지니고 있었다. 즉 양쪽 다 노예제 위에 자리잡은 시민들의 공동체였고, 제도상으로도 유사점이 많았다. 그러나 공화정시대를 일관한 로마의 특색은 한마디로 말해서 귀족명문의 세력이 그리스보다 훨씬 더 강했고, 아테네풍의 민주화 과정을 밟지 않았다는 점이었다.[71] 귀족의 주체를

71 | 로마의 귀족은 소가족이 여럿 모여서 씨족을 구성했다. 씨족 가운데는 혈연에 의한 씨족원 외에 시민권이 없는 거류 외국인과 같이 유력자의 보호를 필요로 하는 피보호인이나 노예가 포함되어 있었다. 귀족의 세력이 강했던 이유는 토지나 가축을 많이 가지고 있었기 때문이기도 하지만 그보다도 피보호인을 많이 가지고 있었기 때문이었다. 유력한 씨족은 그들의 씨족만으로도 외국과 전쟁을 할 수 있었다. 기원전 479년 에트루리아인과 싸워서 패배한 파비우스Fabius 씨족의 경우, 씨족원은 306명, 피보호인은 4,000명이었다고 한다. 이런 귀족을 파트리키우스patricius라고 부른다.

재산 있는 명문, 평민의 주체를 중소 농민으로 보고 이 농민 측에 상인과 수공업자를 포함시키면 공화정 초기의 역사를 이해하기가 쉽다.

귀족과 평민의 결혼에는 제도적으로나 경제적으로나 상당한 차이가 있다. 로마에서는 아내에 대한 남편의 권리를 마누스라고 한다. 마누스라는 남편의 권리가 포함된 합법적 결혼(마누스가 있는 마트리모니움 유스툼matrimonium justum with manus)에는 다음 세 가지 유형이 있다. 첫째 유형은 콘파레아티오confarreatio인데, 고대 로마의 최고 성직자회의 일원Pontifex Maximus과 10명의 증인들이 참석한 가운데 엄숙한 종교의식이 행해졌다. 둘째 유형은 코엠프티오coemptio인데, 증인 앞에서 신부 아버지가 미래의 남편에게 자기 딸을 거짓 매매하는 형식으로 이루어져 있다. 셋째 유형은 바로 우수스usus인데, 만일 남녀가 1년 이상 동거를 계속하게 되면 합법적인 결혼이 성사되었다. 이것은 주로 평민들 사이에서 많이 행해졌던 것으로 종교의식은 일체 수반되지 않았다. 기원전 5세기 중반부터 이 세 번째 결혼 형태에 커다란 변화가 생겼다. 즉 아내가 남편에게서 해방됨을 나타내는 '마누스가 없는 결혼'의 형태가 출현했다.[72]

마누스가 있는 마트리모니움 유스툼의 경우에는 결혼하는 남녀의 사회적 신분이 높고 대등한 관계이며, 아버지의 권리(파트리아 포테스타스)와 남편의 권리(마누스)가 모두 적용된다. 그러나 마누스가 없는 마트리모니움 유스툼의 경우에는 여성은 결혼한 뒤에도 여전히 아버지의 지배권 밑에 놓이게 된다. 공화정 초기에는 여성을 마치 '남편의 딸'과 같은 위치에 종속시켰으며, 또 남편 가계의 진정한 일원이 되는 '마누스가 있는 결혼'이

72 | André Pelletier, *La femme dans la société gallo-romaine*, Paris: Picard, 1984, p.17.

지배적이었다. 그러나 제정기에는 마누스가 없는 결혼이 유행했다.

고대 로마에는 위에서 설명한 '마트리모니움 유스툼' 외에도, '마트리모니움 논 유스툼matrimonium non justum' 이란 결혼 형태가 있었다. 후자의 경우에는 대체로 사회적 신분이 낮거나 신분적 차등이 있는 남녀의 결혼이었다. 비록 마누스나 아버지의 권리는 적용되지 않아도, 합법적이고 도덕적인 결혼에 속했다. 그러나 이런 결혼으로 인해 태어난 아이들은 완전한 로마 시민이 될 수 없었다. 다른 고대 민족과 마찬가지로, 로마인들은 결혼을 매우 신성하고 중요한 의식으로 간주했으며 독신을 공공연히 비난했다.

그리스인과는 달리 로마인들은 약혼식을 거행했다. 로마 초기에 순결을 잃은 약혼녀는 간음죄를 저지른 것으로 간주되어 벌을 받았다. 제정기 로마의 약혼식은 신부의 집 아트리움에서 여러 친척과 친구들이 모인 가운데 매우 성대하게 거행되었다. 청혼자와 처녀의 아버지는 다음과 같은 서약을 서로 교환했다. 청혼자가 먼저 말한다. "당신 딸이 장차 나의 신부가 되는 것을 허락하십니까?" 그러면 아버지는 대답한다. "신들이 행운을 가져오기를! 나는 그녀를 약혼시키노라." 그러면 청혼자는 "부디 신들이 행운을 주시기를!"이라고 답한다. 이 말에 의해 약혼이 정식으로 성사되고, 청혼자는 준비한 선물과 함께 왼손 셋째손가락에 낄 반지를 약혼녀에게 건네준다. 로마 초기의 약혼반지는 쇠로 만든 수수한 것이었으나, 제정기에는 금반지로 바뀌었다. 그 후 작은 예식이 행해지고 나면, 오늘날 축하연에서 샴페인을 터뜨리듯이 친구들의 축하와 더불어 포도주와 다과가 한 차례 돌려졌다.

마누스가 있는 마트리모니움 유스툼인 경우에는 먼저 결혼에 대한 형

고대 로마의 결혼식 장면. 고대 로마인들의 결혼에서는 당사자의 의사는 무시되고 양가 부모의 의사가 중시되었다.

식적인 승인 절차가 따랐다. 그것은 합법적인 결혼에서 가장 중요하고 기본적인 절차이나, 결혼 당사자 간의 합의가 아니라 양가 부모의 합의에 의해 이루어졌다. 남편의 권리 밑에 신부를 종속시키기 위한 몇 가지 절차가 진행되었다. 콘파레아티오의 의식이 끝나면, 가족의 신성한 제단 위에 양 한 마리를 제물로 바쳤다. 그리고 양의 가죽을 신랑과 신부가 함께 앉아 있는 자리 위에 쭉 펼쳐 놓았다. 그것은 가정에서 갖는 의무는 비록 서로 달라도, 이제 그들은 하나가 되었다는 것을 의미했다. 화려한 축연이 베풀어진 다음 프로누베pronubae라는 젊은 부인들이 신부를 드디어 신방으로 인도하게 되는데, 그들은 신방 앞에서 아름다운 옛 결혼축가를 불렀다.

여성의 간음은 중대한 범죄이지만 남성의 간음은 정상이다

로마에서는 그리스보다 일부일처제의 성격이 더 강했다. 그렇다고 해서 결혼 외의 성관계가 금지되었던 것은 아니다. 금지된 것은 아내의 간음뿐이었으며 간음했거나 술을 마시는 아내는 이혼당하거나 살해당할 수도 있었다. 그러나 남편들의 행동은 몹시 자유로워서, 아무리 심한 난봉을 피워도 아내한테 공격을 받는 일은 없었다. 또 남자들이 집 밖에서 욕정을 만족시킬 수 있는 상대나 시설은 얼마든지 널려 있었다. 로마는 남성들의 천국이었다.

매춘굴을 그린 프레스코화. 고대 로마의 결혼제도는 일부일처제였지만 실제로 남성들은 집 밖에서 욕정을 마음대로 충족시킬 수 있었다.

고대에서 축첩은 공인된 제도였으나, 국가가 이를 엄격히 통제했다. 축첩에는 다음 두 가지 형태가 있다. 첫째는 마트리모니움 논 유스툼에 의한 결합으로, 대체로 로마 시민이 자기보다 신분이 낮고 미천한 계급의 여성과 맺어지는 경우다. 마트리모니움 논 유스툼에 의한 결합인 경우에는 비록 결혼을 인정받기는 해도 그 결혼에서 낳은 자식들은 아버지의 진정한 가족 일원이 될 수 없으며, 또 재산 상속에도 참여할 수 없었다. 둘째 형태의 축첩은 비합법적 형태이며, 이는 공화국시절에는 여론의 엄격한 비난 대상이 되었다. 즉, 포에니 전쟁이 있기 전까지 이런 형태의 축첩은 로마 사회에서 매우 드물었다고 볼 수 있다.

여성이 이혼당하는 사유

초기에 이혼하는 권리는 '남편의 특권' 이었다. 그러나 이러한 특권 행사는 점차로 사회적 제약을 받았다. 특히 콘파레아티오에 의한 결혼은 거의 해체가 불가능했다. 그것은 디파레아티오diffarreatio, 즉 결혼식에 참석했던 모든 이들이 모인 자리에서 일종의 이혼식(?)을 행한 다음에야 비로소 가능했기 때문이다. 합법적인 이혼사유로는 다음 세 가지가 있었다. 첫째는 아내가 독극물을 준비한 경우이고, 둘째는 간음을 행한 경우, 셋째는 포도주를 마신 경우였다. 초기 로마 시대에서 여성의 음주는 준엄한 비판과 처벌의 대상이 되었고, 심한 경우에는 그것 때문에 목숨을 잃기도 했다. 어떤 작가는 남편이 맡긴 집 열쇠를 아내나 첩이 몰래 복제하는 경우도 이혼사유에 포함시켰다.[73]

여성의 간음죄에 대하여 카토는 다음과 같은 말을 남겼다. "만일 아내의 간통 현장을 직접 목격했다면, 너는 재판이나 어떤 처벌 없이도 네 아내를 그 자리에서 죽일 수 있다. 그러나 만약에 반대로 네 아내가 너의 간통 현장을 목격했다면, 그녀는 감히 네 몸에 손가락 하나도 댈 수 없다. 그녀는 실제로 아무런 권리가 없다." 오직 남편만이 이혼을 행사할 권리가 있었지만, 비합법적인 이유로 아내에게 이혼을 강요하는 남편은 공공여론의 검열과 비난의 대상이 되었다. 실제로 공화정 초기에는 이혼이 거의 없었다고 한다.

플루타르코스는 로마의 첫 번째 이혼소송으로 카르빌리우스 루가

73 | E. Lynn Linton, "Womanhood in Old Greece", *Fortnightly Review*, Vol.XLII , p.43.

Spurius Carvilius Ruga(기원전 250)의 사례를 들고 있다. 카르빌리우스는 로마에서 위의 세 가지 이유가 아닌 다른 사유로 이혼했던 최초의 남성이었다. 역사적으로 여성의 '불임'은 충분한 이혼사유가 된다. 카르빌리우스의 처는 그의 가문을 이어갈 자식을 생산하지 못했다. 그러나 이혼한 뒤에 여론의 비난은 준엄했다. 결국 카르빌리우스는 재산 절반을 농업의 여신 케레스(그리스의 데메테르)에게 바치고, 나머지 절반은 이혼한 아내에게 주도록 강요당했다.

후일 기독교가 전래하기 전까지, 로마에서 결혼은 전적으로 개인적인 문제였다. 설령 이혼 문제가 사회적 관습을 어긴 경우에도, 국가는 단지 감찰관의 검열이란 형식으로 개입했을 뿐이다.

"남자아이와 여자아이는 다르게 키워야 한다"

포에니 전쟁 이전의 로마인들은 매우 단순하고 소박한 사람들이었고, 무엇보다 육체노동을 중시했다. 그들의 주요 생업은 바로 농업이었다. 이 당시에 최고의 남성상은 훌륭한 농부였다. 또 바람직한 여성상은 밤늦게까지 모직물을 짜는 근면하고 정숙한 아내였다. 로마 작가인 막시무스는 다음과 같이 묘사했다. "그 당시에는 돈도 별로 없었고, 노예나 땅도 그리 많지 않았다. 가난한 가정이 많았기 때문에 장례식 비용도 국가가 부담했다. 딸들 역시 지참금이 없었다. 그러나 저명한 집정관과 멋진 독재, 또 헤아릴 수 없이 많은 승리가 있었다!"

초기 로마 가정은 대체로 자급자족 경제였다. 아버지는 곡물과 푸른 채소 따위를 공급하고, 어머니는 노예의 도움을 받아서 천이나 의복을 생산했을 것이다. 그러나 초기에도 빨래는 전문 세탁업자에게 맡겼다고 한다. 또 염색이나 금세공 같은 산업에는 이미 길드가 형성되어 있었다.

그리스와는 달리, 로마 가정에서는 아이를 노예에게 맡기지 않았다. 고대 로마의 여성들은 자기 손으로 직접 아이를 키웠다. 그래서 로마의 남성들은 어릴 적에 어머니의 무릎에서 제일 먼저 감정교육을 받았다. 로마의 어머니는 아이의 유익한 정서 함양을 위해 특히 언어생활에 많은 신경을 썼다.

남자아이는 7세가 되면 어머니의 무릎을 떠나 아버지의 동반자가 되었다. 아버지는 아들을 농장에서 광장으로, 또는 군사훈련장으로 이리저리 데리고 다녔다. 때문에 로마 소년은 일찍부터 인생에 대한 조기 수업을 받았다. 근면과 복종, 절제에 대한 미덕이 아이에게 늘 강조되었다. 소년은 소를 이용하여 쟁기를 끌고, 농장 노예들을 감독하는 법을 배웠다. 또한 아버지가 만일 원로원 의원이라면, 여러 가지 법적 절차와 공사를 차근차근 배웠다. 위대한 로마인이 사망했다면, 소년은 아버지와 함께 장례식에 참석하여 고인을 추모하는 장례식 연설을 들었다. 아들은 아버지에게 가족에 대한 책임과 공민적인 도덕, 절약정신, 자제, 신중함, 연민과 용기, 또 국가에 대한 충성심을 배웠다. 또 조상들의 위대한 영웅담을 들으면서 모험심과 용기를 키웠다. 모든 소년들은 아버지의 손을 잡고 로마 광장인 포룸에서 12표법을 암기했다. 그리하여 이 엄격한 코드가 어린 소년들의 사생활과 공공생활을 지배했다.

종교교육도 매우 중요한 비중을 차지했다. 소년들은 일찍부터 가정신의 숭배의식과 제사에 참석했다. 이때 소년들은 지배계급의 상징인 자주색 줄이 달린 토가 프라에텍스타를 착용할 수 있었다. 소년이 16세가 되면, 토가 프라에텍스타 대신 성년을 상징하는 토가 비릴리스toga virilis를 입었다. 이때 성년식(리베랄리아Liberalia)은 매우 화려하게 거행되었는데, 소년은 자기가 좋아하는 장난감과 불라를 태우는 의식도 치렀다. 성년식 이후 그의 삶은 훨씬 자유롭고 공적인 생활이 되며, 이제 그는 참다운 로마 시민의 일원으로서 존엄성과 책임의식을 지니게 되었다.

여자아이들은 미래의 가정주부나 어머니로서 교육을 받았다. 실을 잣고 천을 짜며 의복 만드는 법을 배웠다. 왜냐하면 고대에는 여성들이 집안 의복을 담당했기 때문이다. 또한 소녀들은 루디Ludi라는 초등학교에 다녔다. 역사가 리비우스는 어떤 평민의 아름다운 딸인 비르지니아가 루디에 가던 도중, 명문귀족 아피우스 클라우디우스에게 잡혔다고 기술했다. 이를 보았을 때 거의 모든 중산층의 딸들이 루디에 다녔던 것으로 추정된다. 비록 모든 로마 여성들이 학교에 다니지는 않았다고 해도, 그리스의 무지한 여성들과는 달리 로마 여인들은 집에서라도 읽고 쓰는 법을 배웠다.

3장

고대 로마 후기의 가족생활

포에니 전쟁 말기—로마 제정 말기

부와 권력을 손에 쥔 여성들

포에니 전쟁 중에 로마 여성들의 지위에는 상당한 변화가 생겼다. 우리는 그 원인을 다음 세 가지로 분석해 볼 수 있다.

첫째는 정복사업의 진행으로 로마 사회의 부富가 엄청나게 증가했다. 그래서 유력한 가문의 아버지는 딸이 혼인할 때 지불해야 하는 막대한 지참금이나 혼수, 동산 등을 모두 타인인 사위에게 넘기지 않기 위해, 딸에게 '마누스가 없는 결혼'을 시켰다. 이런 경우 딸들은 결혼한 후에도 아버지의 권리나 보호 밑에 그대로 놓이게 된다. 또 아버지가 사망한 경우에도 딸은 여전히 아버지가 지정한 후견인의 보호를 받는다. 그러나 후견인의 구속력은 사실상 거의 없었기 때문에, 로마의 기혼여성들은 상당한 자유와 경제적 독립을 얻게 되었다. "나는 왜 부유한 아내의 남편이 되지 않았을까?" "왜냐하면 나는 여편네의 급사 따위는 되고 싶지 않으니까."라고 로마의 한 남성은 자문자답했다.

실제로 로마 여성들의 부富는 날로 증가했기 때문에, 여성들의 사치와 부를 어느 정도 제한하기 위한 두 가지 법률이 통과되었다. 전자는 기원전 215년에 통과된 오피아 법Lex Oppia인데, 이는 여성들이 입는 사치스러운 복장과 장신구 종류와 그 가치에 일정한 제한을 둔 것이었다. 그러나 여성들의 반대가 너무도 드세었기 때문에, 이 법령은 카토의 열렬한 지지에도 불구하고 그의 생전에 폐지되었다(기원전 195). 후자는 보코니아 법Lex Voconia인데, 이는 십만 아스(고대 로마의 동전) 이상의 자산을 소유한 로마인이 여성을 자기 상속자로 지정하는 것을 금지하는 법률이었다. 그러나 신탁제도가 만들어지면서, 여성들은 이런 법률상의 금지조항을 교묘히 빠져나갈 수 있었다.

둘째로 전쟁 때문에 남성 인구가 급격히 감소했다. 장기간의 군복무로 인해 아들에 대한 아버지의 권한도 대폭 축소되었다. 또한 남성들이 집을 오래 비우는 동안 여성들이 직접 재산을 관리하게 되자, 여성들의 사회적 지위도 향상되었다. 물론 여성들의 이 같은 권리는 남성들의 부재 시에 위임된 대리 권한에 불과했다. 그러나 이런 기회는 자연히 여성들에게 사회적 책임의식과 권력을 자각하게 했다. 그래서 카토는 "모든 남성은 여성을 지배하고, 우리 로마인은 모든 남성을 지배한다. 그러나 우리를 지배하는 것은 바로 우리의 여편네다."라고 불만을 토로했다.[74]

셋째로 활발한 대외정복사업과 함께 그리스 학문이 로마에 유입되었다. 그 과정에서 로마 남성들은 고등교육이나 선진문물의 혜택을 누렸으며, 로마 여성들 역시 지적 교육의 혜택을 누리기 시작했다. 키케로 시대

74 | Plutarch, *Lives*, Bohn Classical Library, vol.II, 1908, p.105.

에 클로디아Clodia 같은 여성은 지적인 교육을 받았을 뿐만 아니라 정치적 권력도 지닌, 명석하고 약간은 파렴치한 여성들의 무리를 이끌었다. 그래서 시인 유베날리스는 학식 있는 여성들에 관해 다음과 같이 날카롭게 풍자했다. "행여 너와 한 침대를 쓰는 네 여편네가 수사학을 마구 지껄이고, 전제가 생략된 삼단논법을 모조리 읜다든지 모든 역사와 친숙해지는 것을 결코 허용해서는 안 된다. 반드시 그녀가 이해하지 못하는 구절을 책 속에 남겨 두어야 한다. 그리고 남편은 문법을 위반할 권리가 있다."[75] 하지만 이런 경고에도 불구하고 마누스가 없는 결혼, 즉 로마의 '자유결혼'은 적어도 부유하고 학식 있는 상류층 여성들을 남편과 동등한 입장에 놓이게 했다.

그리스처럼 로마에서도 결혼은 전적으로 '개인적'인 문제였다. 남녀의 동등권을 인정하는 이런 이교적 결혼관은 오늘날 근대 국가의 결혼관과 유사점이 많다. 그러나 로마 제국의 자유로운 이성관과 결혼관은 일반 여성들의 사회적 지위의 상승이나 자유를 위한 투쟁의 산물이라기보다는, 그 시대의 해이해진 도덕관과 지나친 부의 축적으로 인한 방종의 산물이었다. 그리고 로마 여성들이 남편들에게서 해방된 현상 역시, 일부 특권층에만 한정되어 있었다. 그럼에도 불구하고 아내에 대한 남편의 권력이 점차 축소됨에 따라, 아들에 대한 아버지의 권력도 축소되기 시작했다. 또 제정 말기에는 부유한 여성들에게 묘한 반감을 느끼는 남성들 때문에 독신자들의 숫자도 상당히 증가했다.

75 | Juvenal, *Satires*, trans. Lewis Evans, London: G. Bell & Sons, 1901, pp.55-56.

“지참금의 노예가 되느니 혼자 살겠다”: 남성 독신자들의 증가

공화정 말기와 제정시대에는 혼인율이 하락하고 이혼율이 급격히 증가했다. 혼인율이 하락한 사회적 요인 중 일부는 여성의 부와 권위의 증가 때문이었다. 로마의 남성들은 여성의 부와 권력이 비대해지자, 분통을 터뜨렸다. “자기보다 훨씬 부유한 여성들과 결혼한 남성들은 그들이 미처 깨닫기도 전에 이미 남편이 아닌 지참금의 노예로 전락하고 만다.”라고 플루타르코스는 경고했다. 대개 로마의 남성들은 날카로운 풍자시인 유베날리스 못지않게, 돈 있고 좀 배웠다고 잘난 척하는 여성들에게 상당한 반감을 품고 있었다. 그래서 그들은 걸핏하면 정치적 영향력을 행사하려 들고, 또 그것 때문에 남자를 곤경에 빠뜨릴지도 모르는 당찬 신세대 여성들을 자기 집안에 맞아들이기를 거부했다. 근대 역사가 딜Samuel Dill은 제정시대 로마 여성들의 맹렬한 정치활동을 다음과 같이 기술했다. “폼페이 벽에는 극성스러운 여성 찬미자들이 자기가 좋아하는 후보들을 지지하기 위해 붙여 놓은 선거벽보가 즐비했다.”[76] 제정 초기 로마의 기혼여성들은 정부 일에 간접적으로 영향력을 행사했는데, 그 결과가 항상 바람직한 것은 아니었다.

그러나 이처럼 새로이 해방된 여성들의 영리함이나 지배적 성향은 독신 증가라는 사회적 요인의 일부에 지나지 않았다. 주된 요인은 고대의 가족적 이상의 점진적인 후퇴와, 또 정복전쟁에 따른 커다란 후유증, 즉 광

76 | Samuel Dill, *Roman Society from Nero to Marcus Aurelius*, London & N.Y.: Macmillan, 1899, p.81.

범위한 도덕적 붕괴현상 때문이었다. 속주에서 각종의 부와 전리품, 노예들이 부지기수로 밀려들자, 소수 유산계층은 사치와 나태, 방종으로 세월을 보낸 반면, 로마의 중소 자영농들은 거의 몰락해 버렸다. 그 당시 노동은 헐값의 노예들이 거의 전담했기 때문에, 소小생산계층은 독립된 생활을 유지하기가 어려웠다. 그래서 그들은 결국 말썽 많은 무산계급이 되었다. 이렇게 불안정한 상황에서 건전한 공민정신을 기르고, 이상적인 가족생활을 영위하기는 어려웠다.

또 상류층의 남녀들은 오로지 이기적이고 향락적인 쾌락만 추구했다. 이제 결혼계약은 금전적 이해관계나 개인의 이기심에 따라 좌우되었다. 상류층은 더 이상 결혼을 가정신이나 국가에 대한 엄숙한 의무로 간주하지 않았다. 축첩과 매춘은 날로 증가했고, 남성들은 결혼생활에 대한 의무 없이 자신들의 욕구를 만족시킬 방법을 찾았다. 남성들의 이 같은 방종은 여성들에게도 많은 영향을 끼치게 되었다. 그래서 쾌락 추구를 위해 무리하게 '피임' 하는 여성들이 늘게 되었고, 메살리나, 율리아, 포파이아 같은 음탕한 여인들이 속출하게 되었다. 이렇게 해이하고 방만한 시대적 분위기 속에서 탄생한 여인들은 '고대에서 가장 잔인하고 음탕한 여인' 으로 묘사되었다.

독신 증가로 인한 사회문제가 심각해지자, 기원전 131년 감찰관 메텔루스 마케도니우스Metellus Makedonius는 로마 남성들에게 국가 활력을 유지하기 위해 부디 결혼해 줄 것을 공식적으로 요청했다. "우리가 만일 아내 없이도 이런 일(자녀 생산)을 잘할 수만 있다면, 결코 아무런 문제도 발생하지 않을 것이다. 그러나 자연의 섭리는 우리가 아내 없이 살도록 되어 있지 않기 때문에, 우리는 쾌락으로 소일하기보다는 영구적 이해관계를

재미있는 토막이야기

고대 로마인의 피임법

임신과 출산을 막는 가장 좋은 방법은 '성적 자제'이지만, 로마인들이 이러한 극기克己 처방법을 썼다는 증거는 거의 없다. 소아시아 태생의 소라누스Soranus는 알렉산드리아에서 의학을 공부하고, 후일 로마에서 개업했다. 그는 의학에 관한 많은 저서를 남겼는데, 그중 부인과의학 관련 저서는 고대 피임에 관한 중요한 자료를 후세에 제공했다.

소라누스는 피임법으로 중절성교coitus interruptus와 자궁 입구에 고약을 바르는 방법을 권했다. 고약의 종류로는 오래된 올리브유, 꿀, 삼목의 송진, 발삼나무의 즙, 백연白鉛, 도금양 기름과 백연을 섞은 연고, 축축한 명반, 갈바눔Galbanum(고무질 수지, 의약·향료용), 자궁 구멍을 틀어막은 양질의 모 한 타래 등을 들고 있다. 당시 고무질이나 송진 따위는 살정자제殺精子劑로 인식되었다. 그러나 콘돔이나 페서리(자궁 위치 교정용 피임기구)가 존재했다는 증거는 어디에도 없다. 소라누스는 독자들에게 이러한 혼합 조제약의 부작용을 누차 경고한 바 있다.

로마 제정기의 시인 오비디우스는 『사랑*Amores*』에서 미모의 정부 코리나가 유산한 뒤에도 목숨을 보전할 수 있을 것인지 몹시 전전긍긍했다. 그는 이시스 신에게 그녀를 제발 살려 달라고 애걸복걸했다. 그러나 막상 코리나가 의식을 회복하자 그는 태도를 180도로 바꾸어 그녀의 파렴치한 행위를 맹렬히 비난했다. 그 비난의 골자는 그녀가 새로운 생명을 죽인데다 어린 생명을 다시 잉태할 수 있는 건강을 해쳤으므로, 마땅히 칼 아래서 죽어 마땅하다는 것이었다. 그는 마치 아우구스투스 황제와 같이 준엄한 어조로, 그녀가 단지 자기의 미를 지키고 또 임신한 뒤에 배가 보기 흉하게 처지는 것을 막기 위해 유산이라는 위험을 불사했던 것을 심하게 나무랐다.

이 분야를 연구한 대표적 근대 학자로는 『고대에서 르네상스까지의 피임과 유산*Contraception and Abortion from the Ancient World to the Renaissance*』의 저자 존 리들John Riddle을 들 수 있다. 리들은 오직 쾌락과 관능만 추구하는 로마 상류사회에서 대대적으로 유행했던 키레네산産 피임용 식물laser을 언급한 적이 있다. 이 식물은 매우 고가였음에도 불구하고, 항상 공급이 딸렸다고 전해진다.

아우구스투스의 모습. 로마 제정기에 혼인율이 하락하고 이혼율이 증가하자 아우구스투스는 결혼을 장려하기 위해 여러 방면에서 노력했다.

추구해야 한다." 그러나 어떤 공직자들의 연설이나 호소도 혼인율의 하락을 막지는 못했다. 카이사르는 자신의 짧은 집권시기에 결혼장려책을 실시했다. 아우구스투스는 기원전 18년에 결혼을 장려하고 독신자를 법적 무능력자로 만드는 법안을 제출했다. 이 법령은 원로원에서 매우 어렵게 통과되었는데 그만 민회에서 기각되었다. 그러나 그는 기어이 기원전 3세기경에 이 법을 통과시키는 데 성공했다. 이것이 바로 그 유명한 '율리아 법Lex Julia de Maritandis Ordinibus' 이다.

기원후 9세기경에 다시 한 번 '파피아 포파이아 법Lex Papia Poppaea' 이라는 더욱 엄격한 결혼법이 나왔다. 파피아 포파이아 법의 마지막 조항에는, 만일 20-25세의 미혼여성과 25-60세의 미혼남성들이 100일 이내에 결혼하지 않으면, 그들은 유산을 받을 자격을 박탈당한다는 내용이 기술되어 있었다. 만일 2년 안에 결혼한다면, 일단 약혼한 것만으로도 이런 조항을 용케 모면할 수 있었다. 여기서 몰수된 상속재산은 거의 모두 국고로 돌아갔다. 그러나 이런 법률도 별로 효과가 없었던 것으로 여겨진다.

"재무성을 살찌우고, 독신자에 대한 처벌을 한층 강화했던 포파이아 법안을 조금 완화시키자는 제안이 나왔다. 그러나 사람들은 '아이 없는 국가'에 대한 매력에 너무도 매료되어 있었기 때문에, 결혼과 출산 문제는 거의 조금도 호전되지 않았다."고 타키투스는 기술했다.

"무자식이 상팔자": 출생률의 감소

혼인률의 하락과 마찬가지로 출생률의 감소 역시 당시 로마 사회가 안고 있는 커다란 사회문제 중 하나였다. 상류층은 결혼한 뒤에도 자식을 낳아 키우는 것을 기피하는 경향이 강했다. 사생아인 경우에는 미리 유산을 하거나, 낳아서 그냥 내다 버리는 경우가 비일비재했다. 로마 제정기에 기아棄兒 현상은 매우 심각한 사회문제였다. 나중에 기독교는 이런 비인도적인 관행에 맞서 계속 투쟁하지 않으면 안 되었다.

상류층에서 자식을 낳지 않으려는 풍조가 만연했기 때문에 양자를 들이는 일이 많아졌다. 양자입양식은 친자를 낳았을 때 올리는 식(루스트라티오lustratio)과 거의 비슷했다. 어떤 부유한 로마 시민이 재산을 물려 줄 자식 하나 없이 그냥 죽었다고 가정해 보자. 당시 로마에는 임자 없는(?) 상속재산을 노려, 남의 비위를 맞추는 건달(유산 사냥꾼legacy hunter)들이 득실대고 있었다. 비록 송두리째는 아니더라도 상속재산의 일부를 가로챌 검은 속셈으로, 자기 아이를 부잣집에 양자로 보내는 파렴치한 빈민층의 수효가 부쩍 늘기 시작했다.

대가족을 장려하고 또 자식 없는 로마 시민을 벌주기 위해 만든 율리아 법이나 파피아 포파이아 법에 의하면, 자식이 없는 부부는 재산의 반半만 상속받을 권리가 있었다. 그러나 만일 양자가 있다면, 이 가정은 그런 불이익을 당하지 않아도 되었다. 공직 후보생들도 거느린 자녀의 수가 많으면 많을수록, 공직 진출에 훨씬 더 유리했다. 그러나 문제는 이러한 강경한 법적 대응에도 불구하고, 로마 가족의 구성원 수는 전혀 늘지 않았다는 점이다. 때문에 합법적 결혼을 장려하여 혼혈아의 출산을 억제하고(당시에는 해방노예들이 일반 로마 시민들과의 사이에서 '혼혈아'를 낳는 경우가 많았다.) 순수 로마 시민만 증가시키려는 아우구스투스의 인구정책은 결국 실패하고 말았다.

'가화만사성家和萬事成' 또는 '수신제가치국평천하修身齊家治國平天下'란 한자 성어를 떠올리게 하듯이, 사실상 아우구스투스는 자기 집안도 제대로 통제하지 못했다. 그의 딸 율리아는 세 번 결혼했고, 또 남성편력이 유달리 심했던 것으로 유명하다. 그녀가 남편 외에 상대한 남자는 적어도 수십 명에 달했다고 하는데 황제의 딸이 이 지경이고 보니, 이 시대의 문학도 자연히 부정한 연애나 적나라한 애욕의 문제를 공공연히 다루었다. 특히 시인 오비디우스의 『연애 비가』는 관념적인 에로티시즘의 극치였다. 또 다른 작품인 『사랑의 기술*Ars amatoria*』은 여자의 육체를 다룰 때 어떻게 하면 최고의 쾌감을 맛볼 수 있느냐는 기술상의 문제를 다룬 것으로, 심지어 각종 체위에 대해서도 자세히 설명하고 있다. 아우구스투스는 자신이 내놓은 율리아 법 조항 중 '간통금지령'이 바로 자기 딸인 율리아의 난행에 의해 묵살되었다는 사실을 알자 그만 격노했다. 그는 율리아와 한데 어울려 다니던 해방노예가 목매달아 죽었다는 이야기를 듣자, "차라리 그 해방노예의 애비가 되고 싶다."고 푸념하면서 딸을 로마에서 먼 곳으로 추방시켰다. 율리아의 세 번째 남편 티베리우스는 아우구스투스의 뒤를 이어 제2대 황제가 되었는데, 품행이 단정치 못한 자기 아내에게 어찌나 가혹했던지 수당을 지급하지 않았다. 이에 율리아는 귀양 간 섬에서 영양

실조로 죽었다. 그 2-3년 뒤에는 율리아의 딸인 소小율리아가 어머니처럼 지나친 난행 때문에 역시 추방당했고, 또 시인 오비디우스도 풍기문란 죄로 로마에서 추방당하고 말았다.

아우구스투스의 인구정책은 비록 실패했지만, 20세기의 독재자 무솔리니에 의해 다시 부활되었다. 당시 이탈리아는 과잉인구로 인해 골치를 썩고 있었음에도 불구하고, 무솔리니는 1929년 6월 시행한 법으로 출산율을 증가시키려 했다. "국가 복무에 있어 자녀를 둔 기혼남성이 제일 유리하다. 그 다음에는 자녀 없는 기혼남성이고, 마지막으로 미혼남성이 제일 불리하다." 또 결혼과 다산을 장려하기 위해 정부 보조금으로 지어진 아파트 입주권 역시, 자녀를 둔 기혼남성이 1위, 자녀 없는 기혼남성이 2위, 미혼남성이 꼴찌였다. 다른 국가들과 마찬가지로, 이탈리아 역시 세계대전이 발발하기 전에 심각한 주택부족난을 겪고 있었기 때문에, 아마도 이러한 법률의 시행은 출생률을 끌어올리는 데 어느 정도 촉매제 역할을 할 수 있었으리라 추정된다. 그러나 어떻게 결혼이나 출산같이 지극히 개인적이고 복잡 미묘한 문제를 단지 한두 개의 법률 제정만으로 간단히 해결할 수 있겠는가? 무솔리니는 그 법을 시행하기 전에 아우구스투스 법의 최종결과를 연구했어야 옳았다.

이혼이 유행하다

아내 지위의 변화에 따라, 이혼에도 상당한 변화가 생겼다. 이혼에 대한 남편의 권리는 12표법에 잘 명시되어 있다. 앞에서 언급한 바와 같이 아내와의 이혼을 정당화하는 사유는 다음과 같다. 첫째는 아내가 독극물을 준비한 경우, 둘째는 아내의 간음, 셋째는 음주, 넷째는 아내가 남편이 맡긴 열쇠를 몰래 복사한 경우다. 공화정 초기에 이혼은 남편의 특권이었고, 오직 남편만이 일방적으로 이혼을 청구할 수 있었다. 그러나 2세기 중반부터, 아내도 남편에게 이혼을 요구할 권리를 지니게 되었다. 그래서 공화정 말기와 제정기에는 이혼이 일상적 '다반사'가 되었다.

『아에밀리우스의 생애*Life of Aemilius*』라는 작품은 그 당시 이혼에 대한 동시대인들의 견해를 잘 대변해 주고 있다. 아에밀리우스는 그의 아내 파피리아와 왜 헤어지게 되었는지 질문을 받게 되었다. 그는 상대방에게 자신의 신발을 내보이면서, 이렇게 답변했다. "이 신발이 아름답지 않소? 이것은 분명 새 것이 아닌가요? 그러나 어느 누구도 이 신발의 어떤 부분이 나를 찌르는지를 제대로 설명해 줄 수는 없을 것이오. 어떤 사람들은 아내의 엄청난 과오나 실수 때문에 이혼하기도 하지만, 어떤 부부는 때로는 사소한 이유, 즉 세상 사람들이 잘 모르지만 시간이 경과할수록 점점 치유하기 힘든 기질이나 성격의 비非양립성 때문에 헤어지기도 한다오." 아에밀리우스의 이런 진술은 매우 시사적이다. 왜냐하면 이것은 개인주의 정신이 과거의 종교 · 사회적 혼인윤리와 어떻게 상충하고 있는지를 잘 보여주기 때문이다. 또 한 개인이 결혼을 통해 사적인 행복을 추구하는 것은 인간의 기본권리이며, 만일 결혼이 더 이상 개인적 목적에 부합하지 않을 경우에는 이혼할 수도 있다는 전제를 내포하고 있다. 또한 독립적이고 부유한 기혼여성들 역시 지루하고 불행한 결혼생활을, 과거 여성들처럼 그저 체념하고 참고 유지하지 않게 되었다. 때문에 이혼율이 급격히 증가했고, 아우구스투스 시대에는 이혼이 공공연한 스캔들이 되었다. 그래서 아우구스투스는 이혼율을 낮추기 위해, 레푸디움repudium이란 법을 시행했다. 이는 이혼을 원하는 남녀는 누구든지 간에 로마 시민들로 이루어진 7명의 증인 앞에서, 정식으로 결혼을 포기하는 절차를 따라야 한다는 법이었다. 그러나 이러한 법률 조항은 비록 로마 법률집에 거의 5세기 동안 명시되어 있었을지라도, 당시에 홍수처럼 범람하는 이혼율을 저지하는 데 별로 효과가 없었던 것으로 알려져 있다.

그래서 기원후 2-3세기경에 살았던 기독교 교부 테르툴리아누스는 다음과 같은 풍자적인 경구를 남겼다. "이제 이혼은 마치 결혼의 한 부산물처럼 여겨진다." 일반 시민과 마찬가지로 국가의 공직자 역시, 이혼을 별로 심각하게 여기지 않았다. 카이사르는 세 번째 아내인 폼페이아가 방종한 짓을 한 것 같다는 의심만으로 이혼했다.[77] 당대 제일의 지식인인 키케로는 자신이 오랫동안 후견인 역할을 했던 부유하고 어린 처녀와 다시 결혼하기 위해, 중년이 된 처 테렌티아와 이혼했다. 유명한 독재관 술라는 전쟁 기간에 자신을 위해 많은 공로를 세웠던 폼페이우스에게 보답하고 그의 지지를 미리 확보할 목적으로 자기 양딸인 아에밀리아와의 혼인을 제의했다. 그러나 폼페이우스는 기혼자였고, 당시에 그의 처인 안티스티아는 자신의 아버지의 사망으로 인해 커다란 상심에 잠겨 있었다. 게다가 문제의 아에밀리아는 술라의 네 번째 처인 메텔라의 전남편의 딸로, 이미 다른 남자와 결혼하여 임신 중이었다. 그러나 술라는 임신 중인 양딸을 이혼시키고 폼페이우스의 품에 안겨주었으며, 폼페이우스는 안티스티아와

77 | 폼페이아가 카이사르와 이혼하기 전에, 클로디우스라는 파렴치한 정치가가 그녀와 밀통하려고 카이사르의 저택에서 열린 여자들만의 제례에 여장을 하고 몰래 잠입했다가 발각된 적이 있었다.

이혼했다. 그러나 이 수치스러운 정략결혼은 매우 비극적인 결과를 낳았다. 폼페이우스의 전처인 안티스티아의 어머니는 딸의 불행을 비관하여 자살했고, 아에밀리아 역시 폼페이우스와 결혼한 다음 아이를 출산하다가 그만 숨을 거두었다. 이처럼 당시의 결혼은 순전히 정치적 · 경제적 이유 때문에 행해지는 경우가 많았고, 특히 결혼 목적을 달성했을 때에는 불과 며칠 만에 이혼하는 경우도 있었다. 그래서 티베리우스 황제는, 국가 공직을 얻으려고 선발되기 이틀 전에 결혼했다가(당시에 대부분의 국가 공직은 기혼남성에게만 자격이 주어졌다.) 그 다음날로 이혼해 버린 한 로마 재무관의 관직을 박탈해 버렸다. 세네카에 의하면, 그 당시에 로마 여성들은 자기 나이를 집정관의 재위기로 따지는 것이 아니라, 거쳐 간 남편들의 숫자로 따졌다고 한다. 여성들에게 항상 가혹했던 시인 유베날리스는 "결혼 화환의 꽃이 미처 시들기도 전에, 이혼하는 여성들이 있다."고 비난했다. 이는 물론 과장된 표현이나, 어느 정도 당시의 세태를 반영하는 날카로운 풍자라고 볼 수 있다.

기원전 19년경에 집정관을 지냈던 베스필라란 인물은 기원전 8년경에 아내의 묘비에 다음과 같은 글을 새겼다. "죽을 때까지 이혼하지 않고 그냥 사는 부부가 매우 보기 드문 요즘 세상에 우리의 결혼은 무려 41년간이나 행복하게 지속되었소. 당신은 나에게 충실하고 매우 복종적인 아내였소. 당신은 부지런히 실을 잣고, 또 국가와 가족의 종교의식에 충실히 참석했으며 당신의 가사는 만인의 모범이 되었소."[78] 이런 식으로 그의 아내에 대한 찬양은 계속 이어졌다. 다른 고대 묘비에서도 이와 같은 문구들을 발견할 수 있다. 그렇다고는 해도 이혼이 모든 사회계층에 만연했다고 단정 짓기는 어려울 것 같다.

해방노예와 귀부인들의 등장

정복전쟁의 결과, 사회 · 도덕적 생활뿐만 아니라 로마의 가정경제에도 상당히 많은 변화가 일게 되었다. 키케로(기원전 106-43)의 시대에도 대규모의 토지재산은 고관의 지위에 있는 로마 자유시민들의 가장 가치 있는 부로 인정되었다. 그러나 로마 공화정시대의 단순 · 소박했던 농업생활은 감찰관 카토(기원전 232-147)의 시절에 이미 붕괴되기 시작했다. 무역과 산업활동은 점차 자유평민들의 손에 넘어가게 되었고, 또 시간이 경과함에 따라 노예들의 손에 넘어가게 되었다. 그리하여 제정기에 무역과 산업은 모두 평민과 노예들이 전담했다. 노예들은 부유한 가정에 다양한 필수품들을 공급했고, 또 자유평민들은 상점에서 여러 가지 물건들을 판매했다.

이 당시에 재력 있고 사회신분이 높았던 로마인들은 대개 집을 두 채 이상 지니고 있었다. 즉 도시에 집 한 채, 또 시골에 별장 여러 개를 지니고 있었다.[79] 대저택인 경우에는 집안 관리를 위해 많은 일손이 필요했기 때문에, 시골의 대별장에 소속된 노예들은 '시골가족familia rustica'으로, 또 도시의 대저택에 소속된 노예들은 '도시가족familia urbana'으로 불렸다. 키케로 역시 당시 로마의 일류 저택지였던 파라틴 언덕에 호화로운 저택을 가지고 있었고, 별장은 10개도 넘게 가지고 있었다.

로마 제정기의 부유한 저택에서는 노동 분업이 잘 이루어져 있었다. 가

78 | Ludwig Friedländer, *Roman Life and Manners Under the Early Empire*, Vol. 4, New York, 1908-1913, pp.264-266.

79 | 소小플리니우스는 『서신*Letters*』에서 매우 세심하고 열광적인 태도로 라우렌티움에 있는 자기 빌라의 매력과 화려함을 묘사했고, 또 다른 서신에서는 토스카니에 있는 시골 별장의 미와 쾌적성을 자랑했다.

령 농업노예들은 쟁기, 파종, 추수 또는 올리브나 포도 재배 등 각 분야별로 매우 체계적으로 고용되어 있었다. 직조 담당 노예, 침실과 거실 담당 노예, 음식 전문 노예 등 분업의 예를 일일이 열거하자면 한이 없다. 많은 가문들에서는 자신들 소유의 재봉사나 방적공들의 솜씨를 자랑했다. 의사들도 고용되어 있었는데, 이들은 대개 노예이거나 자유민이 된 자들로 주인이나 가족들의 병 치료를 위해 미리 특수교육을 받은 자들이었다. 또 대저택에서는 개인 건축가, 비서, 사서, 음악가, 악사와 곡예사 등을 거느리고 있었고, 심지어 여주인에게 스토아나 에피쿠로스파의 철학을 가르치기 위해 고용된 철학자도 있었다. 그래서 그 당시 부유한 시민의 시골 저택은 휴식과 여가, 문화의 공간이며, 또 가족의 일상용품의 공급을 전담하는(즉, 외부 산업체나 공급 체제로부터 완전 독립된) 고도로 조직된 경제제도였다.

당시 해방노예라면 '벼락부자' 내지는 '벼락치기로 출세한 자' 들을 가리켰다. 그들은 상공업과 금융업 등 모든 직업에 진출하여, 일반 시민보다 더 적극적으로 재산을 긁어모았다. 네로 시대에 페트로니우스가 쓴 소설 『사티리콘*Satyricon*』에는 '트리말키오의 향연' 이란 대목이 나온다. 해방노예 출신으로 거부가 된 트리말키오는 자신의 개인 소유지에서 생산된 포도주만으로 많은 손님들을 접대했고, 아프리카에 갈 때는 오직 '자신의 영역' 에서만 항해하기 위해 시칠리아 섬을 몽땅 사고 싶다는 생각을 할 정도였다. 또 그의 소유지에서는 매일 남자아이 30명, 여자아이 40명이 태어난다고 기술되어 있다. 물론 소설이니까 어느 정도 과장이 있겠지만, 어쨌든 당시 대저택에 사는 부호들의 엄청난 살림 규모를 짐작하게 해 준다.

한편, 다수의 노예들은 여성들을 가사노동으로부터 해방시켜 주었다. 그래서 로마 제정기에는 다른 일은 전혀 하지 않고, 오직 미와 쾌락만을 추구하는 귀부인들이 등장하게 되었다. 그들은 온종일 몸치장을 하고, 저녁에는 서커스나 극장, 연회 등에 참석했다. 그러나 더 지적이고 능력 있는 귀부인들은 공허한 향락생활의 추구에 만족하지 않고, 간혹 정치권력을 추구하거나, 문학비평가 내지는 작가, 또는 기타 학문을 배우는 생도가 되었다. 처음에는 재산가 크라수스의 아내였으며 나중에는 폼페이우스의 아내가 된 코르넬리아는 아름다운 신체적 매력 외에도, 음악, 기하학, 문학 등의 우아한 소양을 갖춘 완벽한 귀부인 중 한 명이었다.

로마 귀부인들의 이러한 생활양식의 변화는 아트리움(안마당이나 중앙 홀)에서도 잘 나타난다. 예전에 아트리움은 가정활동의 중심 장소였으며, 부인이 노예나 아이들에게 둘러싸여 실을 잣거나 직물을 열심히 짜던 화기애애한 장소였다. 그러나 이제 노예들은 집의 좀 더 후미진 구석으로 물러나게 되었고, 가정의 화로 역시 더욱 사적인 장소로 옮겨졌다. 또 가정신들도 집의 중심부에서 밀려나, 특별한 성소(사크라리움sacrarium)로 옮겨지게 되었다. 예전에는 가정의 화로 근처에서 식사를 했으나, 이제는 여러 개의 식당을 옮겨 다니며 먹게 되었다. 이 시기에 아트리움은 단순히 손님들을 위한 접대실에 불과했다.

이렇게 부유하고 사회적 지위가 높은 여성들은 노예가 생산하는 물품의 소비자가 되었지만, 중산층과 저소득층 여성들은 여전히 집안 가사에 부지런히 종사했다. 그리하여 소박한 가문의 로마 남성들은 퇴폐적이고 문란한 제정기에도 여전히 근면하고 성실한 자기 아내의 덕성을 높이 기리고, 또 그녀의 죽음을 애도하는 묘비를 다음과 같이 세웠다. "그녀는 자기 남편을 무척 사랑했고, 또 그에게 두 명의 아들을 낳아 주었다. 단정한 말씨에 고상한 걸음걸이, 집안을 잘 지키고 항상 부지런히 베틀을 짰노라.

그것이 그녀에 대한 전부다. 그러니 부디 잘 가기를."

양육의 책임이 가정에서 학교로 넘어가다

가족생활과 가족에 대한 이상이 변모한 것처럼, 아이 양육에도 상당한 변화가 생겼다. 제정기에는 오늘날과 마찬가지로 아이 양육에 대한 책임이 부모보다는 교사와 하인들에게 더 많이 전가되었다. 기원후 1세기경에는 몰지각한 부모들에게 날카로운 비판이 가해졌다. 플루타르코스는 로마의 아버지들에게 부디 품행이 단정치 못한 여성들에게 아이들을 위탁하지 말 것을 신신당부했다. 출생 시부터 아이를 노예들에게 무책임하게 맡기지 말고, 가급적이면 직접 키울 것을 적극 권장했다. 그러나 만일 보모를 선정해야 한다면, 잘 훈련된 그리스 여성을 택하라고 권고했다. 왜냐하면 조기교육이 아이의 인성 발달에 중요한 영향을 미치기 때문이다. 부모들의 안이한 보모 선택에도 문제가 있지만, 부모 자신의 사치스러운 생활태도나 부적절한 언행에 대해서도 많은 문제점이 지적되었다. 어떤 도덕가는 다음과 같이 한탄해 마지않았다. "부디 우리들의 경거망동한 행동이 자라나는 아이들의 도덕성을 부패시키는 일이 없기를! 우리는 극도의 사치로 우리 아이들을 나약하고 무기력하게 만들고 있다."

포에니 전쟁 이래로 로마에서는 그리스식 교육이 지배적이었고, 또 교육의 중심도 가정에서 학교로 이동하기 시작했다. 그러나 가정의 협조 없이 이루어지는 학교교육은 벌써부터 많은 문제점을 드러냈다. 제정기에 여자아이의 교육은 주로 보모나 그리스 노예의 손에서 이루어졌다. 상류층의 여자아이만 지적 교육을 받았다. 교육은 주로 문학에 관한 것으로, 남자아이와 마찬가지로 언어 훈련과 그리스 · 로마의 시나 산문을 배웠다. 여자아이가 13세가 되면, 부모는 신랑감을 물색하기 시작했다. 19세의 미혼여성은 완전히 '노처녀'에 속했으며, 20세가 되어서도 합법적인 어머니가 되지 못한 여성은 아우구스투스의 율리아 법에 따라 상속을 제한받는 등 여러 가지 불이익을 당했다. 혼사가 이루어질 때 법률상으로는 본인의 동의를 구하는 조항이 있었으나, 실제로는 부모가 모든 것을 일방적으로 결정했다. 대체로 아이가 어릴 때 약혼이 이루어지며, 전문적인 결혼중매인이 이를 주선했다. 그래서 라틴어에는 영어의 '구애하다court' 또는 '청혼하다woo'에 해당하는 단어가 없다.

일단 결혼식이 끝나면, 원로원 계층의 기혼여성들에게는 상당한 자유가 주어졌다. 소녀 시절에는 아버지의 권력 밑에서 엄격한 교육을 받았으나, 일단 '마누스가 없는 결혼'을 하게 되면 남편에게도 별로 구속받지 않고 자유로운 생활을 영위할 수 있었다. 기혼여성들은 서커스나 연극, 연회 등에 참석하고, 또 같은 동료 귀족들과도 자연스럽게 어울릴 수 있었다. 이들은 또한 폐쇄적인 상류사회 클럽이나 일종의 특권단체 같은 길드를 형성했고, 또 가끔 황제로부터 직접 국가의 소사小事에 대한 자문을 요청받을 만큼 상당한 권위를 지니고 있었다.

4장

문화생활과 여가활동

공중목욕탕은 로마인의 예배당이다

끝으로 로마인의 일상생활에서 중요한 부분이었던 목욕탕을 살펴보기로 하자. 인생무상과 무욕을 중요하게 여긴 스토아 철학자이면서도 무역으로 큰 재산을 모았던 세네카가 원로원 의원의 피소 음모를 사전에 발각당해 죽어 간 곳도 바로 이곳이다. 그는 목욕탕에서 혈관 속에 독약을 주사해 넣고, 자신의 생명이 소멸되어 가는 상황을 서기에게 필기시키다가 죽었다.

로마의 공중목욕탕은 거대한 규모와 상이한 시설의 조합이라는 점에서 현대의 쇼핑 센터와 비교된다. 다신교를 신봉했던 로마인이 진짜로 숭배한 최고신은 바로 '신체'였고, 공중목욕탕은 그 예배당이 되었다. 카라칼라의 목욕탕은 거대한 규모나 장식 면에서 타의 추종을 불허했다. 이 목욕탕은 냉탕실, 온탕실, 한증실 외에도 큰 홀, 도서실, 점포, 경기장 등을 고루 갖추고 있었는데, 한 번에 1,600명을 수용할 수 있을 정도로 대단한

카라칼라의 목욕탕. 이 목욕탕은 냉탕실, 온탕실, 한증실 외에도 큰 홀, 도서실, 점포, 경기장 등을 갖추고 있었으며, 한 번에 1,600명을 수용할 수 있었다.

사교장이었다. 목욕탕은 사람들이 잡담을 하고 음식을 먹는 곳이며, 때로는 남녀가 탕 속에 잠겨 밀애를 즐기는 장소가 되었다. 다음은 목욕탕에 관한 흥미로운 연대기다.

- 55년에 목욕제한령이 공포되었다. 이 무렵 로마의 대목욕탕은 시민의 간통, 난교의 장소가 되어 버렸고, 매춘하는 여자 마사지사가 출현, 눈에 띄게 풍기가 문란해졌다. 이 때문에 목욕은 일주일에 한 번으로 제한되었다.
- 110-115년경에 로마의 대수도가 완공되었다. 수도관의 길이가 2,080킬로미터나 되고, 14개의 파이프로 하루에 10만 톤의 물을 대었다. 파이프 중간에 구멍을 뚫어 마음대로 사설수도를 끌어가는 매춘숙이나 공장이 속출하여 당국은 그 단속에 애를 먹었다.
- 290-295년경에는 로마의 공중목욕탕이 856군데나 되었고, 목욕 습관이 시민들 사이에서 정착되었다. 로마 시민은 소량의 목욕료를 지불하면 언제든지 목욕을 할 수 있었는데, 목욕료에는 몸에 바르는 올리브유 값, 서비스 요금이 포함되어 있었다.
- 401년에는 대목욕탕에 있는 금속제 기구들이 약탈당했다. 로마에 침입한 게르만인들은 아름다운 목욕통 따위는 쳐다보지도 않고 금속기구를 비틀어 빼내 가 버렸다. 그들은 목욕보다도 금속류로 무기를 만드는 일에 열중했던 것이다.

에필로그

고대 그리스 · 로마의 민중문화와 현대 역사가의 한계

•
•
•

지금까지 고대 그리스 · 로마인의 의식주와 가족생활, 여가활동 등을 간략히 살펴보았다. 그러나 너무 지나치게 상류층의 생활에만 치중했던 것 같다. 가령 기원전 5세기경에 아테네의 한 일일노동자는 아침에 무엇을 먹고, 어떤 옷을 입었으며, 또 어떤 집에서 생활을 했는가? 로마인의 가장 중요한 일상적 관심사는 무엇이었는가? 평범한 소시민인 그는 과연 어떤 방식으로 먹고 연애하고 직장 동료들과 교제했으며, 주로 어떤 선술집의 단골손님이었는가? 로마 제정기의 하층 노동자들의 사교성을 가장 잘 반영해 주는 공공장소는 어디인가?

그렇지만 역사가의 간절한 희망과는 달리, 역사의 실질적인 하부구조를 차지하는 대다수 민중들의 실생활을 '있는 그대로' 서술하기는 어렵다. 선사시대 이래로 모든 역사 서술은 문자와 기록문화로 이루어져 있다. 과거에는 소수 특권층이나 전문적인 종교계층이 문자를 독점하고 있었기 때문에, 오늘날까지 현존해 있는 기술자료들은 '엘리트 계층의, 엘리트 계층에 의한, 엘리트 계층을 위한' 것들이 거의 대부분이다. 그래서 현대의

한 민중사가는 엘리트 계층을 가리켜, "문자라는 가공할 만한 무기를 휘두르는, 민중과 민중사가의 적"이라는 극단적인 표현을 쓴 적이 있다.

자기들이 소속된 계급에 대한 자부심이 유달리 강한 엘리트 계층은 자기들의 기록을 가장 많이 남겼으며, 대다수 민중들에 대한 기록은 그리 많이 남기지 않았다. 또 그들의 기록은 계급적인 편견을 상당히 많이 반영하고 있다. 이 엘리트 계층이 대중에게 가졌던 뿌리 깊은 불신과 경멸감은, 노동자들이 어느 정도 독자적인 하위문화를 이룩했던 19세기 말까지도 계속 이어진다. 가령 18세기 도덕적 관찰자인 레티프Rétif de la Bretonne는 『파리의 야경』에서 다음과 같이 적고 있다. "모든 문인들 중에서 유독 나만이 민중을 자세히 알고 있다. 나는 그들과 직접 섞이는 가운데, 그들을 생생히 묘사하고 싶다. 나는 올바른 사회질서의 보초가 되기를 바란다. 나는 그들의 모든 해악을 살펴보기 위해, 몸소 천민계급 속으로 내려갔다."

그러나 그동안 줄곧 엘리트 계층으로부터 무시당해 온 민중문화는 결코 수동적이거나 사회로부터 소외된 현상이 아니며, 그 자체대로 고유한 논리성을 지니고 있다. 또 많은 소小군상들로 이루어진 인류의 희노애락이라는 거대한 드라마를 이해하려면, 반드시 이런 민중문화의 본질을 정확히 파악해야 한다. 예를 들면, 네로 시대의 로마 시에는 네로 한 개인뿐만 아니라, 100만여 명의 로마 대중이 함께 숨 쉬고 생각하며 활동하고 있었다.

민중을 좀 더 심층적으로 잘 이해하기 위해, 현대 민중사가가 걸어야 할 길로는 다음의 세 가지를 들 수 있다. 첫째, 동시대의 도덕적 관찰자들이 남겨 놓은 자료를 이용한다. 가령 헤시오도스의 『일과 나날』은 당시 소시민의 생활을 알리는 자료로, 고대에 아주 보기 드문 귀중한 생활기록이다. 또 로마 시인 유베날리스의 기록 역시, 당시 로마인의 생활상을 알려주는 소중한 사료다. 둘째, 도시적 성격을 지닌 첫째 자료들을 하위집단의 유형학과 서로 비교 · 대조한다. 셋째, 여러 가지 원사료(공증 자료, 목격담)나 고고학적 자료를 이용하여, 서민층의 물질문화를 독자들에게 제시한다.

현대 민중사가인 로베르 뮈샹블레Robert Muchembled는 프랑스의 기술문화 전통에 거의 본능적인 불신감을 품고 있다. 그는 『근대 프랑스의 민중문화와 엘리트 문화(15-18세기)』라는 저서에서, 제목과는 달리 엘리트 문화에 대해서는 거의 한마디도 언급하지 않는다. 그렇다면 20세기 대중매체 또는 대중문화시대에 과거의 소수 엘리트 문화는 시대착오적인 골동품이거나 폐기처분의 대상인가? 그러나 민중들이 정치무대에 최초로 대거 등장했던 1789년 이래 점차 새롭게 각광받기 시작한 민중문화와 마찬가지로, 기존의 엘리트 문화 역시 그 나름대로 존재 이유가 있다. 즉, 그리스나 로마라는 한 시기를 풍미했던 일반 문화를 전체적으로 명확하게 이해하려면, 민중과 엘리트 양 계급의 생활문화에 대한 지식이 기본적 요건으로 구성되어야 한다.

심지어 오늘날에도 엘리트 문화와 대중문화의 구분이 완전히 사라진 것은 아니다. 현재 미국에서 고급문화는 오페라나 요트를 즐기는 부유층 문화와 연결되어 있다. 원래 상층 권력을 구성하는 영역은 갈등의 장이며, 일반적으로 사회의 가장 강력한 구성원들은 '문화적 의미체계'에 가장 강력한 영향력을 행사하는 자들이라고 할 수 있다. 그러므로 어느 사회에서나 사회의 유력층들이 '고등문화'를 정의하는 특권을 향유하는 경향이 짙다.

본서에서는 주로 제2차 기술자료를 이용한 관계로, 소위 E.H. 카가 명시한 역사의 항구적인 본질인 '과거(원사료)와 현재(역사가)의 대화'를 거의 간접적인(?) 방식으로 해결할 도리밖에 없었다. 또 이미 언급한 대로 상류층의 생활문화 기술에만 치중한 나머지, 양자 간의 균형을 제대로 잡지 못했다. 그리고 어떻게 상류층 문화가 '문화 접변'을 통해 하류층에게로 전달되었는지, 그 과정에 대한 해명이 거의 이루어지지 못했다는 아쉬움이 남는다.

본서에서는 단지 고대 그리스·로마인의 일상생활을 '스케치하듯' 서술하고 있기 때문에 마치 신사학의 기수인 현대 민중문화사가들이 경멸해 마지않던 '전통사학으로의 복귀' 같은 구태의연한 인상을 던져 주고 있다. 이에 지금까지 언급한 민중문화와 엘리트 문화의 기술과 방법론상의 문제, 또 사료의 한계성에 이어, 그리스·로마인의 일상을 연구할 때 염두해야 할 점을 정리해 보기로 한다.

첫째, 우리가 그리스 없는 로마 문명을 도저히 생각할 수 없을 정도로, 그리스 문명이 로마인에게 미친 지대한 영향을 고려해야 한다. 로마인의 의식주생활, 또 가정생활에서도 모두 예외 없이 그리스인의 숨결이나 체취, 사고방식이 물씬 배어나고 있다. 그리하여 그리스를 무력으로 정복한 이는 로마인이었으나, 그리스인의 '문화적 식민주의'에 의해 역으로 지배당한 이는 오히려 정복자인 로마인이었다. 그러나 로마인들 역시 식민지 확장에 의한 국력 신장에 따라, 나름대로 독자적이고 실용적이면서도 한편으로는 사치스러운 문화를 개발해 나갔다.

둘째, 고대 의식주는 단순한 일상사의 차원이 아니라, 제식적이고 위계질서적인 성격이 강하다는 점에 주목해야 한다. 프랑스 가족사가家族史家 장-루이 플랑드랭Jean Louis Flandrin에 의하면, 바야흐로 평등사회가 도래하기 이전의 전통사회에서는 모든 구조(국가, 사회)가 위계질서적인 가족체제를 중심으로 이루어져 있었기 때문에, 가족에 대한 기본적인 이해 없이는 결코 고대 사회를 이해할 수 없다. 가령 고대의 유력한 씨족들은 그 힘이 어찌나 강성했던지, 그들의 씨족만으로도 능히 외국과 전쟁을 할 수 있었다. 그 예가 앞에서 언급한 적이 있는 파비우스 씨족인데, 이들은 기원전 479년에 에트루리아인과 싸울 정도로 강성했다. 그러므로 우리는 고대인의 가부장제적 가정을 체계적으로 살펴봄으로써, 비로소 고대 사회의 국가 구조를 제대로 이해할 수 있다.

셋째, 여성의 지위와 관련하여 우선 그리스 민주정의 꽃이었던 아테네의 여성의 '낮은' 지위 문제, 또 공화정시대와 제정시대의 로마 여성의 지위 변화에 주목할 필요가 있다. 이미 살펴본 대로 로마 제정기의 기혼여성들은 초기 공화정시대의 조상들보다는, 오히려 20세기에 해방된 미국 여성들과 공통점이 많았다. 역으로 초기 영국의 관습법commom law 밑에 있었던 미국 여성들도, 초기 공화정시대의 로마 여성들과 마찬가지로 합법적 · 경제적 · 교육적 · 개인적인 권한 등을 많이 제약받았다. 여성의 지위는 국력의 척도다. 그러나 국력의 최성기에 이루어진 로마의 여성해방은 구체적인 사회개혁이나 여성인권운동과 관련된 것이 아니라, 그 시대의 해이와 방종의 산물이었다는 한계성을 지닌다.

넷째, 사회적 불평등 문제에 주목해야 한다. 형평의 원리에 따른 부의 재분배는 어느 나라, 어느 시대를 막론하고 가장 중요한 문제 중 하나다. 그리스 · 로마 역사를 통해, 우리는 대체로 양 국가의 번영기에 오히려 빈부 격차가 심화되었다는 사실을 알 수 있다. 가령 로마의 전성기인 제정기의 귀족주택을 살펴보면, 통풍이 잘 되고 위생적이며 개인목욕탕과 화장실이 설치되어 있고, 또 겨울에는 더운 공기를 방바닥으로 보내어 방을 따뜻하게 하는 온돌방 시설까지 갖추고 있는 등 20세기 이전에 온대지방에서 건설된 그 어떤 주택보다도 넓고 편안했다. 그것은 주택건축의 승리였다.

그러나 로마의 임대주택은 난방 시설과 하수도, 화장실이 없었으며 요리를 하기에도 부적당했다. 모든 시설물이 빈약했고, 좁은 공간에 많은 사람들이 모여 살았으며 다층인 건물 자체가 매우 조악했다. 또 자주 발생하는 화재에 대비한 안전출구조차 제대로 마련되어 있지 않았다. 이런 건물과 거기에 사는 인간들이 바로 로마 제국의 핵심을 이루고 있었다. 즉, 세계를 정복했다고 자랑하는 로마 제국의 주 구성원 대부분이 이처럼 시끄럽고 공기가 제대로 안 통하고, 또 악취를 풍기며 전염병이 우글거리는 지역에서 인정머리 없는 지주에게 바가지 임대료를 지불하면서 살고 있었다. 또한, 빈민층에게서 매일 야유와 폭행을 당해 성질이 거칠고 잔인해진 지주들 역시 탈출구를 필요로 했다. 결국 이 탈출구에 대한 욕구는 인간의 잔인성을 더욱 가속화시켜 로마 시에서는 학대와 죽음의 끊임없는 사육제가 벌어졌다. 우리는 이러한 사육제를 위해 마련된, 무산계급의 주요한 오락 시설로 광장, 원형 극장, 목욕탕을 들 수 있다.

그러므로 소위 '로마의 평화' 시대는 격심한 빈부 격차, 중소 농민층의 몰락, 로마로 몰려든 빈민층 문제, 노예제도의 위기 등 공화정 말기 이래 로마 사회가 안고 있는 여러 가지 모순점들을 해결한 바탕 위에서 이룩된 진정한 평화나 번영이라기보다는, 오히려 그러한 모순에 대한 불만이 로마의 강력한 군사력과 교묘한 행정력에 의해 억제됨으로써 유지된 평화요, 번영이었다. 그라쿠스 형제의 개혁이 실패한 이래, 그러한 사회적 모순을 구조적으로 해결하려는 근본적인 대책은 마련되지 않았다. 그리하여 그리스 참주들이 이미 선례를 보여 준 바 있는, 민중에게 '빵과 서커스'를 제공하는 인기정책이 판을 치게 된다. 그러므로 로마는 최고 절정에 달했을 때, 이미 그 어수선한 영광 밑에는 침체의 그림자가 드리워져 있었다고 해도 과언이 아니다.

III

기독교로 무장한 중세인

짧게 쓰는 중세사

중세 유럽 문명은 그리스 · 로마의 문화 유산을 바탕으로, 기독교와 게르만족이라는 새 요소를 결합해 이루어졌다. 그러나 중세는 다음 몇 가지 면에서 고대 문명의 단순한 연장선이 아니었다. 로마가 이룩한 지중해적 통일성이 깨진 것, 여러 민족들의 대이동으로 인해 유럽 대륙이 새 공동운명체가 된 것, 로마 가톨릭 교회와 그리스 정교회의 단절현상 등. 그렇다고 해서 중세가 과거와의 결정적인 단절을 의미하지도 않는다. 이러한 측면과 함께 다음 세 전제에 유념하면서 중세인의 생활문화를 살펴보기로 하자.

첫째, 서구 문명의 정신적 지주인 기독교가 활발한 교구 활동을 기반으로 중세인들의 전 생애, 즉 '요람에서 무덤까지', 더 나아가 사후까지 보장했으며, 이를 통해 중세인들의 영육을 총체적으로 지배했다는 측면을 고려한다. 교회의 피라미드형 교구 조직은 중세인의 뇌리 속에 반영구적으로 각인되었다. 그래서 가령 프랑스 혁명 이후에도 행인에게 길을 물으면 근대적 행정조직인 '아무개 구역'이 아니라, '아무개 교구'로 대답하는 경우가 비일비재했다.

그러나 우리는 한편으로 '서구는 진정으로 기독교화했는가?' 라고 역으로 질문을 던질 수 있다. 비록 목적과 이상은 서로 달랐지만, 교회가 권력을 장악했던 방식은 중앙정부기관을 우선 장악했던 볼셰비키 작전과 유사하다. 볼셰비키 혁명가들은 왕실궁전과 라디오국局을 장악했던 반면, 교회는 왕의 양심을 장악하고 또 왕을 통해 왕국의 통신수단을 독점했다. 교회의 세속권은 항상 '위' 로부터 부과되었다. 우리는 서구가 기독교화되는 과정에서 동로마 황제 콘스탄티누스의 개종, 프랑크 왕국의 클로비스의 개종, 또 켄트 왕인 에델버트의 개종이 결정적인 역할을 했음을 결코 간과할 수 없다. 이처럼 몇몇 정부 수뇌들을 포섭함으로써, 권력이나 영향력을 일시에 장악하는 방식은 예수회나 도덕 재무장파Moral Rearmament에 의해 다시 재현된다. 여기서 브로델이 말한 '문화의 상대적인 이분법', 즉 물질문명세계에 나타난 부자와 빈자들의 문화적 이원주의를 적용할 수 있다. 지배층의 상부 이데올로기였던 기독교가 대다수 민중들의 실생활에 미친 영향은 무엇인가? 민중사가 뮈샹블레는, 기독교가 유 · 무형으로 미친 영향력의 구체적인 실체를 '기독교화된 민속주

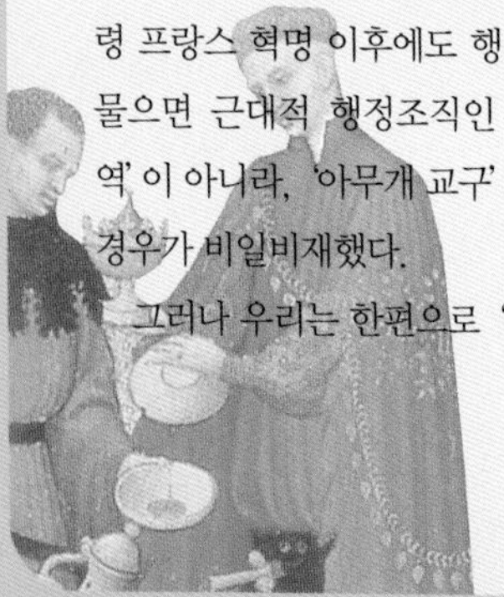

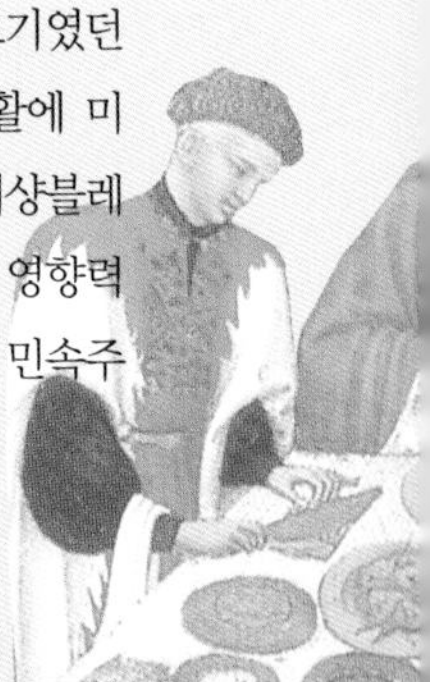

의Folklorisme christianisé' 또는 '민속화된 기독교주의Christianisme folklorisé' 라고 표현했다. 우리는 이처럼 기독교라는 거대한 주제를 중심으로, 엘리트 문화와 민중문화의 이분법을 살펴보기로 한다.

둘째, 기독교문화의 보편성과 각국 민족문화의 개별성을 고려한다. 특히 가족생활에서 초기 기독교 교부들의 결혼관을 중심으로, 기독교문화의 획일주의와 게르만족의 고유한 민족문화의 정반합 과정을 살펴보기로 하겠다.

셋째, 중세에서 가장 주목해야 할 사항은 바로 자유의 공기를 상징하는 중세 자치도시의 출현이다. 인구 백만 명을 자랑했던 매머드형 고대 로마 도시와 달리, 중세 도시들은 규모가 작았다. 대개 인구가 5천에서 5만 명 정도고, 10만 명 이상의 대도시는 파리, 베네치아, 팔레르모 정도였다. 그러나 도시민들은 중세 농경사회에서 비록 '심지도 거두지도 않았지만', 상업활동에 종사하며 맹렬히 부를 축적하고, 또 국왕이나 영주를 상대로 하여 집단적인 자치권을 확보했다. 그래서 도시는 과거 어느 문명권에서도 찾아보기 어려운 역동적인 경제문명, 즉 자본주의의 산실이 되었다.

연대	주요사건
AD 481	메로빙거 왕조가 성립되다.
486	프랑크 왕국이 건설되다.
493	테오도리크가 이탈리아에 동고트 왕국을 건설하다.
496	클로비스가 가톨릭교도로 개종하다.
527	동로마 황제 유스티니아누스 1세가 즉위하다.
529	성 베네딕투스가 몬테카시노에 수도원을 개설하다.
590	그레고리우스 1세가 교황권을 확립하다.
626	성상숭배금지령이 선포되다. 동로마 황제와 교황파의 논쟁이 시작되다.
732	투르-푸아티에 전투에서 카를 마르텔이 사라센군을 격파하다.
751	카롤링거 왕조가 성립되다.
771	샤를마뉴 대제가 모든 프랑크 왕국을 통일하다.
843	베르됭 조약으로 프랑크 왕국이 3개로 분할되다.
845	노르만인이 동서 프랑크에, 데인족이 잉글랜드 각지에 침입하다.
870	메르센 조약으로 현재 독일, 프랑스, 이탈리아 영역이 확정되다.
871	앨프레드 대왕이 즉위하다.
910	클루니 수도원이 건설되다.
962	오토 1세가 신성 로마 제국의 기원인 로마 제국을 재부흥시키다.
987	카롤링거 왕조가 단절되다. 카페 왕조가 성립되다.
1066	노르망디 왕조가 성립되다.
1096	제1회 십자군전쟁.
1154	플랜태저넷 왕조가 성립되다.
1215	영국 존 왕이 마그나 카르타를 승인하다.
1296	프랑스의 필리프 4세와 교황 보니파키우스 8세가 충돌하다.
1302	필리프 4세가 삼부회를 소집하다.
1337	영국과 프랑스 사이에 백년전쟁이 발발하다.
1347	페스트가 퍼지다. 인구가 격감하다.
1358	프랑스에서 자크리의 농민반란이 일어나다.
1381	영국에서 와트 타일러의 농민반란이 일어나다.
1419	독일에서 후스 전쟁이 발발하다.
1429	잔 다르크가 영국군을 격파하다.
1434	메디치가의 코시모가 피렌체 시정을 장악하다.
1453	동로마 제국이 멸망하다. 프랑스군의 승리로 백년전쟁이 끝나다.
1455	영국에서 장미전쟁이 발발하다.
1485	장미전쟁이 종결되다. 튜더 왕조가 성립되다.

1장

의식주생활

흔히 중세 유럽을 '암흑기'라고 일컫는다. 그것은 아마도 고대 로마 문명이 급격히 쇠퇴하고 난 뒤에 이어진 중세 천 년이, 새로 탄생하게 될 '빛의 아이(근세)'를 준비하는 모태처럼 어둡고 침침한 자궁기子宮期였기 때문일 것이다. 실제로 중세 유럽은 끊임없는 시련 속에서 낮과 밤을 이어 간다. 초기 유럽은 동방의 실력자 사라센 제국을 비롯하여, 아시아인들의 끊임없는 침공을 견디면서 자구책으로 지방분권적인 봉건사회를 점차 형성해 나갔다.

정복자 게르만족, 갈로-로마인의 식탁문화에 홀리다

초기 중세인들의 식생활을 살펴보기로 하자. 아시아 유목민 훈족의 침입은 프랑스의 선주민先住民인 갈리아족을 절망과 기근상태에 빠뜨렸다. 또 각 지역의 도시 주민들에 대한 대량학살과 폭행이 있은 뒤에는, 어김없이

재미있는 토막이야기

갈리아인들의 식사 풍경

장례용 석비石碑에 새겨진, 갈리아인들의 식사 장면을 좀 더 가까이서 살펴보기로 하자. 상 다리가 3개 달린 작은 테이블 주변에 놓인 등받이 없는 의자에 두 명의 남성과 한 명의 여성이 앉아 있다. 그리고 하녀가 선 채로 옆에서 시중을 들고 있다. 식탁보 위의 긴 쟁반에는 가금류가 먹음직스럽게 담겨 있다. 벽의 선반에는 손잡이가 달린 커다란 병과 항아리, 상자와 손잡이가 달린 큰 잔이 놓여 있다. 그리고 조각의 맨 밑부분에는 귀여운 강아지의 머리가 보인다. 한 명의 남성이 여성에게 어서 식사를 하라고 부드러운 손짓을 하고 있으며, 또 다른 남성은 손에 물잔을 쥐고 있다. 갈리아인들은 매우 독한 알코올 음료를 즐겼다. 포도주는 상류층의 음료였고 서민들은 대체로 맥주를 즐겼다.

커다란 방화가 뒤따랐다. 그러나 어떤 북방 게르만 민족의 이주는 매우 더디고 거의 폭력 없이 이루어지기도 했다. 어떤 유목민들은 친절하게도 토착민이 은신하고 있는 도시를 피해, 이미 약탈로 황폐해진 농가에 일시적으로 거주하다가 그냥 떠나가는 경우도 있었다. 이 와중에 농토는 거의 초토화되었고, 기근이 주기적으로 찾아왔다. 산업과 상업도 쇠퇴했다. 이러한 격동기에도 불구하고 로마화된 갈리아인, 즉 갈로-로마인들Gallo-Romans은 그럭저럭 생활을 영위해 나갔다.

상류층들은 과거와 마찬가지로, 어마어마한 대형 은제식기에 담긴 요리들이 줄지어 나오는 음식의 대향연을 즐겼다. 또 과거와 마찬가지로 악사의 연주나 노래에 귀를 기울이고, 직업 댄서의 세련된 춤을 즐기면서 화려한 꽃으로 장식된 산해진미를 음미했다. 그들은 정복자들을 속으로 무

만찬 장면. 다른 시대의 상류층과 마찬가지로 중세의 상류층들도 대형 식기에 담긴 산해진미를 마음껏 즐겼다.

척 경멸했으며, 일부러 성대한 주연을 자주 베풀어 적들의 눈을 휘둥그레지게 했다. 사실상 이러한 외부적인 과시도 일종의 문화 전달 방법이다. 갈로-로마계 귀족으로 오베르뉴의 사교가 · 정치가였던 시도니우스 아폴리나리스Sidonius Apollinaris는 게르만인을 철저히 혐오했다. 그래서 그는 "장발의 무리 사이에 끼어 앉거나, 게르만어를 들을 줄 아는 것을 자랑으로 생각한다든지, 대식한 부르군트인이 악취를 풍기는 버터를 머리털에 바르고 목청을 돋우어 노래하는데도 좋은 체"하는 일은 딱 질색이라고 하면서, "아침부터 그들(게르만인)의 입에서 풍기는 마늘이나 파 냄새를 맡지 않는다면 얼마나 좋을까!"라고 친구에게 서신을 썼다.[80] 그러나 이러한 갈로-로마인들의 식도락적 과시나 문화적인 자부심도 잠시뿐이고, 시간이 경과함에 따라 그들의 생활은 점차 궁상에 쪼들리기 시작한다.

흔히 게르만 민족의 대이동시대는 미국 서부의 개척시대에 비교된다. 그러나 양자의 차이점은 다음과 같다. 즉 서부의 개척민의 경우는 주로 처녀지를 개척한 것이었으나, 게르만인의 경우는 자기네보다 문화 수준이 훨씬 더 높고 수적으로 훨씬 더 많은 로마인, 갈로-로마인 및 그 밖의 다른 로마계 주민의 토지에 침입한 것이다. 그래서 그동안 늘 변방의 찬밥 신세였던 게르만 민족들은 병들어 있던 늙은 제국 로마를 대신하여, 유럽사의 갱신을 떠맡게 된다. 그러나 정복자 게르만 민족은 문화적으로 다시 정복당하게 된다. 원래 다신교의 신봉자였던 게르만인들이 로마계 기독교 문명을 수용한 것이 그 대표적인 예다.

게르만인들은 보통 주변에 튼튼한 울타리를 치고 깊은 해자垓子를 파서

80 | 장문평, 『교황 시대의 낮과 밤』, 컬러판 대세계사 5권, 조의설 감수, 현암사, 1971, p.39.

요새화된 커다란 농가에 틀어박혀 지냈다. 이것이 바로 중세 장원의 시초다. 그들은 벽에 석회를 바른 방에서 등받이가 있거나 없는 걸상에 앉아 식사를 했다. 테이블은 나무로 조잡하게 만들어진 것이었고, 물건을 담는 궤짝이 가구를 대신하는 경우가 많았다. 그들이 먹는 음식은 단순하고 조잡하기 이를 데 없었다. 숲에서 직접 사냥해서 잡은 야생고기 외에도, 그들의 소유지에서 기르는 닭과 거위류, 돼지, 말, 낙타 등은 좋은 식량감이 되었다.[81] 고기는 대체로 굽거나, 마늘과 양파를 잔뜩 넣은 스튜 요리를 만드는 데 이용되었다. 게르만인들은 잠두나 완두콩, 렌즈 콩을 좋아했다. 또한 그들은 기본적인 주식으로 거친 귀리죽을 상용했다. 그러나 그들이 갈리아 지역에 정주하게 됨에 따라, 식생활 교류가 활발하게 이루어지게 된다.

게르만인들은 푸른 양배추와 붉은 양배추를 최초로 시식하게 되었다. 그러나 그들을 거의 황홀경에 빠지게 한 것은 바로 포도주의 발견이었다! 게르만인들은 무력을 동원해서 갈로-로마계 주민들을 힘들게 정복했지만, 포도주는 이처럼 부드럽게 혈관을 타고 야만인들을 쉽게 정복한 것이다. 이미 앞에서 설명한 대로, 유럽 포도주의 주창자라고 할 수 있는 그리스인들은 시칠리아나 남부 이탈리아 지역에 포도를 전파했다. 그리스인들을 통해 포도 경작법을 알게 된 로마인들은 자신들을 정복한 갈리아인들에게 이를 다시 전달하는 매개체 구실을 했다. 난생 처음 포도주를 마시게 된 게르만인들은, 이처럼 경이로운 신의 술 포도주를 자유자재로 생산

81 | 그 당시에 유럽에서 낙타는 집짐승으로 길들여지기 시작했으며, 낙타 털은 캠릿(낙타와 앙고라 털로 짠 가벼운 모직물)이라는 거친 모직물을 짜는 데 사용되었다. 게르만인들은 낙타고기를 높이 평가했다.

생선을 굽고 동물을 잡는 모습과 포도주를 마시는 모습. 게르만족의 대이동은 단순하고 조잡했던 게르만족의 식탁을 풍요롭게 변화시켰다.

해 낼 수 있는 갈로-로마인들을 한없이 부러운 눈초리로 바라보았다. 게르만인들은 피정복민들을 점차로 흉내 내어, 그들의 농경기술을 배우기 시작했다. 그래서 단지 농가에서만 자주 볼 수 있는 풍경이었던, 두 민족

포도 수확 장면. 정복자 게르만족은 피정복자 로마인의 문화에 오히려 빠져들었다. 그 예 중 하나가 바로 포도주의 생산이었다.

간의 평화로운 공존 요소가 하나둘씩 성립되기 시작했다.

이 중에서 우리가 가장 주목해야 할 부족은 바로 프랑크족이다.[82] 그 당시 각 부족의 지도자나 왕들은 요새화된 소유지에 정착하려는 야심을 가지고 있었다. 소유지에는 대체로 채마밭, 과수원, 양어지養魚池, 포도주를 저장하는 지하저장실, 방앗간 등이 있었다. 주방은 항상 넓었고 일반적으로 주거지역과 독립되어 있었다. 주방은 식당으로 이용되었고, 또 하인들이나 농노들의 집회장소이기도 했다.

게르만인들은 이제 서로 앞 다투어, 선진 갈로-로마인들의 발달된 생활양식을 채택했다. 그들은 이제 식전과 식후에 청결하게 손을 씻을 줄도

82 | 문제의 프랑크족은 역사가들의 기록에 전혀 오르지 않다가, 3세기 중엽에야 겨우 문헌에 나타나기 시작한다. 그 무렵의 프랑크족은 각 지족支族 족장들의 연합체였고, 그 중심 세력은 지금 투르네 일대의 살리족이었다. 5세기 말, 살리 프랑크족에서 클로비스란 걸물이 출현하여 프랑크족 전체를 통일하고, 메로빙거 왕조의 막을 올렸다.

재미있는 토막이야기

중세의 다양한 음식재료와 저장법

중세의 성 안 주방은 매운 양념으로 잔뜩 조미한 고기의 고약한 냄새가 진동을 했다. 당시에는 냉동 시설이 발달하지 않았기 때문에 더운 기온에 상하거나 부패한 고기의 맛을 은폐하기 위해 향료를 듬뿍 사용했다. 왕에게 음식을 갖다 바치기 전에 요리사는 혹시 독이 들어 있는지를 가려내기 위해, 항상 자기가 만든 요리를 의무적으로 시식해야 했다. 그래서 중세의 요리사는 결코 쉬운 직업이 아니었다.

대체로 북유럽인들은 소와 양을 주식으로 했고, 남유럽인들은 과일과 신선한 채소, 요리용 풀들을 먹었다. 또 그들은 버터보다 올리브유를 요리에 사용했다. 간혹 6품 요리가 제공되는 연회가 열렸는데, 이때는 특정 유명인이나 부호들만 초대한 것이 아니라, 일종의 '자선의 의미'로 만인을 초대했다. 초대된 이들은 엄격하게 식사예의를 지켜야 했다. 회식자들은 스푼과 나이프, 또 딱딱하고 굳은 빵조각으로 된 둥근 접시를 사용했다. 이 빵 접시는 닭이나 칠면조, 기타 육류요리에서 흘러나오는 육즙과 국물을 스펀지처럼 빨아들이는 작용을 했다.

음식은 여러 가지 방법으로 저장되었다. 고기와 생선은 훈제시키거나 말려서 보관했고, 과일이나 채소는 소금물이나 초 따위에 푹 절였다. 겨울철에는 고기를 커다란 나무통에 넣고 소금에 절였는데, 때로는 고기와 과일을 커다란 통 속에 함께 넣어 보관하는 경우도 있었다. 부엌에서 가장 따뜻한 장소는 바로 장작불이 활활 타오르는 화덕이 있는 장소였다. 장원은 대체로 자급자족 경제체제였기 때문에, 꿀벌을 직접 치기도 했다. 꿀은 음식이나 음료를 달게 하는 데 쓰였다. 또한 커다란 성에는 양어지와 과수원, 널따란 포도밭까지 딸려 있었다.

알았다. 또 한편으로 그들은 호화로운 금은식기에 거의 광적일 정도로 열중했다. 그것을 얻기 위해 적은 물론이고 심지어 피를 나눈 부모나 형제조차도 해하는 경우가 있었다. 그 당시에는 실로 많은 공포담이 난무했다.

그것은 다름이 아니라 은제품의 약탈에 얽힌, 그야말로 처참하고 잔인하기 이를 데 없는 무용담들이었다. 궁정에서는 비잔틴의 초호화판 궁중예절을 흉내 내기 시작했고, 또 일종의 에티켓이 탄생하여 후대까지도 계속 전해졌다.

대체로 왕실 식당은 세 개로 구분된다. 먼저 왕실 가족용, 둘째는 궁정 관리용, 셋째는 손님 접대용이다. 궁정의 객실식당에는 항상 방문객들이 들끓었고, 그들은 결코 맨입으로 돌아가는 법이 없었다. 부득이 식사를 거르게 되는 경우에는, 하다못해 왕의 건강을 위해 축배라도 들어야 했다. 프랑크족은 특히 돼지고기를 좋아했는데 당시의 많은 기록들이 이를 증명해 준다. 566년에 랭스의 주교인 마피니앙Mappinien은 메츠의 주교인 동료 빌리퀴Villicus에게 아주 긴 서신을 보냈다. 서신의 동기는 다음과 같다. "부디 자비를 베풀어서 우리에게 메츠 지방의 돼지고기 시세를 알려 주시기를 간청합니다." 또한 유명한 '질투덩어리' 였던 프레데군트Fredegund(불어 명으로는 프레데공드)는 넥테르를 교수형에 처하기 위해, 단지 그가 힐페리히 1세의 식료품 저장소에서 소중한 햄을 몰래 훔쳤다고 고발하기만 하면 되었다.[83]

최초의 위대한 '식탁의 왕' 은 바로 거대한 통일제국을 이룩한 프랑크 왕국의 샤를마뉴 대제였다. 그는 당당한 대장부였고, 또 거대한 체구에 잘 어울리는 왕성한 식욕의 소유자였다. 그는 노쇠해진 때에도 자신의 건강법을 엄격히 지켰다. 그러나 주치의가 식이요법을 권고했을 때 그는 몹시

83 | Henriette Parienté & Geneviève de Ternant, *Histoire de la cuisine française*, Editions de la Martinière, 1994, p.69.

재미있는 토막이야기

샤를마뉴 대제의 학구열

전설적인 아서 왕과 비견될 만큼, 모든 기독교 왕국에서 가장 훌륭한 모범을 보여 준 이는 바로 샤를마뉴 대제였다. 용맹스러운 전사였던 그의 무용담은 후세에 아주 풍성하고 쫄깃쫄깃한 이야깃거리를 제공했다. 샤를마뉴 대제는 742년에 태어났으나, 출생지는 정확하게 알려지지 않았다. 그는 게르만인의 피를 이어받았고, 투박한 게르만어를 사용했다. 건장한 신체, 대단한 용기와 자기 민족에 대한 자긍심을 가지고 있었으며 또 매우 단순한 성격의 소유자였다. 그는 학문을 적극 장려했으나 실제로 책에 대한 지식이 많은 편은 아니었다. 아주 적은 소량의 책을, 그러나 아주 훌륭한 책들을 읽었다. 그는 수사학과 변증법, 천문학을 배웠으며, 특히 말년에는 작문에 가히 영웅적인(?) 노력을 쏟았다. 전기작가 아인하르트Einhard에 의하면, 대제는 심지어 베개 밑에 서판을 두고 쉬는 시간에도 틈틈이 작문을 연습할 정도였다니, 우리는 그의 때늦은(?) 학구열을 충분히 짐작할 수 있다. 그러나 고령 탓인지, 이 만학도는 결코 작문에 성공하지는 못했다. 그래도 그는 옛날 튜튼족의 언어와 라틴어, 그리스어 등을 해석할 수 있었다.

노발대발했다. 대제는 자신이 전날 직접 사냥해서 잡은 멧돼지의 살찐 궁둥이와 포동포동한 거위 세 마리를 즉석에서 굽도록 명령을 내렸다.

샤를마뉴 대제는 하루에 두 번씩(기상 시에 먹는 식사와, 오후 중간쯤에 먹는 식사) 남성들과 함께 어울려 식사를 하도록 여성들을 식탁에 초대한 최초의 군주였다. 그는 일-드-프랑스 지역과 론 골짜기에 각종 채소와 과수를 재배하라고 명했다. 또 자신이 무척 좋아했던 곤들매기, 잉어, 민물장어 같은 담수어를 사육하는 양어장을 지으라고 명했다. 그는 평소에 포도주보다는, 통풍성 관절염이나 결석 예방에 좋다고 하는 서민적인 사과술을 애용했다. 왕이 좋아했던 고기는 구운 공작이었다. 800년경에 그의 궁정 식탁에는 그 유명한 '불꽃을 토해 내는 공작새 요리' 가 올라왔다.

843년에 샤를마뉴 대제는 사망했다. 베르됭 조약으로 인해, 프랑크 왕국은 3개로 분할되었다. 크리스티앙 귀Christian Guy 같은 작가는 샤를마뉴 대제가 죽은 후 요리문화는 사망했다가, 14세기 초에 발루아 왕조시대와 함께 다시 부활된다고 기술했다.

2차 민족대이동과 기근

샤를마뉴 대제 사후에 새로운 재앙이 불어 닥쳤다. 만일 유럽 형성기에 나타난 1차 시련이 샤를마뉴 대제 사후에 일어난 대제국의 분열이었다면, 2차 시련은 바로 노르만인, 마자르인, 사라센인 등의 침입으로 인한 대혼란이었다. 북방계 바이킹족의 침입으로 인해, 유럽 대륙에서는 줄곧 살인과 약탈, 방화가 자행되었다. 근 150년 동안 노르만인들의 침입이 반복되었다. 그리하여 다시 빈곤과 불안정이 사회 전반을 지배했다. 로마 제정기에서 이미 살펴본 것처럼, 경제적인 번영기에 오히려 사회계층 간의 빈부 격차가 심하다. 그러나 경기 침체나 위기의 시대에는 이러한 격차가 상당히 줄게 된다. 왜냐하면 다 같이 못사니까, 싫든 좋든 '빈곤의 평등화' 가 이루어지는 것이다. 이처럼 전대미문의 환란과 권력의 공백기에 무기력한 평민들은 유력자들에게 구원의 손길을 요청했다. 그들은 '자유' 를 주는 대가로 신변 보호와 안정을 원했다. 그래서 많은 자유민들이 반半구속적인 농노 신분으로 전락했다.

재미있는 토막이야기

프랑스인의 식인 풍습

프랑스에서는 혹독한 굶주림에 견디다 못해 사람고기를 먹는 경우까지 생겼다. 11세기의 음탕한 수도승인 라울 글라베르Raoul Glabert는 아주 놀랄 만한 기록을 후세에 남겼다. 프랑스 중부지방의, 인적이 매우 드문 후미진 지역에서 식인 풍습이 가장 기승을 부렸다고 한다. 길가에서 힘센 자들이 매복해 있다가, 지나가는 행인들을 잡아 갈가리 찢은 다음 그 고기를 불에 구워 먹었다. 그들은 대체로 집단으로 행동했다. 후환을 두려워하여 가급적이면 그 지역 농민들을 먹는 일은 피했다. 혹시라도 잘 아는 마을 사람을 살상한다면, 남은 가족이나 친척들의 원성이 대단히 클 것이기 때문이다. 그래서 고립된 여행자들을 가장 많이 공격했다.

"그들은 떠도는 광대나 곡예사의 가족과 힘없는 아이들을 공격했다. 그들을 모조리 때려죽인 다음 인근 시장에 그 고기를 내다 팔았다." "굶주린 아이들을 잡아먹기 위해 과일 따위를 미끼로 이용했다." 이러한 살인 광기로 인해, 인간보다 오히려 짐승이 더 안전한 웃지 못할 상황이 벌어졌다. "투르뉘 지역에서는 한 상인이 장장 수개월 동안 공공연히 인육을 진열하고 팔다가 드디어 체포당했다. 마송 지역에서는 한 여관 주인이 하룻밤 재워 달라고 청했던 자들을 밤중에 모조리 도살했다." 이 살벌한 시기에 바로 '붉은 여인숙', '엄지동자', 또 '마음씨 좋은 생 니콜라'에 대한 전설이 생겨났다.

그 당시 유력자인 영주와 농노들이 함께 거주했던 장원은 두 가지로 구분되었다. 농노들의 강제부역에 의해 경작되는 영주의 보유지와, 농장이 딸린 농노 주거지역이다. 이민족의 약탈을 가장 두려워하는 농민들은 행여 요새지에서 멀리 떨어질까 항상 전전긍긍했다. 때문에 많은 휴경지가 생기게 되었고, 농업은 급격히 쇠퇴하게 되었다. 그들은 쟁기를 고칠 줄도 몰랐으며, 원시적인 괭이시대로 다시 돌아가게 되었다. 식량이라곤 일 년 내내, 진흙이나 소의 피를 소량의 밀가루와 섞어서 만든 둥근 빵이 고작이었다. 판판한 돌 위에서 완전히 굳을 때까지 그것을 구운 다음, 한복판에 구멍을 뚫어 벽 같은 데 걸어 놓았다. 어떤 농민들은 곡식 대신에 도토리와 잎, 나무껍질 등으로 연명했다. 또 갈대나 골풀을 넣고 끓인 죽을 먹기도 했다. 그리고 이제 거의 씨가 마른, 잔뜩 겁먹고 의심 많은 야생새들을 잡기 위해서 이리저리 숲 속을 헤맸다. 심지어 어떤 마을에서는 쥐들조차 구경하기 어려웠다.

9-11세기, 즉 3백여 년 동안에 기근이 유럽 전역을 휩쓸었다. 그래서 기존 인구가 반으로 줄어들었다. 그러다 12세기부터 다시 상대적인 경제적 번영과 안정기가 시작되었다. 위그 카페의 왕들은 기근 퇴치, 즉 원활한 식량 보급을 위해 노력했고, 기근은 서서히 물러나기 시작했다. 11-13세기에는 십자군들이 물자 보급에 상당한 어려움을 겪었다. 그러나 십자군원정은 동서교역의 포문을 열었고, 이러한 교역 때문에 베네치아 같은 해상도시들이 번창했다. 그러나 항구도시들의 음식은 항상 평판이 좋지 못했다. 그래서 그 당시에 생긴 '가르고트Gargotte' 란 불어 단어는 '음식이 형편없는 식당' 을 가리키는 말로 오늘날까지 남아 있다.

교회가 식탁예술을 부활시키다

2차 민족대이동으로 인해 식탁예술이 사라진 것은 기정사실이다. 그러나 교회는 이를 다시 회생시켰다. 중세 초기와 같은 혼란기에 교회의 사명은 실로 막중했다. 이에 성직자들은 그 사명을 훌륭하게 수행했으므로, "사회는 교회의 보호 밑에, 또 교회의 명에 따라 생활한다."는 인식이 일반화되었다. 교회는 로마 제국의 정치구획에 따라 각 속주에 대大주교구, 각 지방에 주교구를 설치했다. 그리고 전자에는 대주교를 후자에는 주교를 두어, 그 교구 내에서 기독교 신자들을 인도하게 했다. 서유럽 각 처에 설치된 주교구의 사회적 지위가 높아짐에 따라, 교회는 경제적으로 막대한 토지와 재산을 확보할 수 있었다. 교회가 이처럼 경제기반을 확고히 할 수 있었던 이유는 기독교 신자들이 자신들의 안전을 위해, 이교도가 기독교로 개종할 때 이교도 시절에 범한 죄를 속죄하기 위해, 신자가 개종할 때 생전에 범한 죄로 인한 지옥의 고통을 면하기 위해, 또 5-6세기경에는 당시 사회 불안과 빈번한 정치 변화로 인해 부유층이 물질적 향락의 무의미함과 계급적 영예의 허무를 반성하며 재물과 토지를 기증했기 때문이다. 이와 같이 신자들은 '영원한 은혜를 위해' 또 '내 마음의 고요함을 위해' 토지와 재산을 기증했는데, 그 종류로는 재물 봉헌oblation과 십일조dime 및 토지 봉헌recommandation 등이 있다.[84]

교회의 성직귀족이나 제후들은 1년에 무려 150번이나 주연을 베풀었다. 이런 주연은 정말 진력이 날 정도로 잦아서, 1059년 라테란 교의회Lateran Synod에서는 마치 파문 선고처럼 엄중한 경고 처분이 내려졌다. 그

84 | 재물 봉헌은 신자가 자진하여 자신의 재물을 기증하는 것이다. 이는 포도주, 유류, 꿀, 면 등 제단에 바치는 공물과, 집기와 제사용구 등을 비롯한 의식물품, 환자 및 가난한 자를 구제하는 데 필요한 비용 등에 충당되었다. 이것은 초기 교회시대에 있던 수입이었다. 십일조는 초기에 교회령의 주민들이 수확의 1/10을 조세로 바친 것인데, 585년부터는 모든 신자가 수확의 1할을 교회에 바쳤다. 이것은 빈민의 위로와 구제 및 노예의 몸값, 그리고 성직자의 생활비 등에 사용되었고, 샤를마뉴 대제시대에는 전 주민의 정치적 의무가 되었다. 토지 봉헌은 일반적으로 국왕, 왕족, 호족, 일반 신자들에 의해 생시나 임종 시의 유언에 따라 행해지는 것으로, 토지는 다른 기증물과는 달리 그 가치가 높고 생산력도 영구적이기 때문에 가장 중요시되었다.

러나 기독교의 회식은 누구에게나 정상으로 여겨졌다. "인간이 잘 먹고 마시고 즐기는 것"이 신의 뜻에 합당했기 때문이다. 또한 그 당시에 식탁 예술은 모든 인간성의 핵심이었고, 사실상 모든 축제가 종교축제였다. 고대는 유명 요리사들의 이름을 후세에 남겼으나 그것은 매우 불확실한데다 또 세인들의 뇌리에서 거의 사라진 상태였다. 자연히 흰 제복의 단체(요리사 단체를 가리킴)는 신성한 교회 안에서 자신들의 후원자를 찾을 수밖에 없었다. 그래서 그 당시에 무례하기 짝이 없던 불고기장수들은 성 로랑을, 요리사들은 성 포르튀나를 각기 수호성인으로 삼았다.[85]

중세의 식도락 연대기의 진정한 작가는 바로 6세기경에 푸아티에 지방의 주교였던 성 포르튀나St. Venance Fortunat다. 그는 라틴어로 된 유명한 시구에서, 다음과 같이 화려한 연회를 묘사했다. "고기즙으로 조미한 각종 야채와 감미로운 꿀 소스를 친 고기는 은제식기에, 과일은 눈부신 대리석 용기에, 또 크림과 우유는 우아한 도자기에, 마지막으로 가금류는 투명한 유리그릇에 담아 초대된 회식자들에게 내놓았다." 원래 갈로-로마계 주민들은 정교한 유리제품을 잘 만드는 것으로 정평이 나 있었다.

또한 성 포르튀나는 수아송 지방의 어느 부유한 시민에게 초대받은 저녁식사 장면을 다음과 같이 장황하게 설명했다. "각종 진귀한 산해진미의 요리들이 테이블 위에 마치 언덕처럼 수북이 쌓여 있었다. 그 밑부분은 골짜기의 형상을 하고 있었다. 식탁보는 잔디, 테이블은 협곡, 또 구운 생선들이 유유히 헤엄치는 기름의 바다는 마치 도도한 강물과도 같았다. 제일 먼저 나온 것은 하층민들이 '복숭아'라고 부르는 부드러운 과일이었다.

85 | Robert J. Courtine, *La gastronomie, Que sais-je?*, Paris: PUF, 1970, p.13-17.

그 주인은 전혀 질리는 기색 없이 계속 음식을 내놓았다. 나도 역시 질세라, 그 엄청난 양의 요리를 먹어 치우는 데 조금도 망설임이 없었다. 나의 배는 마치 임산부처럼 곧 팽팽하게 불러오기 시작했다. 잔뜩 부풀어 오른 느낌에 나는 그만 소스라치게 놀라지 않을 수 없었다. 나는 장 속에서 마치 천둥처럼 구르릉거리는 소리를 들었다. 또한 동남풍이 나의 창자 속에서 마구 불어 대기 시작했다." 성 포르튀나는 폭식뿐만 아니라, 폭주를 즐기는 대음주가였다. 그는 동시대인들과 마찬가지로, 포도주에 대한 극찬을 아끼지 않았다. 반면에 로마의 정복 이전부터 갈리아족이 즐겨 마시던 전통적인 맥주cervoise에 대해서는 별로 탐탁해하지 않았다. 즉 꿀물과 거친 맥주는 바로 서민들의 음료였다. 그러나 점차 포도주 생산량이 증가하기 시작하자, 서민들의 포도주 소비량도 덩달아 늘기 시작했다.

포도주를 몰래 마시는 수도승. 일부에서는 수도승들의 지나친 음주 습관을 비판하기도 했지만 포도주의 섭취를 완전히 금지하기란 쉬운 일이 아니었다.

성 포르튀나의 동시대인이며 또 『프랑크 역사』의 저자인 투르의 사교司敎 그레고리우스는 아마도 부르고뉴 포도주를 최초로 시식했던 당대 최고의 유명인일 것이다. 그는 디종의 주민들이, 가자Gaza나 그리스 포도주와 더불어 당시에 가장 최상급 포도주로 알려진 팔레스티나 지방의 아슈켈론보다 부르고뉴 포도주를 더 좋아한다고 기록했다.

수도승들의 지나친 음주 습관에 대해 논란이 없었던 것은 아니었다. 그러나 성 브누아 드 뉘르지St. Benoit de Nursie가 술의 남용에 관한 금지령을 내렸을 때에도, 포도주를 전면적으로 추방시키지는 못했다. 이에 대해 그는 다음과 같이 설명했다. "포도주는 수도승에게 합당하지 않다. 그러나 인간의 약점을 고려해 포도주의 1일 소비량을 지정하기로 한다. 왜냐하면 절도 있게 마시는 적당량의 포도주가 탐욕스럽게 들이켜는 많은 양의 물보다 훨씬 더 미덕이기 때문이다."

이미 설명한 대로, 로마화된 갈리아 지역을 침범했던 북방의 야만인들은 포도주 마시는 법을 신속하게 배웠다. 그들은 오히려 원주민보다 더 포도 경작과 포도주 제작법을 중시했다. 그러나 사라센인들은 예외였다. 프랑크 왕국의 궁재宮宰 카를 마르텔은 푸아티에 전투에서 중장기병重裝機兵으로 사라센인을 멋지게 격퇴시킴으로써, 포도주를 경멸하는 동방의 침입자들로부터 '황금알을 낳는 거위' 같은 포도주 산업을 안전하게 구출해 냈다. 오늘날 프랑스의 전체 국민소득에서 포도주가 차지하는 위치를 고려해 보라!

교회는 상징의 위력을 잘 알고 있었다. 그래서 교회는 식탁의 이교적인 관습을 모두 '기독교화'시키는 데 주력했다. 예를 들면 고대 로마의 사투르누스제(농경신의 축제)에서 사용되던, 잠두를 넣은 케이크는 아기 예수를 경배하기 위해 멀리서 찾아온 3인의 동방박사를 기념하는 주현절 케이크로 바뀌게 된다.[86] 고대의 여러 신들에게 희생제물을 바칠 때, 처음으로 바치는 중요한 부분은 이제 '주의 몫'이 되었고, 그것을 자선의 의미에서 가난한 사람들에게 나누어 주었다. 교회는 종종 나쁜 품행과 폭음폭식의

86 | 오늘날은 잠두 대신에 사기로 만든 작은 인형이나 마스코트를 집어넣는다. 갈레트Galette란 명칭의 케이크를 먹다 인형을 발견하게 되는 행운아가 그날의 왕 또는 여왕이 되어 금종이로 만든 관을 쓰게 된다.

요인이 되는 장례용 음식을 근절시키고 싶어 했다. 그러나 마지막으로 고인에게 생전에 좋아하던 음식을 바치고 싶어 하는 가족들의 간절한 염원 때문에, 이러한 금지령은 제대로 시행되지 못했다.

영주의 식탁과 농노의 식탁

이제부터 중세의 중요한 두 신분계층인 영주와 농노의 식사를 살펴보기로 하자. 먼저 초기 봉건시대의 영주 저택을 방문해 보자. 거대한 로마식 개인별장은 이제 자취를 감추었다. 영주의 저택은 단지 외부 공격에 대비하여 깊은 도랑과 가시덤불에 둘러싸인 방책을 설치했다는 사실을 제외하고는, 농민들의 누옥과 별다른 차이가 없었다. 대개 많은 가족과 식솔들을 거느린 영주는 자기 영지에서 생산되는 것에 전적으로 의지해서 살았다. 즉, 철저한 자급자족경제였다. 영주의 저택에서는 점차로 등불을 사용하기 시작하면서 불을 밝히는 데 양귀비 기름을 썼다. 사람들은 기름을 절약하기 위해 주로 해가 지기 전에 식사를 끝냈다. 여름에는 활짝 열린 문과 기름종이로 가린 창문 사이로 햇살이 들어왔다. 그러나 겨울에는 항상 문이 굳게 닫혀 있었다. 그래서 냉랭한 한기와 어슴푸레한 빛이 컴컴한 방구석을 온통 지배했다. 기나긴 겨울 동안에 유일한 빛과 열의 원천은 바로 커다란 벽난로였다. 거기에는 요리기구들이 주렁주렁 매달려 있었다. 그것은 20세기 초까지도 계속 이어지는 프랑스 농촌의 실제 풍경이다.

영주의 저택에서 가장 중요한 공간은 홀이었다. 바닥은 대개 판판하게 다진 흙이었고, 드물게 포석을 깔았다. 여름에는 그 위에 잎을 깔았고, 겨울에는 짚 따위를 덮어 한기를 막았다. 벽에는 몇 개의 육중한 궤짝이 붙어 있었다.

영주의 식사 광경을 한번 살펴보기로 하자. 홀 안의 테이블은 매우 넓으나 조잡하기 이를 데 없었다. 상석에는 영주만이 유일하게 앉을 수 있는 한 개의 안락의자가 있었다. 다른 초대 손님들에게는 대개 나무걸상이나 짚다발 위에 천을 씌운 간이걸상이 주어졌다. 서로 나란히 마주보고 앉은 영주와 영주 부인의 앞에는 식탁보가 각각 한 개씩 놓였다. 그러나 다른 이들의 식탁 위에는 식탁보가 없었다. 당시에는 신분이 동등한 사람들끼리만 같은 식탁보를 사용할 수 있었다. 그것은 매우 중요한 사회적 상징이었다. 베르트랑 뒤 게클랭Bertrand Du Guesclin은 자신의 기사 중 하나가 명예를 실추시키는 일을 저질렀을 때, 특별예식을 준비했다. 게클랭은 우선 그를 의자에 앉힌 다음, 그의 식탁보와 식기도구를 반으로 쩍 갈랐다. 이후에 문제의 기사는 그 사회의 구성원에서 제명되었다.

영주는 그의 가족과 하인, 또 초대된 손님들과 더불어 한 테이블에서 한 요리, 또 상대방의 입 속에 수도 없이 들어갔을 한 개의 스푼으로 공동식사를 했다. 나무나 주석으로 된 한 사발의 죽을 종종 '둘이서', 또 '입에서 입으로' 함께 나누어 마셨다. 그 당시에는 냅킨도 포크도 유리컵도 없었으며, 칼은 각자 지참했다. 영주는 주석이나 나무, 때로는 은으로 된 컵으로 음료를 마셨으며, 다른 회식자들은 아예 단지째 들고 마셨다.

이처럼 위계질서가 확실한 사회에서 바야흐로 기사도가 탄생했다. 중세는 사실상 전문적인 소수 전사집단들의 지배체제였다. 왕은 중세에서 가장 중요한 인물이었다. 봉건제도는 농민들이 영주에게 세금을 바치고, 또 영주들은 그들의 왕에게 세금을 바치는 제도다. 영주들은 왕에게 충성

중세의 사냥 장면. 일부 영주들은 전쟁이 없을 때에는 광적으로 사냥에 열중했다. 때로는 밭으로 도망간 사냥감을 뒤쫓는 바람에 한 해 농사를 망치는 경우도 있었다.

과 조언과 군사적인 지원을 바치는 대신에, 왕은 그들에게 부富와, 봉封이라고 불리는 작은 영토를 하사했다. 그러나 중세처럼 살벌한 시기에 진정한 통치자라기보다는 오히려 귀족들의 대표와 같은 왕의 지위는 완전히 보장된 게 아니었다. 시간이 경과함에 따라, 몇몇 영주들은 왕과 경쟁을 할 만큼 강성하고 부유해졌다. 교회는 영주들의 잔인성 내지 호전성을 누르기 위해 기사도를 적극 권장했다. 영주들은 전시가 아닌 경우에는 거의 광적일 정도로 사냥에 열중했다. 숲에서 필사적으로 뛰쳐나와 밭으로 도망치는 사냥감을 쫓기 위해, 그 해 농사를 거의 망치는 경우도 있었다. 멀

군사제도에 바탕을 둔 유럽 봉건제도

중세의 전쟁 장면. 기사들은 주군에게 충성하기 위해 전쟁에서 용맹하게 싸워야 했다.

유럽 봉건제도의 중요한 특징은 하나의 군사제도에 바탕을 두고 있었다는 점이다. 나라의 법이나 질서가 유지되지 못한 혼란 상태에서 무력을 가진 자들은 일종의 사적인 도당companion을 형성하여 그들의 세력을 폈다. 그 도당의 우두머리를 주군lord이라 하고, 그의 종자를 봉신vassal이라 했는데, '주종제' 라는 이 군사제도야말로 봉건제도의 핵심을 이루는 관계였다. 봉신들은 중세 사회구조에서 매우 중요한 역할을 차지했다. 이 같은 위계질서는 '모든 지주들은 왕에게 봉사한다.' 는 전제 아래서 성립되었다.

사회계급으로서의 귀족은 주군과 기사로 나누어진다. 1066년에 영국의 전체 인구는 대략 1백만 명 정도였는데, 200명의 주군과 6천 명의 기사가 있었다. 기사들은 대개 귀족 태생이었다. 그들은 어렸을 적에 시동이나 종자로 훈련을 받기 위해 주군이나 영주에게로 보내진다. 기사서임식을 마친 후, 그들은 용병이 되든지 아니면 집으로 다시 돌아온다.

당시에 기사가 되기 위한 군사장비를 마련하는 데에는 엄청난 비용이 들었다. 1인당 적어도 황소 20마리를 판 목돈이 필요했다. 왕은 많은 기사들에게 토지를 수여했다. 왕은 영지를 잘 방어하기 위해, 오직 충성스러운 전사들에게만 분봉했다. 기사의 첫째 의무는 '악행자들을 일소하는 것' 이었다. 진정한 기사는 두 가지 미덕, 즉 군주에 대한 충성심과 전쟁에서의 용맹성으로 결정되었다. 왕의 자비에 대한 보답으로 기사는 1년에 40일 정도를 봉사해야 했다.

리서 이를 지켜보는 농노들은 그저 속수무책으로 발을 동동 굴렀으나, 영주와 그의 군사, 또 사냥개들은 이를 조금도 개의치 않았다. 그것은 전부 영주의 영지였기 때문이다. 교회는 전사들을 교화시키려고 노력했다. 그래서 그들에게 명예와 공평무사한 의무감을 강조했다.

이제 성은 돌로 지어졌다. 십자군들은 동방에서 융단을 가져왔다. 홀의 벽은 화려하게 장식되었으나, 바닥에는 여전히 짚이나 나뭇잎, 꽃 등을 깔았다. 그 위에 금은식기나 여주인의 보석들이 진열된 식기장을 갖다 놓았다. 그러나 이 호화 식기장의 칸 수는 당시의 신분질서에 따라 엄격하게 규정되어 있었다. 왕이나 왕후의 경우에는 다섯 칸, 단순한 기사의 경우에는 두 칸이었다. 또 명령을 받은 군사들이 이 귀중한 보물을 지키기 위해 교대로 보초를 섰다.

기사도 정신에 의해 식사예절이 정착되기 시작했다. 『귀부인의 광채*Le Chastoiement des dames*』의 저자인 로베르 드 발루아Robert de Valois는 식사 때는 손톱을 짧고 청결하게 할 것을 충고했다. 식사 도중에 너무 웃거나 떠들지 말 것, 탐스런 고깃덩어리를 혼자서 독식하지 말 것, 소금단지에 요리를 너무 흠뻑 적시지 말 것, 칼로 이를 쑤시지 말고 테이블 위에 팔꿈치를 괴지 말 것, 너무 요란한 소리를 내면서 코를 풀지 말 것, 과일을 먹기 전에 함부로 긁거나 씻지 말 것, 첫 번째 상차림이 나오기 전에 빵을 전부 먹어 치우지 말 것, 입 속에 먹을 것을 잔뜩 집어넣고 말을 하지 말 것, 또 사발 속에 든 덩어리를 집기 위해 회식자들 앞에서 손을 뻗치지 말 것 등을 권고했다.

로베르 드 발루아는 식사 도중에 풍기는 구취처방법도 친절하게 예시했다. "만일 파리한 안색에 악취를 풍기는 한 귀부인이 아침식사를 한다면, 우선 포도주가 그녀의 얼굴을 발그레한 홍조로 물들일 것이다. 또 후각적인 문제는 아니스 향이나 커민, 회향, 고수 등의 향료가 거뜬히 해결해 줄 것이다."

중세 요리의 최대 특징은 위의 인용문에 나타난 대로, 향료의 지나친 사용이었다. 브로델은 일찍이 중세인들의 '향료에 대한 광기'를 언급한 적이 있다. 향료의 과다한 사용은 중세 최고의 요리이론가인 타유방Taillevent의 저서에도 잘 인용되어 있다. 중세인들이 이처럼 향료에 열광했던 원인은 첫째로는 상류층의 전용 식품인 육류의 냄새를 없애고, 둘째로는 동방의 사치품인 값비싼 향료를 사용하여 부富를 대외적으로 과시하기 위한 목적이었다.

그렇다면 향료는커녕, 일 년 내내 고기 구경조차 하기 어려웠던 서민들의 식사는 과연 어떠했을까? 그들의 식생활은 좀 더 가난했을 뿐, 고대와 별다른 차이가 없었다. 중세의 농민들은 대개 풀과 구근으로 연명했다. 그러나 그것은 그들이 실제로 풀과 나무뿌리를 캐서 먹었다는 얘기가 아니라, 샐러드와 양배추, 시금치나 당근, 무 등을 먹었다는 것이다. 서민들의 식사는 풀과 구근(채소), 귀리로 만든 죽(오트밀), 또 이따금 농장에서 기르는 가금류나 돼지고기 등이 전부였다. 가난한 농촌지역에서는 양배추나 밤 등을 주식으로 했고, 부유한 농가에서는 치즈나 우유, 버터 같은 낙농제품을 소비했다.

농민들은 극빈자가 아닌 경우에는 거의 다 돼지를 쳤다. 돼지를 소비하는 방법은 지역에 따라 약간 차이가 있었다. 프랑스 남서부지역에서는 돼지를 삶은 다음 비계 속에 넣어 저장을 했다. 그것이 바로 지방에 싼 고기confit의 유래가 된다. 또 다른 지역에서는 돼지를 소금절이 통에 저장했다.

재미있는 토막이야기

중세시대 농민들의 고단한 일상

대체로 농민들은 "거대한 손발, 넓은 어깨와 불룩한 가슴, 손바닥만 한 넓이의 양 미간, 넓적한 코, 누렇고 긴 이빨, 시커멓고 뻣뻣하게 선 머리털, 또 목욕하는 재주가 없어서 오직 비가 내릴 때만 세수하기 때문에 석탄처럼 시커먼 얼굴"을 가진 것으로 묘사되었다. 부유한 시민들은 이런 농민을 시골뜨기로 얕잡아 보는가 하면, 더러 동정하기도 했다. 그 당시에 농민은 비겁한 자, 배신자를 의미하는 말로 쓰였으며, 시민은 주정뱅이, 도둑, 또는 수전노를 의미했다. 당시 농민들의 일상을 한번 상상해 보자.

"몹시 추운 아침이다. 농부는 마을의 샘이 꽁꽁 얼어붙은 것을 본다. 근처 농가의 닭들은 약간의 온기라도 간직하기 위해, 푸르르 떨며 털을 부풀린다. 농부는 잠에서 깨어났지만 어제의 중노동으로 인한 만성피로감에서 벗어나지 못한다. 길고 낡은 모직 양말을 주섬주섬 신는다. 허기를 면하기 위해 건포를 몇 개 집어먹는다. 그런 뒤에 문 밖으로 나선다. 차가운 바깥공기를 쐤을 때, 농부는 습관적으로 주기도문을 중얼거린다. 그는 찬바람이 들어오지 않도록 될 수 있는 한 외투를 단단히 여며 입는다. 그는 오늘 하루 종일 도랑을 파야 된다. 물론 그것은 자기 땅이 아니라 영주 소유지를 위해 일하는 것이다. 만일 영주 일을 먼저 하지 않는다면, 그는 자기 땅으로의 접근을 금지당할 것이다."

이것이 중세 농노의 고단한 하루 일상이었다. 당시 농업기술은 초보였고 삶의 질도 열악했기 때문에 그들의 생활은 매우 힘들고 어려웠다.

이는 베이컨이나 햄의 기원이 된다. 다진 돼지고기는 저장방식에 따라, 순대나 소시지 등으로 다양하게 제조되었다. 샤를마뉴 대제 이래, 치즈가 전역에 정착되었고, 또 각 지역마다 독특한 특산물이 개발되었다. 특히 프랑스의 브리 지방이나 오베르뉴 지방에서 만든 치즈, 또 네덜란드에서 만든 치즈가 유명했다. 농가의 뜰에서는 벌꿀을 쳤고, 축제 시에는 그 꿀을 사용하여 달콤한 과자를 만들었다.

마지막으로 중세에는 시민, 즉 부르주아bourgeois라는 새로운 계급이 탄생했다. 역사가 피에르 가조트Pierre Gazotte에 의하면, 이 신흥 부르주아 계층들은 초기에는 바로 상인들과 이음동의어였다. 기도하는 사람들(성직자), 싸우는 사람들(영주와 기사계층), 일하는 사람들(농노), 그리고 사고파는 사람들까지 등장했으니, 중세라는 거대한 파노라마의 주역들은 이제 모두 다 나온 셈이다. 시민들의 태반은 농민 출신이고, 농민과 같은 피지배계급이었다.

고대 로마의 자치도시가 이 시기의 전반적인 농촌화에도 불구하고 살아남을 수 있었다면, 그것은 도시생활의 문화적 모델이 보존될 수 있도록 노력했던 주교들 덕분이었다. 중세 도시는 농경사회라는 거대한 바다 위에 떠 있는 섬들과 같은 존재였다. 중세 도시는 형성될 때부터 이미 봉건영주에게 예속되어 있었다. 도시 영주는 대개 교회의 사교였다. 도시 영주(사교)는 자기 영내에서 도시가 형성되고 발전되면, 인구가 증가하고 상인을 흡수하며 영토가 늘어남은 물론 조세 징수에도 유리하다는 이유로 도시를 보호했다. 그러나 도시 주민들은 봉건제후의 지배에서 벗어나거나, 특별한 권리를 요구하면서 지위의 향상을 시도했다. 즉 영주에 대해 투쟁하거나 헌금 또는 차관의 대가로 '특허장'을 받았다. 이것이 바로 자치도시(코뮌Commune) 운동이다.[87] "도시의 공기는 자유롭게 한다Stadtluft macht

87 | 이렇게 형성된 중세 도시는 다음과 같은 측면에서 고대 도시와 달랐다. 즉, 고대 도시의 주민은 토지 소유자 층이 주축이었던 반면에 중세 도시의 주민은 상공업자 계층이 주축이었다. 원래, 중세의 중심 지역은 성곽 밖이었으나 점차 성곽 안에 거주하고 있던 상공업자 계층인 성(Burg, bourg)의 주민, 즉 시민(Bürger, bourgeois)이 도시를 발전시켰다.

frei." 그러나 중세 도시의 주민들이 누린 자유는 근대 사회의 시민들이 누리는 것과 같은 개인의 자유는 아니었다. 그것은 상인이나 수공업자들이 단결하여 도시의 지배자인 영주로부터 얻어 낸 집단적 자유였다.

성 영주에 대한 도시공동체의 투쟁이나 대결에서 앞장을 섰으며, 자치권을 얻은 뒤 시정을 운영해 나가는 데 주도권을 장악했던 상인들은 자신들의 직업을 보호하기 위해, 일종의 결사단체인 길드를 결성했다. 익힌 돼지고기(햄이나 베이컨, 소시지) 종류를 파는 상인들의 단체는 아직 없었으나, 정육업자나 과자제조인들의 강력한 조합이 결성되었다. 또한 1440년 이래, 과자제조인들은 고기, 생선, 치즈 파이를 만드는 독점권을 획득했다. 상류층의 전용물이오, 사치품목인 고기는 이제 전형적인 '도시형 식품'이 되었다.

우리가 자신의 소를 잡아먹는 중세의 농민을 도저히 상상할 수 없듯이, 농촌지역에서는 어쩌다가 불의의 사고로 재수 없이 죽은 양이나, 또 사료의 부족으로 추운 겨울이 닥치기 전에 모조리 도살당하는 돼지 외에는 거의 고기 냄새를 맡기 어려운 실정이었다. 당시에는 도시의 정육업자들처럼 허가받은 전문적인 기술의 소유자만이 고기를 직접 취급할 수 있었다. 또 근대적인 냉장법과 보관법(통조림)이 발명되기 이전의 시대에, 특히 음식이 상하기 쉬운 여름철에는 고기를 신속하게 판매하는 일이 가장 중요했다. 그래서 상대적으로 인구가 밀집된 지역, 즉 도시처럼 고기 구매자들이 많이 몰려 있는 지역이 고기 판매에 압도적으로 유리했다. 후일 프랑스혁명을 기점으로 농촌지역에서도 고기 소비가 증가하기 시작했으나, 19세기 말, 심지어 20세기 초까지도 가장 중요한 고기 소비층은 바로 도시민들이었다.

누더기 옷을 걸친 농노, 실크 옷을 입은 왕족

중세의 역사는 전통적으로 서로마 제국의 멸망과 더불어 시작된다(기원후 476). 그러나 고전 의상에서 중세 의상으로 넘어가는 이행기는 훨씬 점진적이고 완만한 과정을 통해 이루어졌다. 비잔틴 제국의 고위층 남녀들은 모두 기본의상으로 튜닉을 입었다. 반면에 서유럽에서는 튜닉 외에도 북방 이민족이 전해 준 바지와 두건 등이 주종을 이루었다. 로마 의상과 북유럽 의상이 서로 조화·융합되는 데, 적어도 3세기라는 오랜 시일이 걸렸다.

초기(4-10세기), 중기(11-13세기), 말기(14-15세기), 이렇게 제3시기로 구분되는 중세 복장은 통이 넓은 옷에서 좁은 옷으로 이행한다. 즉, 비잔틴 및 초기 기독교, 로마네스크 시대를 거쳐 고딕 시대로 변함에 따라, 남방계의 관의寬衣(느슨한 원피스식 의복) 양식은 북방계의 착의窄衣(몸에 맞게 재단한 의복) 양식으로 바뀐다.

먼저 게르만 민족의 복장을 살펴보기로 하자. 민족대이동이라는 혼란스러운 시기에는 자연히 복장의 실용성을 고려하지 않을 수 없다. 그래서 당시 대중들 사이에서는 피혁의상이 거의 지배적이었다. 로마사가 타키투스Cornelius Tacitus는 기원전 98년경의 게르만족 의상을 다음과 같이 기술하고 있다. "모든 사람들이 공용한 의상은 사굼sagum인데, 걸쇠나 가시 따위로 이를 고정했다. 다른 옷은 없었기 때문에 그들은 불 앞에서 거의 하루를 보내다시피 했다. 더 부유한 자들은 조끼를 걸쳤는데, 그것은 몸에 꼭 맞았다. 그들은 또 피혁으로 된 옷을 입었다. 여성들의 의복은 남성들과 크게 다르지 않았다. 단지 리넨 천을 더 많이 사용하고, 그것을 자주색으로 물들였다는 점이 달랐다. 그리고 팔 전체와 가슴 일부를 노출시킨 상

재미있는 토막이야기

중세의 여성관: 타락한 이브와 성스러운 마리아

9세기경의 기록을 살펴보면 '남성 복식'에 대한 설명이 대부분이다. 그 이유가 무엇일까? 바로 12세기 이전에는 여성들에게 별로 관심이 없었기 때문이다. 중세를 지배했던 교회는 여성에 대한 공적 관념을 만들어 냈다. 중세의 여성관은 기존의 고대 사회에서 존재해 오던 가부장주의와, 원죄 및 타락의 대상인 이브의 관념이 결합해 탄생했다. 시빌리아의 이시도로Isidoro는 어원학 사전에서 남성을 '용기'로, 여성을 '허약함'으로 표시했다. 당시에는 일반적으로 여성을 정신적 · 육체적으로 남성에게 뒤지는, 또 항상 남성에게 지배당하는 존재로 인식했다. 그러다가 12세기경부터 마리아 숭배가 고양되고, 중세 기사도정신이 탄생하면서 귀부인 숭배가 나타났다. 그러나 이런 여성 숭배가 여성의 지위 상승을 의미하지는 않았다.

의를 입었다"88 |

모포 랩lap(의복의 처진 부분이나 아랫자락)의 일종인 사굼은 공화정시대에 로마 군인들이 갈리아족에게서 받아들인 매우 소박한 의상이다. 그것은 모포, 텐트, 외투, 배낭 등 다양한 용도로 이용되었다. 그러나 이 사굼은 원체 화려한 것을 즐기는 로마 대중들에게 일반적인 의상으로 채택되지는 않았다.

갈리아족과 게르만족이 필경 개인적인 만족을 위해 즐겨 사용했을 보석류를 살펴보자. 그들은 특히 목걸이와 묵직한 팔찌를 좋아했다. 그것은

88 | Cornelius Tacitus, *The Germany and the Agricola of Tacitus*, Philadelphia: Mckay, 1897, pp.37-38.

재미있는 토막이야기

샤를마뉴 대제의 복장

샤를마뉴 대제의 모습.

카롤링거 왕조가 유럽의 정치패권을 장악한 뒤에, 샤를마뉴 대제는 신성 로마 제국의 황제가 되었다(800). 중세의 전기작가인 아인하르트는 샤를마뉴 대제의 의상을 다음과 같이 묘사했다.

"그는 민족의상, 즉 프랑크 의상을 자주 입었다. 안에는 리넨 셔츠와 반바지를 착용했고, 그 위에 실크로 테두리 장식을 한 튜닉을 입었다. 또 띠로 묶은 호스(몸에 착 달라붙는 남자 바지)로 종아리, 구두와 발을 덮었다. 겨울에는 수달이나 담비가죽으로 만든, 몸에 꼭 맞는 코트로 어깨와 가슴을 감쌌다. 그는 가끔 축제일이나 외국 대사를 접대할 때 보석이 박힌 검을 손에 들었다."

화려한 자수를 놓은 의상에 금 혁대, 보석 박힌 신발과 금은보석으로 장식한 왕관을 걸친 대제가 나타나면, 방문객들은 부복하여 그의 무릎이나 발에 입을 맞추었다. 대제는 로마의 대관식 때 정통 로마 복장에다, 마치 로마 황제들을 재현한 듯한 화려한 왕관을 썼다. 그러나 그는 외국 복식을 경멸하여 보통 때는 결코 입지 않았다. 평상시에 그의 복장은 일반 사람들의 일상복과 거의 다를 바 없었다.

장신구라기보다는 오래된 고분에서 출토된, 청동기시대의 유물처럼 어둡고 둔탁한 느낌을 준다.

게르만 민족이 서유럽의 지배자로 부상하게 됨에 따라, 로마인에 의해 널리 보급되었던 선진문화는 파괴되어 거의 동면상태에 이른다. 그래도 미개한 종족들이 기독교를 수용함에 따라, 그 문화유산의 일부는 점차로 교회의 수도원에서 다시 보호 · 육성되었다. 그러나 서유럽의 복식사에 관한 한, 5-9세기까지의 기간은 거의 공백기에 해당한다. 복식사의 자료로는 다음 몇 가지가 있다. 첫째로는 의복 자체를 들 수 있다. 그러나 옷은 섬유질이라는 유기성분, 즉 썩는 물질로 이루어져 있기 때문에 장기간 보관이 어렵다. 둘째로는 고고학적 자료를 들 수 있다. 셋째로는 예술 자료를 들 수 있는데 이것은 건축과 조각, 그림, 장식예술 등을 총망라하고 있다. 넷째는 문학 자료를 들 수 있다. 그 외 역사적이거나 상상적인 설화(서사시나 시, 소설), 유언 기록, 상업, 재산목록 자료를 들 수 있다. 그러나 5-9세기의 유적 중 조각, 모자이크, 프레스코화(마르지 않은 벽면에 그린 수채화)는 거의 존재하지 않는다. 그래서 우리는 동시대 라틴 작가들의 얼마 안 되는 저술을 통해, 단지 미개한 정복자들이 자신들보다 훨씬 우수한 문화의 소유자인 피정복민들을 모방하거나, 또는 비잔틴 제국과의 교역을 통해 서서히 세련된 복장을 하게 되었을 것으로 추측할 따름이다.

중세 복식은 단순하고 획일적이다. 고대 그리스 · 로마와 마찬가지로, 직물의 질과 화려한 장신구가 계층의 상하를 구별해 주고, 또 착용한 이의 신분을 그대로 반영했다. 누구든지 그 당시의 엄격한 위계질서에 따라 농민의 아들로 태어났다면, 다 해진 누더기라도 마다하지 않고 그냥 걸쳤을 것이다. 그러나 만일 왕족으로 태어났다면 고급 실크 옷에 화려한 능직綾織의 가운을 걸쳤을 것이다. 흔히 '암흑기'로 불리는 이 야만스러운 시대에는 그나마 몇 개 안 되는 도로나 다리마저 시설이 매우 형편없었는데 이런 현상은 적어도 1000년까지 지속되었다. 또 사나운 도적들이 사방에서

중세 의상. 금은세공으로 장식된 두건을 쓴 여성(좌)과 쉬르코를 입은 여성(중간), 그리고 소매가 긴 외투를 걸친 남성(우).

횡행했다. 그래서 봉건영주의 견고한 성이나 수도원을 중심으로, 사람들은 철저하게 토지에 묶여 있었다. 그들은 다른 도시에서 축제나 장이 열릴 때에만 가끔씩 이동했다. 이때가 바로 촌민들이 필요한 물건을 서로 사고파는 유일한 기회였다. 생활이 매우 불안정하고 힘들었던 만큼, 농민들은 의복에 신경을 쓸 겨를이 통 없었다.

중세에는 귀족과 부유층만이 자신들의 고급 의상에 고가의 장식품을 달 수 있었다. 생 갈렌St. Gallen의 수도승의 기록에 의하면, 샤를마뉴 시대의 프랑크인들은 길고 붉은 리넨 호스를 입었고, 그 위를 구두끈과 붉은 가죽끈으로 질끈 동여맸다. 여기서 우리가 거론해야 할 가장 중요한 사실은 프랑크족의 등장으로 인해 고대의 주름 진 드레이프 의상 대신에, 몸의 치수에 맞추어 재단하고 바느질로 꿰매는 '입체 재단법' 이 상용되기 시작했다는 점이다. 즉, 이런 서양 복식의 새로운 전환점이 로마 · 기독교적 중세 문화에 새로운 요소를 가미한 프랑크인들에 의해서 이루어졌다고 볼 수 있다. 그래서 10세기에 의복은 더욱더 몸에 꼭 맞는 형태가 되었고, 12세기경에는 체형을 맵시 있게 드러내는 형태로 발전했다.

11-13세기에 이르는 로마네스크 시대의 복식은 단적으로 말해서, 로마적 요소와 게르만적 요소가 서로 합쳐진 것이라 할 수 있다. 일찍이 로마인들은 게르만족들을 미개한 야만족이라고 했지만, 이 시대의 복장은 게르만족이 기독교에 잘 순화되고 로마 문화를 잘 흡수하여 독창적인 문화를 육성하는 과정을 잘 보여 주고 있다. 한편, 12세기는 십자군전쟁과 고딕 건축의 도입으로 특징지어진다. 종교적인 영향으로 말미암아, 이 시기의 복장은 옷자락의 길이가 점점 길어진다. 뿌리 깊은 신앙생활과 그것을 통해 마음의 안정을 얻으려는 사람들의 강렬한 열망이 이 시기의 복장에 잘 나타난다. 그들은 가급적이면 살결을 드러내지 않으려고 머리부터 발끝까지 베일을 써서 전신을 다 가렸다.

12세기 남성 의상은 늘어난 길이, 풍부한 옷감과 마치 물결이 흐르는 듯한 곡선이 특징이다. 전쟁터에서 거추장스러울 정도로 옷자락이 길어졌다. 블리오bliaud, 즉 중세시대에 남녀가 입은 관의는 새로운 형태의 긴 외투로, 상하로 분리된 것을 낮은 허리선에서 이은 것이다. 그 위에 띠를 매든지 망토를 입든지, 혹은 쉬르코surcot라고 하는 소매 없는 겉옷을 입었

12세기 이래 형태가 정착된 중세 의식 또는 전례복.

다. 쉬르코는 원래 옛날 기사들이 갑옷 위에 입던 겉옷이었으나, 나중에는 여성용 겉옷도 의미했다. 12세기의 또 다른 혁신은 시클라스cyclas의 착용이다. 시클라스는 십자군전쟁 동안에 갑옷, 투구, 무기에서 반사되는 섬광으로부터 눈을 보호하고 더위를 차단하며, 갑옷과 투구를 보호하기 위해 발명되었다. 노동자들은 짧은 코트를 입었고, 그 위에 벨트를 맸다. 활동적인 일을 해야 할 때는 거추장스러운 옷자락을 벨트 속에 접어 넣기 위해 앞 중앙에 터놓은 부분, 즉 슬릿이 있었다.

이제 유행 복식은 일종의 '통치기구' 혹은 '통치수단'이 되었다. 국왕은 사치공업이 나라의 번영을 가져온다고 믿었다. 기발하게 만든 고딕 시기의 의상을 한번 살펴보기로 하자. 13세기는 종교적인 열정이 가장 강렬했던 시기다. 이 시기의 경향은 로마네스크적 상징주의 대신에, 고딕적인 자연주의나 이상주의로 이행하게 된다. 이때 남성 복식은 튜닉과 코트, 쉬르코의 일종인 시클라스, 가나슈ganache와 가르드 코르garde corp로 이루어졌다. 이 시기에는 모든 계층이 십자군의 시클라스를 받아들였는데, 시클라스에 소매가 없는 것이 특징이다. 이 소매 없는 외투의 어깨선을 길게 늘이면, 가나슈라고 불리는 캡 슬리브cap sleeve(짧은 소매)의 쉬르코(겉옷)가 된다. 긴 소매를 자랑하는 외투인 가르드 코르는 오늘날 우리가 학위수여식 때 입는 가운과 매우 유사하다.

14세기 말경에는 복식에 대한 관심이 높아지고, 옷 모양을 과장하는 것이 유행했다. 그래서 쉬르코의 또 다른 형태인 우플랑드houppelande(소매 없는 넓은 외투나 망토)가 인기를 차지했다. 이 복식은 초기에 스페인에서만 유행했으나, 곧 서유럽의 전역으로 확대되었다. 우플랑드는 옷감의 낭비가 매우 심했다. 뒷머리와 귀까지 올라오는 옷깃, 땅에 끌리는 풍성한 스커트, 지나치게 길어서 마루까지 닿기도 했던 소매 등이 특징이었다. 14세기 남성의 신발은 일반적으로 발목이 낮았다. 귀족의 신발은 대체로 수로 장식되었다. 앞이 뾰족하게 긴 형태는 오직 14세기에서만 볼 수 있다. 플랑셰Flanchet는 저서에서 뾰족한 발끝의 길이가 6인치인 신발을 예로 들었다. 이 신발은 무릎을 꿇을 때 방해가 되었고, 전쟁 시에는 위험했다. 이

재미있는 토막이야기

중세 농민들의 복장

남성들은 긴 양말과 튜닉을 걸친 반면에, 여성들은 소매 없는 튜닉과 긴 가운을 입고 머리를 가리는 베일을 썼다. 농부들은 겨울의 강추위나 비바람을 막기 위해 두꺼운 양가죽으로 만든 외투와 모직모자, 가죽구두, 방한용의 벙어리장갑을 꼈다. 위생 문제에 그리 민감하지 않았던 중세인들은 겉옷을 세탁하는 경우가 드물었다. 단지 리넨으로 된 속옷을 정기적으로 세탁했다. 나무가 타면서 나는 그을린 냄새가 의복에 스며들어 땀냄새나 여러 가지 악취를 없애는 방충제 구실을 했을 것이다.

유명한 패션 모델이나 영화배우들의 멋진 의상을 거리낌 없이 흉내 내는 오늘날의 대중들과는 달리, 중세의 평민층은 귀족들의 의상을 흉내 낸다는 것을 상상하기조차 어려웠다. 왜냐하면 귀족 의상은 경제적인 차원을 떠나서, 그것을 걸친 자의 신분을 그대로 반영하기 때문이다.

시대에 경박한 분위기가 고조되었음을 나타내는 또 다른 증거는 수대手帶, 옷깃, 벨트 위에 장식한 작은 방울들 등이다.

위에서 열거한 상류층의 유행과는 전혀 무관한 일반 민중들의 복장을 살펴보자. 대부분의 유럽인들은 현재 베네딕트 수사들과 유사한 복장을 하고 있었다. 단지 그들이 바지를 걸쳤다는 점만이 현대의 수사들과 다를 뿐이다. 중세인들은 모직으로 된 겉옷과 리넨으로 된 속옷을 걸쳤다. 의복은 거의 집에서 아녀자들이 손수 만들었고, 모양새가 거칠고 조잡하기 그지없었다. 추위를 막기 위해 대개 바지를 입거나 튜닉, 숄 등을 걸쳤다. 숄은 모직이나 모피로 만들어졌으며, 어깨 위에 걸쳐졌다. 발에는 거친 가죽신을 신었고, 의복의 색상은 평범했는데 회색이나 어두운 청색과 갈색, 붉

중세 수도승의 의상. 각 수도회는 의복의 색깔에 따라 구분되었다. 베네딕트 수도승들은 검은 옷을 입었고, 시토 수도승들은 염색하지 않은 모직이나 흰옷을 걸쳤다.

은색이 대부분이었다. 환하고 밝은 색상이나 고급 천, 긴 재킷은 대외적으로 부를 표시했다. 귀족이나 부유한 상인들은 당시 유행하는 패션에 따라 재봉사들이 재단한 고급맞춤복을 입었다.

한편 중세의 성직자들은 로마인의 의상을 본받아서 긴 모직의상을 걸쳤다. 각 수도회는 의복의 색깔에 따라 구분되었다. 베네딕트 수도승들은 검은 옷을 입었고, 시토 수도승들은 염색하지 않은 모직이나 흰옷을 걸쳤다. 성 베네딕트는 수도승들의 의상은 모름지기 평범하고 입기 편해야 하며, 또 머리를 보온하기 위해 리넨으로 된 모자를 써야 한다고 언급했다. 프란체스코 계통의 한 수녀회(가난한 클라라 수녀회Poor Clare Sisters)는 모직으로 된 짧은 양말(삭스socks)을 신기 위해 교황에게 청원을 한 적이 있었다.

중세 의상에서 매우 중요한 부분을 차지했던 모자에 대해 알아보자. 모자는 쓰는 이의 직업이나 신분, 계절에 따라 그 종류가 매우 다양했다. 머리를 따뜻하게 보호하는 리넨 모자에서 부드러운 짚이나 펠트로 만든 모자, 15세기의 샐릿sallet이란 가벼운 투구와 쇠사슬 갑옷에 어울리는 마스크, 수녀가 쓰는 베일, 귀부인이 쓰는 나비 모양의 우아한 머리장식, 또 주교의 관이나 왕관에 이르기까지 그 종류가 실로 다양했다.

끝으로, 모피나 보석류를 살펴보기로 하자. 모피는 주로 부유층 의상의 안감으로 많이 사용되었다. 보석류는 예나 지금이나 사치품에 속한다. 보석은 대개 수입품이 주종을 이루며, 돈이나 물건을 대부할 때 담보물로 사용되었다. 14세기부터 다이아몬드의 인기가 상승했다. 그러나 15세기까지만 해도 보석세공이 발명되지 않았기 때문에, 당시 보석의 광택은 별로 좋지 못했다. 12세기에는 원형 브로치가 가장 인기 있는 품목 중 하나였다. 초서의 『캔터베리의 이야기』에 나오는 여자 수도원장들은 수녀에게 특별히 잘 어울리는 경구라고 할 수는 없는 "사랑은 모든 것을 정복한다 Amor vincit omnia."라는 글귀가 새겨진 브로치를 달고 있었다.

전반적으로 볼 때, 14-15세기 의상에는 커다란 발전이 나타나지 않았다. 의상은 몸에 꼭 맞는 형태가 되었고, 단추를 사용하기 시작했다. 귀족들은 아름다운 고급직물을, 농민들은 거칠고 질긴 직물을 입었다. 그러나 이러한 양자 구도에 시민들이 가세하여, 통치자들과 사치를 경쟁했다. 그래서 의상, 머리, 신발 등의 모양이 점점 기발해졌다. 유행 복식은 대외적으로 부를 과시하는 수단이었다. 원래 십자군이 가져온 동방의 견직물과 진귀한 모피는 귀족들의 전유물이었지만, 재력 있는 모험가 상인이나 시민들에게도 인기 품목이 되었다. 그리하여 시민들의 이 주제넘은 모방심리, 즉 신분 상승의 의지를 규제하기 위해 인기 없는 '사치금지령'이 내려졌다. 또한, 좀 더 자유분방한 도시에서는 도덕가들이 지나친 경각심에 사로잡혀 이제는 귀족과 시민 간의 구분이 없어졌다고 한탄했다.

성城에서의 생활은 결코 낭만적이지 않았다: 중세의 주거환경

유럽에서 도시사회의 성립은 11세기경에 시작된다. 중세 도시의 성립요인으로는 방어와 교역이라는 지리적 요인, 또 교회와 수도원이라는 인문사회적 요인이 크게 작용했다. 그러나 도시가 성장하게 된 가장 중요한 요인은 수공업, 상업, 무역업 등 새로운 산업의 발달과 이에 따른 새로운 사회계층, 즉 상인과 수공업 장인의 등장이었다. 도시의 수와 규모는 빠른 속도로 확대되었다. 이제부터 중세 도시주거의 일반적인 성격을 살펴보기로 하자.

중세 도시의 모습. 중세 도시가 성장하게 된 가장 큰 요인은 상인과 수공업 장인의 등장이었다.

중세의 도시주거는 두 종류로 나눌 수 있다. 먼저 라틴계 도시주거로 이탈리아 반도, 남부 프랑스 등 로마 문화의 영향이 강하게 남아 있는 지역을 가리킨다. 다른 하나는 게르만계 도시주거로 로마 문화의 영향이 미치지 않았던 북유럽의 독일, 스위스, 오스트리아 등 게르만 문화권 지역을 가리킨다. 흔히 전자를 '석재문화', 후자를 '목재문화'로 분류한다.[89] 이러

중세시대에 화덕에서 빵을 굽는 모습.

한 주거 유형의 차이는 중세 이후에도 계속되어 19세기 산업혁명 이전까지 지속되었다. 브로델의 물질문명 연구에 의하면, 대체로 로마 문화권 지역에 속하는 프랑스의 경우에 부유층은 석재를 사용한 가옥에서, 가난한 서민들은 목재나 짚 등을 사용한 누옥에서 거주했다.

중세 유럽의 도시는 문을 따로 가진 성벽으로 에워싸여 있었다는 것이 외관상 주요한 특색이다. 전란이나 약탈이 빈번했으므로, 도시의 자유와 평화가 그 성벽에 의해 지켜졌기 때문이다. 방어상의 목적으로 중세 가옥들은 대개 빽빽하게 지어졌다. 또 추위와 강풍을 막기 위해, 거리를 일부러 미로처럼 만들었다는 설도 있다. 집집마다 신변의 안전을 고려해서 창을 작게 만들었으며 나무로 만든 덧문을 달아 두었다. 궂은 날씨나 밤이 되면 사람들은 창문을 굳게 닫았다. 창문이 너무 작았기 때문에 안에서는

89 | 손세관, 『도시주거 형성의 역사』, 열화당, 2000, p.116.

중세 도시의 형성과 도시민의 부상

중세의 암흑기가 걷히고, 질서와 평화가 서서히 자리잡자, 농민들은 농장을 확대하고 점차 교외로 뻗어 나가기 시작했다. 유럽 초기의 상인들은 원래 이 마을에서 저 마을로 떠돌아다니면서 잡화를 파는 보잘것없는 행상인들이었다.

금속세공업자의 작업 모습

제노바나 베네치아 등 이탈리아 항구도시들은 동방 상인들과 활발한 무역을 재개했다. 이 항구도시들로부터 나오는 보석이나 실크, 기타 동방 사치품의 수요가 증가하자, 유럽 상인들은 복잡한 무역 업무나 회계에도 익숙해지기 시작했다. 또 그들은 이탈리아 고리대금업자나 은행가들을 상대하면서, 냉철한 사업가로 변신했다. 영국, 벨기에, 독일, 네덜란드 상인들은 석탄이나 목재, 나무, 철, 구리 등을 팔고, 포도주나 올리브유, 사치품 따위를 구입했다. 무역업자들은 점점 부유해짐에 따라, 영주에게 바치는 이윤에 불만을 갖게 되었다. 그리하여 도시민, 즉 성곽bourg의 주민과 영주(또는 왕) 사이에 상호 계약이 체결되었다. 도시민들은 영주에게 일정한 금액을 지불함으로써, 영주로부터의 자유를 인정받는 특허장을 얻어 냈다.

새로운 상인계층은 장인, 석공, 갑옷제조인, 빵 굽는 이, 구두장이, 밧줄제조인, 염색업자 등 각종 숙련 노동자들로 구성되어 있었다. 모든 직인들 가운데 석공이 가장 좋은 대우를 받았다. 그들은 대성당, 병원, 대학, 성城 등을 지었다. 상인들의 이익을 보호하기 위해 길드가 형성되었고, 도시의 '시장'은 이제 생활의 중심지가 되었다.

밖을 내다볼 수 있었으나, 외부인은 안을 들여다볼 수 없었다. 집 안은 좁고 추운데다 습기 차고 어두웠다. 그래서 벽으로 둘러싸인 집보다 햇볕이 잘 드는 옥외가 훨씬 더 따뜻하고 밝은 편이었다.

중세에는 이미 고층건물이 도시를 장식했다. 2층, 3층, 때로는 5층, 6층까지 솟았다. 대개는 아래층이 여관, 술집, 빵집, 푸줏간, 양화점, 대장간, 제혁업소, 은방銀房, 목공소, 그릇가게, 직물점, 염색소 등과 같은 영업장소였고, 위층은 살림채였다. 고층건물들 사이에는 공간이 없었으며 대개는 건물의 위층이 서로 붙어 있었다. 그 밑의 구불구불한 소로小路 역시, 일 년 내내 어둡고 음산했다. 때로는 길 위로 건물이 내려앉아서, 지나가는 통행인들을 깔아뭉개는 대형사고가 발생하기도 했다. 그래서 시 당국은 건물 높이를 제한했다. 당시에 도시 상하수도 시설은 엉망이었다. 일반시민들은 몇 개 안 되는 우물을 공동으로 사용했고, 하수도라고는 좁은 도랑밖에 없었다. 또한 거리가 유일한 쓰레기처리장(?)이었던 터라, 행인들은 길을 걷다가 갑자기 위에서 떨어지는 오물 세례를 당하는 경우도 적지 않았다.

도시의 광장으로 가 보자. 도시의 중심에 위치한 광장은 가장 크고 화려한 두 개의 건물인 시 청사와 교회 앞에 있다. 광장은 몹시 붐빈다. 여기서 장이 서기 때문이다. 이곳만은 포장이 잘 되어 있다. 수공업 제품 외에 모피, 나사, 설탕이나 향료 등 상품의 대부분이 여기서 거래된다. 중세 무렵부터 개구리나 달팽이도 상품목록에 들어가 있다. 거래 장소는 물론 건물의 내부인 상점이지만, 노천에서 고함을 질러 가며 생선이나 유제품(버터, 치즈), 달걀 꾸러미를 파는 행상들도 북적댄다.

성문 밖으로 나가 보자. 성문은 해 뜰 무렵에 활짝 열리고, 해 질 녘에

재미있는 토막이야기

사형

중세의 화형식 장면.

중세시대에 사형은 굉장한 볼거리였다. 사형 집행 시 광장이나 거리 곳곳은 구경나온 사람들로 인산인해를 이뤘다. 1413년 7월 1일, 샤를 6세 당시에 파리 시장인 피에르 데 제사르Pierre des Essarts는 사형 선고를 받았다. 문제의 파리 시장은 궁전에서 현재 생드니 거리인 옴리Heaumerie까지 질질 끌려가는 수모를 당했고, 그 다음에 마차로 호송되었다. 그는 손에 나무십자가를 쥐고 있었고, 담비로 안을 댄 체크 무늬의 우플랑드(소매없는 외투)와 흰 반바지에 검은 덧신을 신고 있었다. 구경꾼들은 그를 연민의 눈초리로 바라보았으나, 당사자는 줄곧 헤죽거리며 웃고 있었다. 사람들은 그가 완전히 미쳤다고 생각했다. 사형집행인들은 레알 시장에서 그를 참수한 다음, 죽은 시체를 다시 공시대 위에 매달았다.

사형 방식은 신분에 따라 달라졌다. 일반적으로 귀족들은 명예로운(?) 죽음인 참수형을 당한 다음에 다시 교수형에 처해지는, 다소 번거로운 이중 절차를 밟았다. 귀족들은 그들의 신분을 나타내는 화려한 의상을 그대로 입은 채 형을 받았지만, 평민들은 옷이 벗겨진 채 단지 셔츠 차림으로 교수형을 당했다. 어쨌든 결과는 매한가지이나, 귀족은 죽음 앞에서 평민보다 훨씬 더 예우를 받았던 것이 사실이다. 그래서 프랑스 혁명 당시에 귀족이나 평민이 모두 차별 없이 단두대의 이슬로 사라진 것은, 죽음의 불평등 현상이 소멸된 것을 의미했다.

사형 방식은 또한 범죄의 성격에 따라 달라졌다. 살인강도의 경우에는 질질 끌려 다니다가 교수형에 처해졌다. 대역 죄인들은 참수형을 당했다. 데 제사르는 내란 시에 정적들을 부당하게 죽게 만들었다고 기소되었는데, 그는 살인범인 동시에 정치범이었기 때문에 질질 끌려 다니다가 참수형을 당하는 최고 형벌을 받았다. 반면에 화폐 위조범들은 부글부글 끓는 커다란 솥에서 삶아 죽는 형을 당했고, 이단자나 마녀들은 영락없이 화형에 처해졌다. 수간이나 근친상간, 동성애자 역시 화형을 당했다. 여성들은 대개 산 채로 구덩이에 매장되거나 화형에 처해졌고, 이따금 교수형을 당하기도 했다. 광인의 경우에는 사형을 면할 수 있었다. 바로 이런 이유 때문에, 데 제사르는 처형 시에 마구 헤픈 웃음을 지었던 것이다. 물론 그의 노력은 수포로 돌아갔지만 말이다.

는 굳게 닫힌다. 그러므로 사람도 가축도 물자도 해가 떠 있는 동안에만 그 성문을 드나들 수 있다. 성문을 나가다 보면, 우리는 기이한 구경거리를 볼 수 있다. 교수대와 거기에 매달려 있는 시체, 그리고 그것을 실어 가는 데 쓰이는 버드나무 가지 발이 그것이다. 교수대 대신에 아름드리 큰 나무가 서 있는 경우도 있다.

이 무렵, 유럽의 각 도시에서는 모든 죄인이 그렇게 교수형에 처해지거나, 아니면 수족을 잘리는 가혹한 형벌을 받았다. 살인, 방화, 절도, 유괴, 그 밖의 무슨 죄이건, 도시의 평화나 질서를 어지럽히는 행위는 용서를 받지 못했다.

성문 밖에는 사방으로 평화로운 전원세계가 시원스럽게 펼쳐져 있었다. 멀리 농가도 보이고, 부지런히 일하는 농부들의 모습도 보였다. 농민들은 가끔 도시의 성 안에 들어가 농산물이나 수공업 원료를 팔고, 일용품을 비롯한 모든 생활필수품을 구입해 왔다. 식량 공급이나 전염병, 화재, 폭동의 위험 때문에 도시에 밀집된 인구의 성장을 우려해 마지않는 도덕가들의 성급한 조바심에도 불구하고, 도시와 농촌은 외관상 그리 명확하게 구분되지 않았다. 도시에도 채마밭과 과수원, 또 도시민들에게 신선한

중세 농민들의 모습. 이들은 세금을 가장 많이 내고 또 노동도 가장 많이 했다.

우유를 공급하기 위한 외양간이 있었기 때문에, 중세의 도시는 목가적인 전원도시의 성격을 띠었다. 당시에 나온 판화들을 보면, 다리를 왕래하는 것은 비단 사람만이 아니다. 양 떼도 다니고 소나 말도 다닌다. 더구나 돼지들이 버려진 짐승 내장이나 썩은 생선, 과일 등의 먹이를 찾아서 온종일 거리를 쏘다녔기 때문에, 심한 경우에는 '돼지를 방목하는 마을'로 착각하기에 알맞았다.

중세의 농민들은 매우 고된 삶을 영위했다. 그들은 사회의 최하층계급에 속했으나, 세금을 가장 많이 내고 또 노동도 가장 많이 했다. 그것이 소위 말하는 소득의 구조적인 불균형 내지 사회적 불평등 현상이었겠지만, 소박한 서민층에게는 아직 그런 정치의식이나 자각이 없었다. 그들은 부동적인 일상의 미궁迷宮 속에 빠진 채, 초인적인 인내심을 가지고 그저 묵묵히 살아갈 뿐이었다. 브로델이 언급한 대로 보통의 인간이 허우적거리는 '거미집(사회 · 환경)'에는 빠져나올 통로가 없다.

이제 농민들의 생생한 삶을 살펴보기로 하자. 중세의 농촌마을은 반드

경작 장면과 가축의 털을 깎는 장면. 농민들은 작은 농장과 밭에서 경작을 하고 집짐승을 치며 살았다.

알사스 지방에 남아 있는 중세 가옥들.

시 그림처럼 아름답고 목가적인 풍경만 있는 것이 아니다. 굴뚝이 달린 지붕들은 낮고, 구불구불하게 난 길들은 그보다 훨씬 나지막하다. 길은 마치 축축한 도랑 같은 느낌을 준다. 교회는 마을의 중심점이며, 유일하게 한 세대에서 다음 세대로 이어지는 튼튼한 건축물이다. 마을의 주택들은 대개 수명이 20년밖에 되지 않는다. 사람들은 집이 낡아서 벽이 무너지게 되면, 완전히 허물고 다시 새 집을 짓는다. 오래된 누옥들은 농기구를 보관하는 창고나 가축들을 키우는 헛간 등으로 이용된다. 마을의 배치는 자유롭고 무질서한 편이며, 교통도 상당히 불편하다. 집들은 대개 밭 한가운데 위치해 있으나, 점차 길가 위에 가지런히 세워지게 된다.

농민들은 작은 오두막에 기거했다. 오늘날 고고학적 발굴에 의해 출토된 집터의 유형들은 불과 몇 개 되지 않는다. 방 한 개가 있는 허름한 오두막인 경우가 대부분이고, 가끔 약간 더 넓은 공간의 2층 오두막집이 발견될 뿐이다. 집을 짓는 건축 재료는 퍽 다양한 편이었다. 기본 재료는 목재

중세 농민들의 사교장소였던 선술집의 모습. 농민들은 하루 일과가 끝나면 남녀 가리지 않고 선술집에 모여 맥주를 마셨다.

이나, 목재 구입이 항상 쉬웠던 것은 아니다. 14세기에는 목재가 몹시 귀했으므로, 단지 집의 뼈대를 세우는 데만 사용했다. 벽은 돌이나 광석 또는 석탄덩어리, 진흙과 짚과 초크 따위의 혼합물로 지었다. "엮은 나뭇가지와 잎새, 진흙을 서로 짓이긴 뒤에 하얀색으로 반짝반짝 빛나도록 석회를 얇게 덧바른다."[90]

농민들은 작은 땅뙈기를 지니고 있었는데, 혹시라도 흉년이 들게 되면 영락없이 굶어야 했다. 작은 농장toft이나 주택에 접한 밭crofts은 농민들의 삶의 터전이자, 가족생활의 중심지였다. 그들은 거기서 밭을 일구고 양과 돼지, 닭 등 여러 가지 집짐승을 치며, 어린 자식들을 키우고 이웃들과 교제했다. 그들의 사교생활은 주로 개인주택에 위치한 선술집tavern에서 이루어졌다. 여성들은 매우 적극적으로

90 | Barbara A. Hanawalt, *The Ties that Bound: Peasant Families in Medieval England*, New York: Oxford University Press, 1986.

양조 일에 참여했으나, 선술집의 주인들은 거의 대부분 남성이었다. 그러나 선술집의 고객에는 남녀 구분이 없었다. 그들은 하루의 노동이 끝난 뒤에 꼭 선술집에 들렀다. 기분 좋은 목소리로 맥주를 구입한 다음, 집에 가서 식사와 함께 맥주를 마셨다. 어떤 마을에서는 선술집이 바로 교회 근처에 있는 경우도 있었다. 이런 경우에 선술집은 교구교회의 기금 조성에 단단히 한몫했다. 마르틴 루터의 종교개혁 당시에도, 부패한 성직자들 중에서 탐욕적이고 개인적인 영리 추구를 위해 도박장이나 선술집을 몰래 경영하는 자들이 많았다. 또 서머싯 지방의 크로스콤Crosscomb마을에서는 선술집에서 개인적인 파티를 열기도 했다.

한낮의 마을은 매우 활동적이고 분주한 편이었다. 아이들은 밖에 나와서 장난치고 뛰놀며, 거위 치는 일을 거들었다. 마을의 아낙네들도 부산하게 마을을 돌아다녔다. 공동세탁장에서 빨래를 하고, 샘물을 길어 오는 수고를 했다. 또한 인근 도시에 여러 가지 물건이나 품을 팔러 나갔다. 남자들은 밭에 나가서 일했다. 그들은 한결같이 세상의 모든 여편네들이란 남편들이 밖에서 땀 흘려 일하는 동안에, 쓸데없이 수다만 떨거나 소문을 퍼뜨리는 일에 열중한다고 생각했다.

사회적 불평등 현상은 생활공간에서도 결코 예외일 수 없다. 부유층의 가옥은 농민들의 누옥보다 훨씬 더 정교하고 튼튼하게 지어졌다. 대개 서민들의 집(그것을 만일 '집' 이라고 부를 수 있다면)이 흙바닥 위에 골풀이나 나뭇잎 등을 허술히 깔았다면, 부유층 가옥의 마루는 깨끗하게 포장되고 때때로 타일 등으로 장식되었다. 벽에는 고블랭 태피스트리Gobelin tapestry(고블랭은 화려한 그림이나 도안을 짜 넣은 두꺼운 천을 가리킴)가 걸려 있었는데, 이는 장식용일 뿐만 아니라, 찬바람을 막아 주어 실내온도를 따뜻하게 유지해 주는 역할

재미있는 토막이야기

중세의 부엌

중세의 부엌을 방문해 보자. 농가의 부엌은 한가운데 위치한, 돌로 된 노상爐床을 중심으로 이루어져 있다. 이 노상은 요리하는 장소일 뿐 아니라, 난방장치의 구실도 한다. 농가의 아내들은 손수 요리를 하고, 빵도 집의 화덕에서 직접 굽는다. 농민들의 식사는 뜰에서 가꾼 채소와 빵, 그들이 기르는 양이나 염소나 소에서 나온 유제품, 소금에 절이거나 훈제한 돼지고기 식품 등이다. 농민들은 또한 양배추나 당근, 양파를 넣은 야채 스프를 상용한다.

커다란 장원이나 성의 부엌에는 대형 화로가 있다. 거기에는 이글이글거리는 장작불 위에 고기, 심지어는 커다란 황소고기가 꼬치에 매달려 있다. 화재의 위험을 방지하기 위해 부엌은 대체로 본채와 떨어져 있는 경우가 많다. 식품저장실에는 사냥해서 잡은 새와 짐승들, 백조나 야생 오리, 검은 명금鳴禽, 비둘기, 토끼, 양, 사슴, 야생 수퇘지 등이 대롱대롱 걸려 있다.

도 했다. 창을 막은, 격자 구조의 기름종이는 실내에 은은한 빛을 허용하고 바람을 막아 주며, 날씨가 좋을 때에는 잠시 떼었다가 다시 붙일 수도 있었다. 오직 부유층만이 유리창을 사용했는데, 대개 큰 교회나 왕궁에서나 햇빛에 반사되는 투명한 유리를 구경할 수 있었다.

이번에는 중세의 성城생활을 알아보자. 중세 성생활과 연결된 낭만적 이데올로기는 실제와는 상당히 거리가 있다. 근대적인 기준으로 볼 때, 실제로 성 안의 생활은 매우 불편하고 고생스러운 편이었다. 모든 성은 하나의 기본적 주거 시설을 갖추고 있었다. 그것은 바로 홀이었다. 홀의 위치는 주로 1층이나, 때로 안전을 위해 2층에 있는 경우도 있었다. 만일 홀이

재미있는 토막이야기

쓰레기처리장에서 발굴한 '중세인의 흔적'

하수구나 쓰레기처리장에 대한 고고학적 발굴 성과를 통해서 우리는 중세인들의 실생활을 더 정확하게 파악할 수 있다. 이런 폐물 처리 시설로 가장 유명한 것은 바로 영국의 사우샘프턴Southampton에서 발견된 쓰레기처리장이다. 그것은 영국의 어느 저명한 상인의 집에 속한 것으로, 그 안에서 베리, 과일, 견과류, 또 고급자기나 유리, 유럽이나 극동 등지에서 수입한 실크 같은 값비싼 천 조각이 발굴되었다. 또한 이 구덩이에서는 북아프리카산 꼬리 없는 원숭이 유해도 발견되었다. 여기서 나온 쓰레기들로 인해 그 가족들이 고기를 소비했고, 백랍으로 된 정교한 기구를 사용했으며 또 음악을 무척 애호했다는 사실도 밝혀졌다.

1층에 있는 경우에는 바닥이 영락없이 흙이나 돌, 회반죽으로 되어 있었다. 또 홀이 2층에 있는 경우에는 바닥이 목재로 되어 있었다. 카펫은 결코 사용하지 않았고, 그냥 바닥 위에 짚이나 풀 따위를 깔았다. 비록 자주 짚을 갈았다고는 하지만, 에라스무스에 의하면 짚더미 밑에서는 종종 "맥주, 지방분, 파편, 뼈, 침, 개와 고양이의 배설물, 또 불결하고 더러운 모든 것"이 발견되었다.

식사시간이면 영주의 가족들은 홀 저편의 높은 걸상 위에, 손님들은 낮은 걸상 위에 걸터앉았다. 식탁은 홀 안에 있었으나, 대개는 회식 때마다 일시적인 가대架臺 위에 널따란 판자를 얹어 식탁 대용으로 사용하는 경우가 많았다. 만일 영주가 상설常設 식탁을 가지고 있다면, 그것은 굉장한 부를 상징했다.

대체로 어두운 성 안의 조명 시설은 동물지방을 녹여서 만든 양초가 고

중세의 성 모습. 흔히 성 안의 생활이 낭만적일 것이라고 생각하지만 실제로는 매우 불편하고 고생스러웠다.

작이었는데, 담장 못이나 촛대 위에 꽂혀 있었다. 그러나 실제로 중세 때 조명과 따뜻한 열을 제공하는 것은 바로 벽난로였다. 성 안의 잠자는 곳은 항상 커튼으로 가려져 있었다. 좀 더 시간이 흐르면 영주와 영주 부인은 커다란 침실을 갖게 되었다. 침실이 만일 2층에 있는 경우에 영주는 투숙한 손님들의 거동을 몰래 염탐하거나, 또 모든 것이 잘 정돈되어 있는지를 확인하기 위해 벽에 몰래 '구멍'을 뚫기도 했다. 커다란 침실에는 가구가 별로 없었다. 가장 중요한 가구는 물론 커다란 침대였다. 침대의 뼈대는 나무로 되어 있었고, 용수철은 대개 밧줄이나 가죽으로 만들었다. 침대 위에는 벽 틈으로 새어 들어오는 찬바람을 막거나 사생활을 보호하기 위해 리넨으로 된 시트가 드리워져 있었다. 왜냐하면 하인들은 주인의 큰 침대 밑에 달린, 작은 바퀴로 움직이는 침대에서 자는 경우가 많았기 때문이다.

중세 말기에는 성의 살림을 운영하기 위해 많은 사람들을 고용하게 되자, 더 많은 숙박 시설이 필요하게 되었다. 더 많은 인원들을 숙박시키기 위해 막사와 회식실, 홀과 부엌 등이 새로 지어졌다. 부엌은 튼튼한 목재로 지어졌고, 부엌 중심에는 벽난로가 있었다. 벽난로에 걸린 커다란 솥단지 안에서는 고기 스튜 요리가 부글부글 끓고 있었다. 하녀들은 부엌 밖에 마련된 설거지대에서 더러운 요리기구나 식기를 닦았다. 도살용 가축들은 부엌 가까이에서 사육되었고, 채소나 과일, 또 요리용 풀들은 성 안에 있는 정원에서 재배되었다. 성 안의 또 다른 특징은 바로 홀 가까이에 작은 예배당이 있다는 점이었다. 예배당은 대개 2층으로 되어 있었다. 위층에는 영주 가족, 아래층에는 하인들이 앉아서 예배를 보았다. 이 같은 층의 격리는 상층과 하층계급 간의 '분리주의'를 나타내는 첫 번째 지표 중 하나였다.

윌리엄 랭런드William Langland는 이러한 사회분리주의에 깊은 애도의 뜻을 표명했다. "홀은 매일 비탄에 잠겨 있노라! 영주와 영주 부인은 이제 더 이상 홀을 거들떠보지도 않는다. 이제 부유한 자들은 가난뱅이들을 모조리 몰아내기 위해, 어중이떠중이가 모여 있는 커다란 홀을 버리고, 개인 응접실이나 벽난로가 달린 자기 방에서 혼자 식사할 뿐이다."[91]

원래 사생활의 역사는 르네상스기의 소수 상류층으로부터 시작되었으나, 중세 귀족들 사이에서도 벌써 그 조짐이 엿보이기 시작했다. 그러나 중세시대를 설명하면서 집단주의 또는 공동체사회에서 개인주의 사회로의 이행을 언급하는 것은 시기상조다. 개인주의의 보루인 사생활은 17-18세기, 심지어 19세기까지도 부유층에게만 엄격히 허락된 '사치'였다. 한 방에서 부모와 자식, 또 다른 친척들, 기르는 집짐승(개나 염소)까지 함께 생활하는 경우, 은밀한 사생활의 공간을 확보하기는 어렵다. 현대에서 개인주의는 어쩌면 미덕일지도 모른다. 그러나 공동경작을 주로 하는 농업을 생업으로 삼고 있었던 시대에, 실속 없는 개인주의는 사회로부터의 완전한 고립을 의미했다.

위생 관념이 없었던 중세인들

철학자 러셀Bertrand Russell에 의하면, 중세인에게는 충만한 사랑이 있었으나 위생 관념은 도무지 없었던 반면, 합리적인 사고방식을 지닌 현대인에

91 | Joseph & Frances Gies, *Life in a Medieval Castle*, New York: Harper and Row, 1974.

게는 사랑이 결핍되어 있다. 이 말이 시사하듯이, 중세인들은 역병이 유행하면 흩어지지 않고 오히려 밀폐된 공간(예배당)에 모여 신에게 집단적인 '구원'을 요청해서 더 많은 화를 자초했다.

일하는 농부에게 죽음의 신 페스트가 덮치는 장면.

중세 도시의 인구가 증가함에 따라, 비위생적인 조건은 점점 더 악화되었다. 중세의 개업의나 여러 공공기관과 종교기관의 노력에도 불구하고, 중세의 의학지식은 여전히 초보단계였다. 항생제 없이 질병을 치료하는 일은 사실상 거의 불가능하다. 그러나 1800년대까지 항생제는 발명되지 않았다. 특히 중세 때에는 건강과 위생에 관한 많은 미신들이 떠돌았는데, 이는 오늘날까지도 완전히 사라지지 않고 있다.

페스트가 중세 전역을 휩쓸었을 때 중세인들은 속수무책이었다. 파스퇴르가 페스트 균을 발견한 것은 19세기 말이었으니, 당시 사람들이 페스트의 발병요인과 치료법을 알았을 리 없다. 사람들은 집 안에서도 밖에서도 갑자기 쓰러져서 헛소리를 하다가 죽는 환자를 쳐다보기만 했다. 중세인들은 병이 악취에 의해서 널리 퍼진다고 굳게 믿고 있었다. 이에 사람이 쓰러지면 악마가 공기를 더럽혔기 때문이라는 말이 나돌았다. 그래서 좋

환자를 돌보는 중세 의사의 모습. 중세시대에는 이발사가 곧 외과의사였다.

은 냄새를 풍기는 백합과의 약초 알로에를 구해서 태우는 사람들이 있는가 하면, 그와 비슷한 향기를 내는 몰약을 구해서 마시는 사람들도 있었다. 그러나 예나 지금이나 그런 향료가 페스트 예방에 도움이 될 리는 만무하다. 이 두 향료는 모두 열대지방에서 나는 것으로, 알로에는 건위제, 강심제, 또는 강하제로 쓰이고 있으며, 몰약은 흥분제, 경련진정제로 쓰이고 있을 뿐이다. 사태가 심각해지자, 당시에 프랑스 국왕은 유명한 파리 대학과 몽펠리에 대학의 의학부에 치료법을 문의했으나, 문자 그대로 속수무책이었다. 페스트는 그야말로 중세 최악의 재난이었다.

종교적인 심성이 강했던 중세인들은 몸의 질병이 영혼의 죄에서 유래한다고 굳게 믿었다. 그리하여 많은 사람들이 병을 치료하기 위해 명상이나 기도, 순례여행 등 비의료적인 방법에 의지했다. 당시에 육체는 우주의 일부로 간주되었는데, 이런 개념은 고대 그리스 · 로마의 철학에서 유래한 것이다. 이 개념에 의하면, 인간의 네 가지 기질 또는 체액體液은 4원소와 직접적인 관련이 있다. 불은 노란 담즙(중세 의학에서 노여움의 원인으로 믿어졌다), 물은 점액, 흙은 검은 담즙(중세 의학에서 우울증의 원인으로 믿어졌다), 공기는 혈액으로 간주된다. 인간의 네 가지 기질은 균형을 이루어야 한다. 한 가지 요소가 너무 지나치게 많으면, 성격상 많은 문제를 일으킨다. 검은 담즙이 많으면 몹시 우울한 성격이 되어 버린다.

당시에 의사는 위험한 직업이었다. 환자의 건강과 기질을 회복하는 데, '사혈瀉血'이 가장 인기 있는 치료법이었다. 초기의 외과수술은 이발사들이 대개 마취를 하지 않고 행했는데, 이는 말할 수 없이 고통스러웠다. 그렇다고 해서 아무나 이런 치료를 받을 수 있었던 것도 아니다. 오직 부유한 자들만이 의료 혜택을 누릴 수 있었다. 사실상 귀족들의 살찌고 건강한 신체는 영양실조에 걸리거나 병들고 찌든 농민들의 빈약한 신체와는 보기 좋은 대조를 이루었다. 그러므로 정작 의사가 필요한 쪽은 후자였다. 그러나 촌락에 사는 일반 평민들이 주로 도시나 궁정에 거주하는 의사의 도움을 받기란 하늘의 별 따기나 마찬가지였다. 치료법은 주로 자연 성분의 약초나, 흙 벌레, 심지어는 오줌이나 동물의 배설물을 이용한 것이었다. 이런 전통은 민간요법으로 후세까지 계속 전해져 내려온다.

중세인들이 건강을 유지하는 최선의 방법으로 여긴 것은 재채기 같은 자연적인 생리기능이었다. 이런 자연적인 체계가 무너졌을 때 병이 발생한다고 생각했다. 중세의 의사들은 못된 병마를 물리치기 위해 질병 예방과 운동, 훌륭한 식이요법과 좋은 환경을 극구 강조했다.

하지만 중세 의사의 이런 충고는 매일 중노동에 시달리면서 죽으로 연명하는 농노들에게는 가당치 않은 말이었다. 중세 때 기근 소동은 적어도 4년에 한 번씩은 일어났다. 가난한 자는 당연히 굶어 죽었지만, 부유한 자들도 목숨을 부지하기 어려운 때가 한두 번이 아니었다. 이런 상황이니 의사의 배부른 충고는 농노들을 죽도록 혹사시키는 귀족에게나 해당되는

재미있는 토막이야기

중세 기사들의 체력 단련법

전쟁이 없을 때에도 기사는 거의 매일 밖에서 시간을 보냈다. 당시에 평소 체력을 단련하기 위해 성행된 경기는 토너먼트tournament였다. 방화나 약탈을 금지하는 기본 조항을 빼놓으면, 이 경기는 거의 실전이나 다를 바 없었다. 상처 때문에 죽거나, 포로가 되는 기사의 숫자도 상당히 많았다. 패한 자가 무기나 말을 뺏기는 것은 당연한 일이었다. 포로는 몸값을 낸 다음에 자유의 몸이 됐다. 그러므로 기사 입장에서는 토너먼트야말로 전쟁 다음 가는 중요한 행사였다. 이기기만 하면 수입이 괜찮았을 뿐 아니라, 용명勇名을 떨칠 수도 있었다. 일반인들은 그것을 좋은 구경거리로 알았고, 장사꾼들은 구경꾼들을 상대로 장사를 했다. 교황은 너무 위험하고, 또 기사들이 경기에 열중해서 신앙을 소홀히 할까 봐 이를 금지한 적도 있었다. 그러나 교회에서는 십자군 병사를 얻기 위해서 토너먼트를 허가할 수밖에 없었으므로, 교황이 라테란 공의회Lateran council를 통해 두 번이나 선포한 금지령은 효과를 거두지 못했다.

기사들이 토너먼트 다음으로 즐긴 것은 사냥이었다. 토너먼트도 사냥도 단순한 스포츠는 아니었고, 무술을 연마하는 실용성을 겸했다. 더구나 사냥은 식품을 보급한다는 일석이조의 효과가 있었다. 평소에 소 · 돼지 · 양고기를 먹던 기사들이 사슴이나 멧돼지고기를 싫어했을 리는 만무하다. 사슴이나 멧돼지는 대개 네 토막으로 잘렸다. 게다가 기사들은 물고기나 날짐승을 야채와 함께 요리해 먹는 습성도 있었다. 이와 함께 포도주나 맥주를 곁들여 마셨다는 것은 말할 필요도 없다.

기사들의 어마어마한 식욕은 과격한 운동을 한 사람들에게는 어쩌면 당연한 것일 수도 있다. 그렇지만 그런 식욕과 과격한 운동 중에 어느 것이 원인이고 결과인지를 판단하기는 어렵다. 왕성한 에너지를 토너먼트나 사냥으로 발산할 수 없을 때 기사들이 한 일은, 말을 타고 달리면서 무장한 인형을 창으로 찌르고 칼로 베는 색다른 훈련(스포츠)이었다. 그럴 수도 없을 때에는 곰과 싸우듯이 개와 놀았다. 또 겨울이 돼서 정력을 발산할 수 없을 때에는 기사뿐 아니라 그의 부인도 고의로 정맥을 끊어서 피를 없앴다. 이것이 바로 무식하고 지적 욕망도 없었던 중세 기사들의 '건강 유지법'이었다.

말일 것이다.

당시에 가장 훌륭한 진단방식은 소변 검사였다. 즉 환자의 소변 색깔을 통해 치료방법을 구체적으로 결정하는 것이다. 또 다른 진단방식은 맥박을 재거나 혈액을 채취하는 것이었다. 또 완화제나 이뇨제의 사용, 훈증에 의한 소독, 달군 쇠나 부식제로 조직의 일부를 태우는 부식법, 뜨거운 목욕을 하거나 약초를 복용하는 방법이 있었다.

마지막 최후수단으로는 외과수술이 있었다. 당시에 외과수술은 유방암, 누공瘻孔(부스럼의 구멍), 치질, 괴저壞疽(몸이 썩는 병), 백내장, 경부 림프절 결핵에 좋다고 알려져 있었다. 가장 흔한 외과수술은 사혈이었다. 그것은 몸에 흐르는 피의 균형을 회복하려는 것이다. 수술 시에 고통을 경감시키거나, 잠들게 하기 위해 사용하는 물약 그 자체가 환자의 생명에 때로 치명적인 경우도 있었다. 이 물약은 상치나 거세한 수퇘지의 쓸개즙, 아편, 사리풀, 독미나리 즙 등으로 만들어졌는데, 독미나리 즙은 사람들의 목숨을 앗아 갈 정도로 독성이 강했다. 철학자 칸트의 유명한 말인 "늙는 것은 죄악이다. 그 죄악의 대가는 곧 죽음이다."를 차용하자면, 중세처럼 살벌한 시대에 태어난 것은 일종의 죄악이었다. 그 죄악의 대가는 걸리면 속수무책이었던 질병이었다.

실제로 중세의 연대기를 보면, 지진, 태풍, 홍수, 화재, 벼락, 역병, 기근 등 천재지변에 관한 기록이 안 나오는 책이 없고, 또 천재지변이 없었던 해가 없다. 그리고 그런 연대기를 쓴 수도승들은 천재지변이 없는 해를 오히려 괴이하게 생각한 나머지, 그런 것을 억지로라도 꾸며서 써 넣는 것이 자기의 의무가 아닐까 하는 생각조차 가지고 있었다. 문제의 천재지변에 대해서는 현대인들도 무슨 특별한 대책을 가지고 있지 못하지만, 중세인의 경우는 완전히 속수무책이었다. 그런 재앙들은 중세 유럽을 암흑시대로 얘기하고 싶어 하는 사람들에게 좋은 구실을 제공한다.

그러나 중세사가 로페츠Robert S. Lopez가 언급한 대로, 중세인의 비위생적이고 불편한 삶의 조건을 현대인의 안락한 생활과 비교하는 것은 마치 비둘기와 비행기의 속도를 비교하는 것처럼 시대착오적이다. 비행기가 없던 시대에는 비둘기가 그 나름의 존재 이유를 갖는 법이다.

2장

가족생활

돈을 주고 신부를 사다: 초기 결혼제도

4세기 말부터 6세기까지, 북방 민족들은 로마 제국을 무차별 침공하여 통일제국을 무너뜨리고, 자기들 멋대로 군소 국가들을 세우기 시작했다. 기독교시대 1세기의 게르만 민족들의 가족생활에 대한 가장 중요한 자료 중 하나는 바로 로마사가 타키투스의 『게르마니아*Germania*』다. 타키투스에 의하면, 게르만 민족의 결혼관계는 매우 엄격했다. 게르만의 남성들은 대부분 일부일처제에 만족했다. 소수의 상류층이 예외적으로 일부다처제를 실시했으나 성적인 자제력이 없어서가 아니라, 그러한 결합이 사회적 지위상 요구되었기 때문이다.

그러나 타키투스는 튜튼족의 관습을 약간 오해했다. 그는 다음과 같이 말했다. "신부는 신랑에게 지참금을 가져가지 않으며, 오히려 신랑에게서 지참금을 받는다. 부모와 친척들이 모인 자리에서 신랑의 선물에 대한 승인을 결정한다. 선물은 신부의 마음에 들 만한 장신구나 보석류가 아니라,

황소 내지는 화려하게 꾸민 준마와 방패, 창, 무기 같은 것들이다." 그러나 이것은 사실은 선물이 아니라, 거친 구혼자가 신부와 결혼할 권리와, 신부를 지배할 권리를 얻기 위해 신부 아버지에게 지불하는 '신부 몸값 bride price' 이었다.

타키투스의 『게르마니아』 외에도, 카이사르의 『갈리아 전기』를 통해 우리는 기원전 55년경의 영국인들의 가정생활을 대략 파악할 수 있다. 카이사르가 다음과 같이 기술했을 정도로, 원주민들의 가족생활은 야만적이었다. "그들은 공동의 아내를 거느리고 있는데, 특히 형제나 부자지간에 그런 경우가 많다. 만일 아이가 태어나게 되면, 그 처녀와 제일 먼저 결혼한 사람이 바로 아버지가 된다."[92] 또 귀중한 사료로 우리는 다양한 튜튼족의 민속법을 들 수 있다. 로마인들은 오직 부계父系 쪽만 따지나, 튜튼족은 부계와 모계를 모두 친족으로 간주한다. 중세에서 유아 살해나 아이 유기遺棄는 보기 드문 현상이 아니었다. 워낙 가혹한 생존조건에다, 기근과 이민족들의 침입이 잦았기 때문이다. 한 작가는 13세기 말에 어떤 게르만인이 흉년이 들자 아내와 어린 자식을 모두 한꺼번에 팔았다고 전한다.[93]

기독교가 도래하기 전에, 게르만족들 사이에서는 처녀를 무자비하게 약탈하는 습관이 있었다. 그러나 기독교 초기에 이런 야만적인 관행은 처녀를 사 오는 풍습으로 서서히 바뀌게 된다. "처녀를 살 때, 그것이 공정한

92 | Edward P. Cheyney, *Readings in English History*, Boston and New York: Ginn and Company, 1922, pp.15, 16.

93 | F.B. Gummere, *Germanic Origins*, London: David Nutt, 1892, p.154.

거래라면 그녀를 돈을 주고 사 오도록 하라. 그러나 그것이 만약에 사기라면, 그녀를 집으로 돌려보내고 치른 대금을 다시 돌려받도록 하라."[94] 바인홀트Karl Weinhold는 게르만 여성에 관한 연구논문에서 다음과 같이 의미심장한 농부의 말을 인용한다. "총각이 처녀와 결혼하는 것이 아니라 밭과 밭이, 포도원과 포도원이, 또 가축과 가축이 서로 결혼하는 것이다."[95] 물론 처녀를 사는 관행은 10-11세기경에 완전히 사라졌으나, '아내를 산다' 는 표현은 중세 전반을 통해 독일에서 그대로 통용되었다.

튜튼족의 결혼에는 다음 두 단계가 있다. 첫째는 '베베둥Beweddung' 이고, 둘째는 '기프타Gifta' 다. '베베둥' 은 가축이나 무기, 돈 따위를 받는 대가로 딸을 혼인시키는 신부 아버지와 구혼자 간의 상호계약이다. '기프타' 는 아버지가 신부를 신랑에게 넘기는 전통을 가리킨다. 초창기에는 이 두 단계의 매매(?) 절차가 거의 동시에 행해졌으나, 중세 말기에는 그 간격이 점점 멀어졌다. 왜냐하면 '베베둥' 은 이제 약혼식이 되었고, 혼인 계약은 대개 당사자들이 어렸을 때 부모들에 의해 미리 결정되는 경우가 많았기 때문이다.

10세기 이전에, 결혼 풍습에는 몇 가지 변화가 일어난다. 먼저 신부를 사는 조건으로 돈이나 귀금속을 지불하는 '신부 몸값' 의 관행은 더 이상 철저하게 이행되지 않는다. 그것은 단지 결혼식 때 단순한 징표물로서 지불되는 '아라arrha' 로 대체된다. 또 로마의 영향력으로 인해, 신부 아버지가 아닌 신부 자신이 직접 '아라' 를 받는다. 또한 '아라' 는 현대 약혼식

94 | F.B. Gummere, *Ibid.*, p.152.

95 | Karl Weinhold, *Die Deutschen Frauen in dem Mittelalter*, 1897.

반지의 형태를 띤다. 6-9세기경에 이르러 '아라' 는 남편이 아내보다 먼저 사망하는 경우, 남편의 자산에서 나온 일종의 예비저축 형태로 바뀐다. 10세기경에 이르러, '베베둥' 은 남편의 사망 시에 아내에게 지불하는 일정 자산에 대한 형식적인 계약으로 바뀌게 된다. 이 계약은 기이한 의식을 통해 이루어진다. 남녀가 서로 지푸라기를 교환하든지, 동전을 둘로 가르는 의식이다. 중세 말기에 이러한 의식은 악수를 하거나, 증인 앞에서 손을 꼭 잡는 의식으로 바뀐다. 게르만족 사이에서 '베베둥' 은 결혼의 첫 단계로 간주되었기 때문에, 이 기간 중에 부정을 저지른 처녀는 간통죄로 벌을 받았다.[96]

결혼의 두 번째 의식인 '기프타' 를 살펴보도록 하자. 초기에 튜튼족 사이에서는 신부 아버지가 신랑에게 남성의 지배를 상징하는 무기와 모자, 소매 없는 외투 등과 함께 자기 딸을 넘겨주는 풍습이 있었다. 그러면 신랑은 새로 얻은 자기 권위의 상징으로 신부 발을 세차게 밟는다. 그러나 시간이 경과함에 따라 이런 난폭한 관행은 사라지고, 대신에 신부에게 슬리퍼나 신발을 양도하는, 즉 인체에 무해한(?) 관습으로 바뀌게 된다. 우리는 이러한 관습을 통해, 중세 말기까지도 결혼이 순전히 '사적私的' 인 문제였음을 알 수 있다. 10세기까지만 해도 아버지가 신부를 인도했으나, 그 이후부터는 신부가 직접 후견인이나 아버지, 또 가까운 친척이나 친구들 중에서 인도자를 택할 수 있었다. 교회의 반대에도 불구하고, 이 관행은 13세기까지 일반적으로 통용된다. 선택된 후견인 또는 신랑 · 신부가

96 | H. Howord, *History of Matrimonial Institutions*, Vol. I, Chicago: Univ. of Chicago, 1904, pp.258-272.

직접 결혼을 서약하는 단순 결혼식self-gifta도 있었다.

7-10세기경에 아침선물morning gift을 주는 관행이 생겨났다. 그것은 결혼한 다음날 아침에 신랑이 신부가 마음에 드는 경우에 전달하는 선물이다. 앵글로-색슨계 여성들은 남편에게 선물을 받은 다음에, 긴 의자에서 일어나서 흐르는 머리카락을 모두 위로 묶어 올렸다. 이것은 그녀가 이미 공인된 아내이며, 남편이 더 이상 그녀를 친정집으로 돌려보낼 권리가 없다는 것을 의미했다. 초기에 아침선물은 별로 가치가 없었으나, 시간이 경과할수록 중요성을 띠게 된다. 그것은 신부 몸값보다 훨씬 더 중요해진다. 10세기 전까지 남성들은 법에 의해 신부 몸값을 치를 뿐 아니라, 아침선물도 제공해야만 했다. 귀족이나 군주들은 아침선물로 노예나 말, 교회 수입, 거대한 토지 등을 선사했다. 앵글로-색슨의 왕 애설스탠Athelstan의 누이동생인 이디스Eadgyth는 남편인 독일 오토 대제로부터 아침선물로 마크데부르크Magdeburg라는 도시 전체를 하사받았다.[97] 10세기경에 아침선물은 신부 몸값에 흡수되며, 남편이 죽은 후 아내에게 양도되는 '과부산'이 되었다.

교회가 결혼에 관여하다

교회는 사적私的이고 세속적인 게르만족의 결혼에 매우 적극적으로 대처했다. 교회는 게르만족을 개종시킨 다음, 5-8세기에 걸쳐 게르만족이 결

97 | John Thrupp, *The Anglo-Saxon Home*, Adamant Media Corporation, 2002, p.61.

재미있는 토막이야기

기독교의 전래

티베리우스(기원전 4년-기원후 37) 황제시대에 기독교가 로마에 도입되었다. 초기 기독교 시대에 사도 바울로는 주로 수도 로마에서 예수의 교리를 전파했다. 그러나 이탈리아 본토에서 기독교의 전파는 매우 느렸다. 기독교는 겸허와 순수, 자기희생적인 사랑을 강조했는데, 이는 지배주의적이고 쾌락을 추구하는 로마인들의 기질과는 매우 상반된 것이었다. 기독교는 국가적 권위보다 종교적 권위를 우선시했다. 기독교인들은 유일신 신앙 때문에 이교 제단에 제물을 바치거나, 국가에 의해서 신격화된 황제의 숭배를 거부했다. 기독교 지도자들은 평화의 복음을 설파했고, 기독교 개종자들이 로마 군대에 복무하는 것을 저지했다. 바로 이런 이유 때문에 기독교는 로마 제국과 충돌했고, 폭군 네로 같은 로마 황제들로부터 일련의 박해를 받았다.

기독교인들에게 평화의 올리브 가지를 높이 쳐든 이는 바로 갈레리우스 황제였다. 그는 311년에 관용령을 선포했다. 기독교 신도들의 숫자는 이제 놀랄 만큼 증대되었고 제국 내에서 유력 집단으로 성장했기 때문에, 로마 정부도 이제 더 이상 그들을 함부로 탄압하기 어려웠다. 2년 후에 갈레리우스의 후계자였던 콘스탄티누스 대제는 기독교를 공인했다(313). 초기 3세기 동안에 기독교는 이탈리아와 속주 등지에서 매우 서서히 전파되었다. 초기 기독교는 결혼과 가족에 대한 기존의 로마 법이나 관습에 그다지 커다란 영향력을 미치지 않았다. 4세기경에도 로마인들은 여전히 고대 관습에 따라 결혼을 했다. 한편 기독교 교부들은 신도들에게 로마와 상반된 결혼과 가족관계, 또 이혼에 관한 교리를 설파했다. 4세기 후반에 기독교가 로마 제국 내에서 다른 여러 종교들 가운데 최고의 지위를 획득하기 전까지, 로마 제국에서는 이처럼 두 가지 상반된 결혼관이 나란히 병행했다.

혼에 관한 교회법을 따르도록 하기 위해 총력을 기울였다. 그러나 교회는 현명하게도 처음부터 게르만족의 결혼 형태에 공격을 가하지는 않았다. 교회는 이전에 로마 제국의 관습을 받아들였듯이, 게르만족의 관습을 용인했다.

게르만 침입자들의 영향으로 말미암아, 프랑스 갈리아 지역에서는 상대적으로 성性이 문란해지기 시작했다. 프랑크족은 일부다처제를 시행했으며, 이혼도 얼마든지 쉽게 할 수 있었다. 축첩은 말할 것도 없고, 근대의 동거처럼 도덕이나 물질적인 의무감 없이 일시적이며 자유로운 결합의 형태인 '프리델레케Friedeleche'도 성행했다. 프랑크족이 기독교로 개종했을 때, 교회는 이러한 프랑크족의 해이한 풍습을 근절시키기 위해 무척 애를 먹었다.

9세기 초부터 '일부일처제'가 사회 전반에 정착되었다. 그러나 귀족사회에서 결혼 당사자 간의 자유로운 상호합의는 가문의 이해관계에 따라 희생되는 경우가 많았다. 귀족들은 부와 권위를 이룩하는 수단으로 결혼을 이용했다. 교회는 결혼의 '비해체성'을 주장했으나, 귀족들은 툭하면 불임, 성불능, 또는 근친결혼(중세에는 대부 · 대모 등의 관계로 인해 친인척관계가 매우 복잡했다.)임을 빙자하여 이혼하는 사례가 빈번했다. 메로빙거나 카롤링거 왕조시대에 귀족여성들은 매우 일찍 결혼했다. 예를 들어 바틸드Bathilde가 650-651년경에 클로비스 2세와 결혼했을 때 그녀의 나이는 불과 15세였다. 미래의 클로테르 3세를 순산했을 당시에도 그녀의 나이는 17세를 넘지 않았다. 힐드가르드Hildegarde도 15세의 어린 나이에 샤를마뉴 대제와 결혼했고, 비잔틴 제국의 공주인 테오파노 역시 독일 황제 오토 2세와 결혼할 당시 11세의 어린애였다. 그러나 평민계급 여성들의 결혼연령은 이보다 훨씬 높았던 것이 사실이다. 13세기에 평민여성의 3/4이 18-19세에 결혼했다. 반면에 남성들의 결혼연령은 평균 25-27세였다.

11세기 말에 결혼이 비록 교회성사sacrament 중의 하나가 되었다고 해

기독교 교부들의 결혼관

초기 기독교 교부들은 한 번도 결혼한 적이 없었던 독신자 바울로의 견해로부터 지대한 영향을 받았다. 이 지도자의 견해는 다음과 같았다. "음행이 성행하고 있으니 남자는 각각 자기 아내를 가지고 여자는 각각 자기 남편을 가지도록 하십시오."(고린토전서 7장 2절) 그러나 그는 다음과 같이 미심쩍은 태도로 이를 시인했다. "나는 모든 사람이 다 나처럼 살기를 바랍니다. 그러나 사람마다 하느님께로부터 받는 은총의 선물이 각각 다르므로 이 사람은 이렇게 살고 저 사람은 저렇게 삽니다. 결혼하지 않은 사람들과 과부들에게는 나처럼 그대로 독신으로 지내는 것이 좋겠다고 말하고 싶습니다. 그러나 자제할 수 없거든 결혼하십시오. 욕정에 불타는 것보다는 결혼하는 편이 낫습니다."(고린토전서 7장 7~9절) 이런 구절을 통해 우리는 사도 바울로가 결혼을 '비합법적인 성관계의 대체물'로 간주했음을 알 수 있다. 간통을 저지르기보다는 결혼하는 편이 훨씬 낫다는 것이다. 결국 두 개의 악 중 하나를 택하는 문제다.

사도 바울로나 후기 교부들의 강론에서 우리는 결혼이 육체적 결합인 동시에 정신적 결합이라는 점, 또 후자 없이는 사실상 전자의 관계가 거의 불가능하다는 식의 긍정적인 견해를 찾아보기 어렵다. 초기 교부들은 후기 교부들보다 결혼을 좀 더 신성하고 가치 있게 여겼던 것처럼 보인다. 220년에 사망한 알렉산드리아의 클레멘트는 신성한 이미지를 지닌 결혼이 그것을 모독하는 것으로부터 순수하게 보존되어야 한다고 주장했다. 안티오키아의 사교 이그나티오스는 『성聖 폴리카르포스에게 보내는 서신*Epistle to Polycarp*』에서, 또 아테나고라스는 『기독교인을 위한 변명*Plea for Christians*』에서 각기 결혼의 순수성을 주장했다. 그러나 후기 교부들은 저서에서 결혼의 필요성을 마지못해 시인하고 있으며, 오로지 결혼의 육체적 토대만 인정하고 있다. 기독교 내에서 금욕주의 정신이 팽배함에 따라, 결혼에 대한 시인은 더욱 내키지 않는 것이 되어 버렸다. 3세기 초에 테르툴리아누스는 『그의 아내에게 보내는 서신*Letters to his Wife*』에서 "우리는 인류의 온상으로 신이 축복을 내리고, 또 지상을 채우고 공급하기 위해서 창안된 (그러나 혼자 사는 것도 허용된) 남녀들의 결합을 금하지 않는다."고 언급했다. 그러나 테르툴리아누스는 예수가 "여자를 보고 음욕을 품는 사람은 누구든지 이미 마음속으로 그 여자와 간음한 것이다."라고 말한 것을 인용하면서, 만일 "결혼할 생각으로 여자를 쳐다본 이는 간음보다 덜한 죄를 저지른 것인가, 아니면 더 심한 죄를 저지른 것인가?"라고 반문한다. 이처럼 후기 교부들은 결혼에 대해 대체로 부정적인 생각을 지니고 있었다.

그러나 이를 기독교의 전체 사상으로 간주하는 것은 옳지 못한 일이다. 초기 기독교인들은 부패하고 타락한 로마 사회의 한복판에서 예수의 순수한 윤리적 가르침을 전파하려고 노력했던 사람들이다. 당시 로마는 성적으로 문란했고, 이혼이 너무나 빈번한 사회였다. 비록 뜻있는 도덕론자들이 로마인들의 부도덕한 사회생활을 다소 지나치게 과장한 감이 있으나, 우리는 기독교 지도자들의 성적 관계에 대한 불신을 어느 정도 이해할 수 있다. 실제로 로마 제정 당시에 유행했던 대식, 음주습관, 잔인한 게임과 오락경기들은 무제한적인 성적 방종에서 배출구를 찾는 인간의 동물적인 정열을 자극시켰다. 그래서 기독교 교부들은 성애 추구를 모든 악은 아니더라도 적어도 여러 가지 악의 근본으로 생각했던 것이다. 그 결과 교회 역사 초기에는 예수를 특별히 기쁘게 하는 순수 상태인 '미혼(동정, 처녀성)사상'이 기독교인들 사이에 뿌리 깊게 박혀 있었고, 교부들은 이를 승인하고 적극 권장했다.

도, 교회는 다른 성사(세례, 성찬식, 고해성사 등)만큼 혼인에 커다란 영향력을 행사하지는 못했다. 대부분의 기독교 왕국에서, 결혼성사는 아직도 예외적인 현상에 속했다. 그러나 교회는 드디어 성직자가 침대나 신혼부부의 집을 축복하는 축성식이나 또 결혼반지를 교환하는 성스러운 의식을 통해, 결혼을 진정한 종교의식으로 바꾸는 데 성공을 거두었다. 신혼부부들은 교회 결혼식을 통해 다산을 기원하고, 또 상대방에 대한 영원한 성실성을 서약했다. 결혼은 종의 보존을 위한 합법적 의식이었다. 13세기 말에 레몽 륄Raymond Lulle은 아들에게 결혼의 의미를 다음과 같이 설명했다. "결혼은 신의 종복이 될 자녀를 생산하기 위한, 육체와 정신의 결합이다." 12세기경부터 정식 결혼이 아닌, 비합법적인 결합에 의해 탄생한 사생아

재미있는 토막이야기

중세의 출산 조절법

중세인들은 현대인처럼 효과적인 방법으로 출산을 조절할 수 없었다. 교회가 권장하던 방법 중 가장 좋은 것은 교회법이 지정한 특정 기간에 성적인 자제력을 유지하는 것이었다.

유산도 출산을 조절하는 방법이었다. 중세인들은 유산을 하기 위해, 고사리 씨와 생강, 버드나무 잎, 운향, 알로에와 파슬리의 혼합물, 회향, 카밀레 액 등으로 만든 정체불명의 약을 먹었다. 중세에 유산은 엄격한 지탄의 대상이었다. 그러나 태아의 나이나 임신 경위에 따라, 어느 정도 정상이 참작되었다. 가난 때문에 저지른 유산의 경우에는 처벌이 가벼운 편이었으나, 간통죄를 숨기기 위한 낙태의 경우에는 매우 엄했다. 17세기 베드Bède의 '참회규정서'에 따르면, 임신한 지 4일 만에 낙태한 어머니는 1년간 단식이라는 벌이 주어졌고, 40일 만에 낙태한 어머니는 3년간 단식이라는 벌이 내려졌다. 그러나 이 법은 사실상 별로 효력이 없었다. 왜냐하면 그 당시에는 초기 임신사실을 진단하는 일이 그다지 용이하지 않았기 때문이다.

또 다른 출산 조절법으로 유아 살해가 있었다. 하지만 생명 존중과 아이에 대한 애정 때문에 유아 살해라는 관행은 매우 드물었다. 공의회는 아이와 함께 자면서 아이를 질식사시키거나 신생아를 일부러 불 옆에 두어 죽게 만드는 부모에게 엄격한 형을 선고했다. 그러나 그것은 대부분이 고의적인 살인이기보다 부모의 부주의로 인한 과실치사가 많았다. 실제 유아 살해는 항상 빈곤이나 간통죄, 혹은 범죄의 탄로를 두려워하는 감정과 연결되어 있었다. 대개 가난한 여성들은 가장 기독교적인 방법, 즉 키울 수 없는 아이를 갖다 버리는 방법을 택했다. 교회도 가장 가난한 자가 사람의 눈에 즉시 띌 수 있는 공공장소나 교회 문 앞에 아이를 내다 버리는 일을 정당화했다.

그러나 다산과 풍요를 기원하는 중세 사회에서 아이를 거절하는 경우는 드물었고, 대부분의 가정이 아이를 원했다. 사회의 이러한 전반적인 분위기 덕분에, 임신한 여성은 늘 과잉보호를 받았다. 임신한 여성은 법정에 출두하지 않아도 되었고, 그녀가 원할 때 교회를 떠날 수도 있었다. 중세법에 따르면, 만일 임신한 여성이 사형을 선고받는 경우에 재판관은 그 여성이 해산할 때까지 의무적으로 기다려야 했다. 당시에는 뱃속에 있는 아이를 죽이거나, 신비스러운 생명을 잉태한 여성에게 죽음을 선고하는 것은 두려움을 불러일으켰다. 그래서 일반적으로 태어난 아이들은 사내아이든지 계집아이든지 불문하고, 부모의 각별한 보호를 받았다.

들은 사회에서 소외되었고, 귀족집안의 자제인 경우에는 상속에서 완전히 제외되었다. 또한 불임은 당연히 죄악시되었다. 그 당시 많은 종교 기적들은 아이를 잉태하는 것과 연결되어 있었다. 그래서 아이를 낳지 못하는 불행한 부부들은 유명한 성인이나 성모 마리아 제단 앞에서 참회의 눈물을 흘리면서 그들의 자비를 구했다. 귀족의 경우에 가문의 이름과 재산을 물려받을 상속자가 없다는 것은 매우 치명적인 일이었다.

반면에 여러 가지 피치 못할 사정이나 이유 때문에, 아이를 갖지 않으려고 노력하는 부모들도 있었다. 피임이나 유산, 유아 살해 등이 이를 입증한다. 교회는 중세 전반을 통해 이러한 좋지 못한 관행들을 저지하려고 노력했다. 어떤 여성들은 임신하지 않으려고 마법의 물약이나 약초를 몰래 복용하기도 했다. 교회는 이 같은 일종의 살인 행위에 대해 7년간 고행을 하라고 했다. 아이를 낳지 않으려는 이유는 귀족의 경우에는 상속자의 수를 줄이려는 것이고, 평민의 경우에는 너무 가난해서 식구 수를 줄이려는 것이다. 그러나 중세의 피임법은 의술보다는 대개 마술이나 약초, 기도에 의존하는 비효율적인 방법이 주종을 이루었던 만큼, 이러한 관행을 일반화시키는 문제는 상당한 주의를 요한다. 과연 실제로 중세 아동들은 부모로부터 버림받을 만큼 사랑과 자애로운 훈육을 받지 못했는가?

필리프 아리에스Philippe Ariès에 의하면, 오늘날 우리가 인생의 자연스

재미있는 토막이야기

불미스러운 남녀관계와 사생아

여성들은 특별히 성직자를 존경했다. 교육을 많이 받은 성직자들은 거친 속인 남성들보다 훨씬 더 인격적이고 부드럽게 정부情婦를 대했다. 성직자들의 사회적 위치는 여성들의 호감을 살 만했고, 또 그들의 임무 역시 교구 여성들에게 압력을 행사하기에 충분했다. 여성들은 보통 성직과는 거리가 멀었다. 어쩌면 그녀들은 성직자 애인을 통해, 신성성(?)과의 특별한 관계를 유지할 수 있다고 생각했을지도 모른다.

남성들 역시 비밀스러운 정사에 결코 소극적이지 않았다. 그러나 남성들이 자신의 욕구를 만족시키기 위해 무력을 사용할 때 사태는 매우 심각해졌다. 집단강간은 젊은 남성 패거리에 의해 흔히 자행되었다. 기혼남성들은 개인적이고 은밀한 관계를 선호했다. 주인이 하녀를 건드리는 사례도 적지 않았다. 이러한 비합법적 관계를 통해 사생아가 태어났다. 고위층 가문에서 사생아를 두는 경우도 드물지 않았다. 부르고뉴 공, 즉 필리프 3세는 무려 18명의 사생아를 두었다.

런 시기 구분의 하나라고 생각하는 '아동기'는 바로 근대적 산물이다.[98] 전통적인 어머니는 자기 아이에게 거의 무관심하거나 냉담한 편이었다. 구제도의 아동들은 어른들에게 거의 잊힌 존재였다가, 19-20세기에 이르면 그야말로 어른들 위에 군림하는 전제군주가 되는 것이다. 그러나 중세 사가들은 "구제도에서는 아동 개념이 없었다."는 아리에스의 주장에 이의를 제기했다. 오늘날의 서구문화와 비교해 볼 때, 아동이 중세인들의 삶에서 차지하는 비중은 그리 크지 않았다. 그러나 중세 때에도 유년시절은 인

98 | Philippe Ariès, *L'enfant et la vie familiale sous l'Ancien Régime*, Paris: Librairie Plon, 1960.

생에 있어서 공인된 시기였다. 왜냐하면 성인이 되는 과정은 문화적인 것보다 생리적인 경향이 훨씬 더 강했기 때문에, 중세의 농민들도 이 과정을 완전히 무시할 수는 없었다. 중세의 부모들은 현대처럼 아이 양육에 많은 시간을 할애할 수는 없었으나, 그들 나름대로 아이들에게 말하고 일하는 법, 그리고 기술을 가르쳤다. 또 아이들이 성장함에 따라 결혼을 주선하며, 독립된 가정을 이루는 것을 도왔다.[99] 결국 중세의 아동들도 그들의 부모로부터 극진한 사랑과 자애로운 훈육을 받았던 것이다.

중세인의 성性과 사랑

중세인의 심성을 지배했던 교회에 의하면, 육체적 결합은 반드시 종의 보존과 결혼이란 범주 안에서만 가능하다. 육체의 결합은 심지어 죄악의 근원이다. '대교황' 으로 불리는 그레고리우스 1세는 캔터베리의 성 아우구스티누스에게 보내는 한 서신에서 다음과 같이 썼다. "우리는 결혼이 유죄라고 주장하지는 않는다. 그러나 합법적인 결혼도 육체적 욕망 없이는 불가능하기 때문에, 신성한 장소의 출입을 삼가야만 한다." 그러므로 어느 현대사가(장-루이 플랑드랭)의 표현인 '포옹을 위한 시간' 은 중세인에게는 너무 제한되어 있었다.[100] 부부들은 교회의 전례기간과 여성의 월경주기에는 성생활을 삼가야 했다. 혼외정사는 절대적으로 유죄판결을 받았다.

99 | Barbara A. Hanawalt, *op.cit.*.

100 | Jean-Louis Flandrin, *Un temps pour embrasser. Aux origines de la morale sexuelle occidentale*(VIe-XIe siècle), Editions du Seuil, fév. 1983.

재미있는 토막이야기

동성애를 대하는 상반된 태도

중세의 의사들이라고 동성애를 몰랐던 건 아니다. 그러나 페르시아의 철학자이며 의사인 아비센Avicenne이 저술했던 『의학법전*Canon de la médecine*』의 주해자들은 동성애를 거의 언급하지 않았다. 15세기 의사인 자크 드파르Jacques Despars는 동성애자들을 극도로 비난했다. 그들을 감옥에 가두어 굶기고, 계속 잠을 못 자도록 괴롭히면서 피가 날 정도로 매질해야 한다고 주장했다. 그는 소년애를 다루면서 다른 남색증에 대해서도 언급했으나, 곧 침묵해 버렸다. 그가 침묵한 이유는 마치 '금단의 열매' 같은 유해한 지식들을 너무 지나치게 많이 알게 되면 멀쩡하던 자들도 유혹에 빠지거나, 뜻하지 않은 범죄를 저지를 수 있다는 우려 때문이었다.

미국 역사가 존 보스웰John Boswell은 13세기까지 서구 기독교사회에서 동성애가 중요한 비중을 차지했으며, 격렬한 사회 비판이나 유죄의 대상이 되지 않았다고 주장한 바 있다. 그러나 17세기에 영국 역사가이며 수도승인 베드는 남색을 누차 비난했다. 남색가들은 4년간 금식하는 벌을 받았으며, 만일 피고가 수도승이나 누범자인 경우에는 7년간의 단식형을 선고받았다. 여성 동성애자들은 3년, 만일 수녀인 경우에는 7년형을 선고받았다. 824년에 사망한 베티Wetti라는 수도승은 자신이 저승을 여행하는 도중에 한 천사로부터, "자연의 섭리를 거스르는 범죄보다 신을 모독하는 것은 없다."는 얘기를 들었다고 주장했다. 1051년에 피에르 다미앵Pierre Damien 성인은 『고모라의 책*Le Livres de Gomorrhe*』에서 남성들, 특히 성직자들 간의 동성애를 통렬히 비난했다. 그의 주장에 따르면, 많은 성직자들이 징계를 피하기 위해 또 다른 동성애 성직자들 앞에서 고해를 했다고 한다.

시토회의 수도원장인 엘레드Aelred는 동성애의 가치를 설파하고, 심지어 자신이 직접 동성애를 실천한 적이 있다는 대담한 고백까지 했다. 이처럼 성직자들 가운데 동성애자가 적지 않았기 때문에, 교회는 암암리에 동성애에 관대한 일면도 보였다. 그러나 13세기부터는 상황이 달라졌다. 이미 1179년에 라테란 공의회는 동성애를 비난한 적이 있다. 십자군전쟁 이후부터 동성애는 기독교왕국에서 철저하게 배척당한다.

그러나 여성의 혼전순결에 대해서는 극도로 엄격했던 반면에, 남성에게는 대체로 관용이 베풀어졌다. 샤를 6세 시대의 한 사면편지는 어떤 남성의 이야기를 후세에 들려준다. 그 문제의 남성은 한 친구의 권유로 그의 누이동생과 혼인을 했다. 그러나 그는 결혼 첫날밤에 신부가 이미 처녀가 아니라는 사실을 발견하자, 자신의 처남을 죽여 버렸다.

교회는 대체로 성性 문제에 있어서는 남녀의 대등한 의무를 주장했다. 그래서 누구든지 일단 정식 부부가 되면, 부부간의 정조를 금과옥조로 여겨야 했다. 그러나 젊은 처녀들은 유혹에 몸을 내맡기는 경우가 종종 있었다. 농가의 처녀들은 장이 서거나 추수기, 특히 포도 수확기에 이 마을에서 저 마을로 떠돌아다니다가 사고를 치는 경우가 많았다. 그러한 불미스러운 관계는 처녀가 임신했을 때 그만 들통 났다.

도시에서는 매춘이 조직적으로 발달하기 시작했다. 많은 도시들이 시 교부금으로 건설되는 공공매춘업소를 운영했고, 여자 수도원장이나, 또는 매춘부들을 관리 · 충원하는 지배인에게 경영권을 임대하기도 했다.

중세 여성들의 삶과 일

가냘픈 여성이 울창한 가시덤불에 둘러싸인 높은 탑 속에 갇힌 채 백마 탄 기사가 나타나 자신을 어서 구해주기만 기다리고 있다. 이것이 바로 수동적인 중세 여성의 전형적인 이미지다. 그러나 실제로 중세 여성들은 토지를 관리하고 사업을 운영하며 문학작품을 저술했다. 가끔 중세 문학에 등장하는 여주인공들이 기존 질서에 도전하기도 하고, 사회적 불평을 은근

목욕탕 겸 매춘업소 모습. 많은 도시들이 시 교부금으로 매춘업소를 건설 · 운영했으며, 때로 업소의 경영을 여자 수도원장에게 맡기기도 했다.

히 토로할 때도 있었다. 그렇다면 중세 여성들은 어떻게 경제나 정치, 종교, 문화생활에 참여할 수 있었을까?

우리는 중세의 여성작가로 엘로이즈Héloïse, 마리 드 프랑스Marie de France, 크리스틴 드 피장Christine de Pisan 등을 들 수 있다. 이들의 작품에는 '궁정식 연애'가 잘 표현되어 있다. '궁정식 연애'를 비롯한 사랑 이야기를 언급하지 않고, 중세를 언급하는 것은 거의 불가능하다. 이 낭만적인 사랑 이야기는 중세 음유시인들의 주옥같은 시를 통해 후세까지 전해져 내려온다. 그러나 그것은 오랫동안 '구전'으로 전해졌기 때문에, 현존하고 있는 시는 불과 1/10 정도밖에 되지 않는다. 여성 음유시인들은 대개 상류사회의 귀부인들이었다. 만일 중세에 여성해방을 언급하는 일이 불가능하다면, 우리는 적어도 그 당시에 중세 여성들이 아주 뛰어난 기량으로 에로틱하고 시적이며 남성적 코드를 사용한 시가를 연주하는 모습을 살펴볼 수 있다. 14세기에 툴루즈 지방에서 열린 종교재판에 의해 종말을 고할 때까지, 이 음유시인들의 시는 중세 전역으로 퍼져 나갔다. 툴루즈의 재판관들은 음유시인들에게 단지 청혼할 때에만 귀부인을 위해 노래할 것을 명했다. 그래서 모처럼 싹을 틔운 여성해방운동(?)의 기운은 덧없이 소멸하고 말았다.

시를 통해 사랑을 노래하는 여성에서 벗어나, 이번에는 정치권력을 휘두른 여성을 언급하기로 하자. 중세에 귀족가문에서 태어난 여성은 왕비가 될 수 있었다. 아키텐의 엘레오노르Eléonore d'Aquitaine는 처음에 프랑스 왕 루이 7세와 결혼했으나 이혼당하고, 영국 플랜태저넷 가문의 헨리와 재혼했다. 원래 정치 · 권력욕의 화신이었던 그녀는 프랑스를, 그 다음에는 영국을 차례로 지배했다. 영주가 십자군에 참여하거나 죽고 없는 경우

'궁정식 연애' 개념과 중세시대의 실제 연애

당시 음유시인들이 노래한 대표적인 테마는 바로 '궁정식 연애'였다. 이는 젊은 기사와 귀부인의 정신적 애정관계를 가리키는 말이다. 이 경우에 귀부인은 기사가 섬기는 주군의 부인인 경우가 많았다. 그리고 두 사람이 원한 것은 육체적 결합이 아니라, 신비한 정신적 합일이었다는 것도 특색이었다. 이런 종류의 관념적인 연애는 기독교 윤리에 의해 정화된 유럽 기사도에서 생겨난 것인데, 근대의 신사도에서 더욱 발전해 부인에 대한 존경심으로 나타나게 되었다.

그러나 이 궁정식 연애는 제한적인 애정 형태, 즉 플라토닉한 연애에 불과하므로 중세 기사의 실제 생활을 밝히는 데에는 별로 도움이 되지 않는다. 실제로 젊은 기사들의 성性생활이란 약탈적이고 일시적이며 공격적인 성격이 강했다. 그들은 우연히 지나가는 서민처녀를 강간하거나, 자신들의 용맹으로 번 돈을 수많은 창녀들과 무의미하게 탕진하거나, 가끔 불행한 과부들을 위로하는 것이 고작이었다. 또 많은 기사를 거느리는 영주들은 때때로 자신의 명성을 고려해서 하녀들을 손님 접대용으로 준비하기도 했다.

궁정식 기사문학이란 것은 원래 서글픈 사랑의 편력을 할 수밖에 없는 운명인데다(중세에 일단 돈 많은 여자 상속인이 되면, 밀려드는 구혼자들 때문에 마음대로 짐을 싸서 수도원에 들어갈 수도 없었다.) 항상 집 안에서 쓸쓸하게 지내야 하는 불행한 상류층 부인 또는 그와 비슷한 처지의 미혼여성들을 대상으로 한 문학이다. 중세에는 내내 여성의 숫자가 남성보다 훨씬 많아서 미혼여성이 의외로 많았다는 것이, 도시의 인구통계에서도 대강 밝혀지고 있다. 더구나 대단히 많은 숫자의 남성이 승려였던 만큼, 여성의 불행은 더했을 것이다. 또 결혼을 했다고 해도, 남편은 첩 외에 전쟁이니 토너먼트니 사냥이니 하면서 주로 밖에 나가 생활했으니, 중세 여성의 불행은 우리들의 상상을 초월한다. 그러므로 불행한 여성이 그녀 나름의 행복, 또는 불성실한 남편에게 보복하는 방법을 추구한 결과 궁정식 연애가 생겨났다고 볼 수도 있다.

그러나 대표적인 중세사가 조르주 뒤비Georges Duby에 의하면, 소위 '궁정식 연애'란 자신의 명망과 인기를 유지하고 관리하기 위한 영주들의 '전략'일 가능성이 크다. 결국 많은 숫자의 젊고 유능한 기사들이 자신의 성에 몰려든다는 것은 대외적으로 자신의 세력의 크기나 정도를 나타내 주는 것이기 때문에, 영주는 아내의 아름다운 자태나 품위를 교묘하게 이용한다는 것이다. 또 후세의 작가나 시인들이 어떤 특수한 목적을 위해, 그것을 실제보다 미화시켰을 가능성도 있다.

궁정식 연애의 장면. 중세 음유시인들은 궁정식 연애, 즉 젊은 기사와 귀부인의 정신적 사랑에 대해 자주 노래했다.

중산층 여성이 남편과 사업에 몰두하는 모습.

에 여성들은 장원을 대신 통치했다. 샹파뉴의 영지는 거의 반세기 동안이나 한 여성이 다스렸다. 잔Jeanne과 마리 드 콩스탕티노플Marie de Constantinople이란 두 자매는 플랑드르와 에노 지방을 오랫동안 훌륭하게 통치했다.

12세기경에는 여성들이 지식 전수에서도 커다란 공헌을 했다. 여성들의 수도원 문화가 남성들의 그것보다 훨씬 더 앞선 경우도 적지 않았다. 프랑스에서 가장 오래된 백과전서는 12세기 알자스 지방에서 편찬되었는데, 이는 한 여성, 즉 에라드 드 랑베르Herrade de Landsberg라는 몽-시옹Mont-Sion의 여수도원장의 손에 의해 이루어졌다. 그녀는 또한 의학과 자연과학에 대한 두 저서를 저술했다. 그러나 13세기 초에 파리 대학은 성

일하는 여성들의 모습. 농가의 여성들은 밭일과 집안일을 동시에 해야 했다. 그렇기 때문에 농사철을 제외한다면 남성들보다 훨씬 더 바빴다.

직자들의 독점물인 지식을 여성들에게 엄격히 금지했다. 즉 여성과 하급 성품Ordres mineurs에 있는 자나 탁발수도회에게 지식 전수를 금했다. 1314년에 필리프 4세는 여성의 왕위 계승을 제한했다. 1593년에 파리 고등법원은 여성이 국가 공직에 앉는 일을 금했다. 17세기부터 왕비는 왕위에 오를 수 없었으며, 단지 왕의 배우자일 뿐이었다.

상류층 여성들의 문학, 정치, 종교, 경제활동을 통한 사회 참여가 단지 피상적인 것에 불과했다면, 평민여성들의 경제활동은 이보다 훨씬 더 구체적이었다. 평민여성의 일상생활을 한번 살펴보자. 아침에 기상하면 우선 집 안을 청소한 다음, 부지런히 소젖을 짜고 우유를 거른다. 아이들을 흔들어 깨워 주섬주섬 옷을 입힌다. 아침과 점심, 저녁식사를 준비한다. 또 필요할 때마다 빵을 굽고, 맥주를 만들기 위해 곡물과 엿기름을 방앗간에 보낸다. 틈틈이 버터와 치즈를 만들고, 집에서 사육하는 돼지와 가금류에게 먹이를 준다. 온갖 종류의 곡물을 까불러 겨를 날리고 엿기름을 만드는 것도 역시 그녀의 임무에 속한다. 식구들의 빨래는 물론이고 건초를 만들고 농작물을 거둬들이며, 남편을 도와서 짐차에 거름이나 인분 등을 싣는다. 또 쟁기를 이용해서 밭을 갈기도 하고, 건초를 수북이 쌓는다. 시장에 가서 버터와 치즈, 우유, 달걀, 병아리, 식용 수탉과 암탉, 돼지와 거위, 온갖 종류의 곡물을 내다 판다. 또 가정 살림에 필요한 잡화용품을 사들인다. 집에 돌아와서는 자신이 쓴 돈을 계산한 다음 남편에게 이를 보고한다.[101]

전통적인 농촌가정에서의 남녀 노동 분업

	여성의 임무	남성의 의무
집안일	아이 양육	화덕에 불붙이기
	요리	농가의 회계
	가계부 쓰기	
	농촌 수공업	
바깥일	나무 모으기	술 저장하기
	물 나르기	가축에게 사료 주기
	채소밭 가꾸기	가축 팔기
	가금을 돌보고 유제품 만들기	농업기재 보수하기
	달걀이나 유제품 팔기	삽질이나 가래질하기
	곡물의 키질	밭 갈기
	잡초 뽑기	풀 베기
	돼지고기 저장하기	돼지 잡기

위의 도표를 보면, 남성이 하는 일(대개 중노동)은 여성의 허드렛일보다

101 | P.J.P. Goldberg, *Women in England c. 1275-1525*, Manchester and New York: Manchester University Press, 1995, p.167-168.

그 종류가 훨씬 적은 편임을 알 수 있다. 남성들은 사실상 바쁜 농사철이 아니면 여성들보다 상대적으로 한가한 편이었기 때문에, 선술집에 그냥 죽치고 있는 경우가 많았다. 물론 예외의 경우도 있겠지만 전통 사회에서 서민층의 부부관계는 오늘날처럼 '사랑의 파트너' 이기보다는 '경제적 파트너' 인 경우가 비일비재했다. 농가의 주부들은 하녀처럼 죽도록 일만 했다. 여성들은 힘든 밭일과 집안일을 동시에 했다. 항상 퉁명스럽고 약간 경멸 어린 태도를 보이는 남편이 식사를 끝낸 다음에 여성들은 따로 식사를 했다.

만일 가축과 아내가 동시에 아프다고 가정해 보자. 남편은 병든 가축에게는 서둘러 수의사를 불러 주지만, 병든 마누라에게는 그냥 자연치료법에 맡겨 두었을 뿐, 결코 의사를 불러 주지 않았다.[102] 서민여성들은 수동적이기는커녕 매우 적극적으로 경제활동에 참여했으나, 거기에 합당한 대우를 늘 받은 것은 아니었다.

중세 전기 사회에서 여성의 지위는 매우 낮았다. 중세의 야만법에 따르면, 어떤 자가 살인을 저지른 경우에 그는 죄를 사함받기 위해 피해가족에게 물질적 보상을 할 수 있었다. 그러나 만일 그 희생자가 여성이라면, 그는 가족에게 1/2 정도의 물질만 지급하면 되었다. 여성의 지위는 대개 어머니 역할에만 한정되었다. 중세 사회가 전문적 전사들의 지배사회로 정착되어 감에 따라, 여성의 역할은 더욱 미미해졌다.

12세기경부터 교회는 결혼의 가치와 결혼성사를 높이 고양시키면서

102 | Edward Shorter, *Naissance de la famille modern*, Editions du Seuil, 1977, p.72-73. 원제는 *The making of the Modern Family*(New York, 1975)다.

재미있는 토막이야기

어느 농가 처녀의 하루

나는 팔을 벌리고 크게 하품을 하면서, 짚으로 만든 초라한 침대에서 일어난다. 급히 허름한 긴 튜닉을 걸치고, 어젯밤에 길어 놓은 물로 대충 세수를 한다. 나는 잠시 문가에 기대서서, 잔뜩 찌푸린 아침 하늘을 쳐다본다. "내일 열리는 축제에는 별로 좋지 않은 날씨인데!" 마당에서 노니는 거위들에게 이렇게 아침 인사를 던진다. 작년 이맘때 읽기와 셈을 배우기 위해 나는 여행자들에게 1페니를 지불했다. 나는 비록 쓸 줄은 모르지만, 적어도 20까지는 셀 수 있다. 또 읽기는 곧잘 하는 편이다. 나는 정신없이 잠에 곯아떨어져 있는 어린 자매들을 물끄러미 바라본다. 어머니는 5년 전에 페스트로 돌아가셨고, 아버지는 그 이듬해 농민반란 때 살해당했다. 아침식사로 빵 한 조각과 물을 마시고 나서, 나의 하루를 노래한다.

"아침식사는 빵과 물. 나의 어린 자매들인 메이와 멜린다에게 옷을 입힌다.
나의 거위들에게는 옥수수와 물. 나의 자매들을 채소밭에서 일하게끔 내보낸다.
부지런히 실을 잣고 짜고 바느질하며, 자수를 놓고 양털을 고른다.
점심식사는 빵과 물, 그리고 튀긴 거위 알.
나의 자매들은 푸르른 들판에서 노니는 하얀 양 떼를 돌본다.
교회에서 자매들과 기도를 하고, 내가 만든 옷가지를 성 안에 넘겨주고 돌아온다.
저녁식사는 튀김 생선과 역시 튀긴 거위 알, 그리고 빵과 물.
침대를 잘 정리하고, 자기 전에 꼭 기도를 한다."

여성에게 점차로 존엄성을 부여하기 시작했다. 중세 유럽 여성의 법적 지위는 고대 그리스 여성보다 훨씬 더 높았던 것이 사실이다. 게르만족 사회에는 '남녀 평등' 관념이 일부 존재했다. 여기에 기독교사상이 가미되자, 남자 못지않게 활동적이고 사회적으로 우대받는 여자 수도원장이 등장했

재미있는 토막이야기

어느 귀족 여성의 하루

나는 하품을 하면서 기지개를 켠다. 나는 곧 아버지의 하녀들이 들어와 나를 살며시 흔들어 깨우리라는 사실을 알고 있다. "우리 아버지는 정말 나를 그 두꺼비처럼 징그럽게 생긴 로크페이스 경과 결혼시키려나?" 나는 그 이름만 생각해도 벌써 진저리가 난다. 가장 끔찍스런 일은 그의 나이가 벌써 75세이며, 성격이 악마처럼 비열하다는 사실이다. 나는 또 다른 구혼자가 훨씬 더 마음에 든다. 그는 곧 스코틀랜드 공작이 될, 라 케이돔 성城의 존 레이프손이다. 현재 나의 나이는 24세이며, 그는 나보다 두 살이 더 많다.

나는 이미 결혼한 경험이 있다. 나의 전남편은 내가 딸 앨리스를 분만했던 2주 전에, 영국군과의 싸움에서 전사했다. 남편이 사망한 것은 오히려 잘된 일이다. 만일 남편이 지금 살아 있다면, 그가 요구한 아들 대신에 딸을 낳았다고 나를 마구 때렸을 것이다. 나의 가엾은 딸 앨리스는 출생한 지 불과 이틀 만에, 그만 성홍열에 걸려 주님 곁으로 가 버렸다.

나는 자애로운 어머니를 잘 기억한다. 어머니는 매사를 잘 처리하셨고, 인내심이 매우 강한 분이셨다. 심지어 내가 가장 싫어하는 실을 잣고 직물을 짜거나 자수를 놓는 일도 무척 잘하셨다. 술고래인데다가 거칠고 늘 고함만 치는 아버지와는 달리, 어머니는 늘 상냥하게 미소 짓고 계셨다. 오, 불쌍한 어머니! 교회가 이혼을 승낙하지 않는 것은 매우 유감스러운 일이다. 아! 하녀들이 오는 발소리가 들린다. 이제 나의 하루가 시작되는 것이다.

을 뿐 아니라 12세기 말에는 여자의 '봉토상속권'이 공인되었다. 그뿐 아니라, 도시에서는 도시법에 의해 독립된 상인으로 활동할 수 있는 권리가 여자에게도 부여되었다. 이런 일은 당연히 중세 여성의 지위를 고대 여성보다 훨씬 더 높여 주었다. 그렇다면 이러한 법적 지위가 실제 생활에서도

재미있는 토막이야기

봉건시대의 기혼여성이 가진 재산권

봉건시대가 도래하기 전에 유럽 대륙과 영국 여성들은 상대적으로 많은 재산권을 향유했다. 첫째 신부의 몸값bride price, 둘째 아침선물morning gift, 셋째 게라드gerade를 들 수 있다. 게라드는 리넨이나 가구, 장신구, 돈, 가금류 따위로 이루어져 있으며, 어머니가 딸에게 물려주는 것이 정석이었다. 부족마다 어느 정도 차이는 있으나, 게라드를 제외한 나머지의 여성 재산은 남편이 직접 관리했다. 또 로마의 영향을 받은 서고트족을 제외한 나머지 튜튼족들은 여성의 '토지소유권'을 인정하지 않았다.

봉건시대가 도래하면서 여성의 재산권은 축소되며, 여성의 지위도 하향한다. 헨리 2세(1154-1189) 치세기에, 앵글로-색슨족의 아침선물은 노르만인의 '과부산dower', 즉 결혼 시에 남편 부동산의 1/3에 대한 평생수익권으로 바꾸어진다. 그러나 노르만계 여성은 남편의 생전에 과부산에 대한 권리를 주장할 수 없었다. 문자 그대로 과부산은 죽은 남편의 유산 중에서 과부가 받는 부분을 가리킨다.

초기 앵글로-색슨 시대의 딸들은 아들과 동등하게 부모의 재산을 상속받았으나, 노르만계의 왕들이 영국을 통치하면서부터 새로운 제도가 생겨났다. 글랜빌Glanvill 법은 "만일 어떤 이가 외아들 상속인과 딸들을 여러 명 거느리고 있다면, 당연히 아들이 모든 재산을 물려받아야 한다."고 명시했다. 봉건시대에 로마 관습이 점차로 이식됨에 따라, 딸을 시집보낼 때 부모들이 '지참금'을 마련하는 관습이 생겨났다. 결혼이 유효한 한, 이 지참금은 남편의 소유였다. 또 아내가 먼저 사망한 경우에도 남편은 여전히 지참금에 대한 권리가 있었다. 그러나 남편의 사망 시, 아내는 과부산과 지참금에 대한 권리가 있었다. 여성의 법적 지위도 약간 축소되었다. 글랜빌 법에는 다음의 조항이 있었다. "남편과 아내는 일인一人이며, 여기서 인人은 남편을 가리킨다." "남편의 권한 밑에 있는 한, 아내는 어떤 상황에서도 남편의 의지를 거역할 수 없다." 영국의 이러한 봉건가족법의 부당성에 대해, 프랑스 저자인 라불레Laboulaye는 '원시적이고 야만적인 규약code의 가혹성'이라고 신랄하게 비판했다.

봉건시대에 여성의 재산권이 축소된 원인은 다음과 같다. 군사적 토지 보유military

tenure(군사적 방어를 목적으로 토지를 보유하는 것을 가리킴)가 보편화됨에 따라 여성의 권리는 자연히 축소될 수밖에 없었다. 왜냐하면 봉건주의는 가정 내 여성들의 봉사보다는, 강인한 전투력을 지닌 남성들의 봉사를 더욱 높이 평가했기 때문이다. 또 중세의 구혼자들은 결혼지참금을 손에 넣기 위해, 신부 아버지에게 군사적 봉사를 제공하는 경우가 많았으므로, 당연히 그는 미래 신부의 재산에 대해 자신이 어느 정도 권리가 있다고 생각했다. 또 여성이 많은 토지재산을 보유하게 되는 경우, 주군은 봉封에 대한 대가로 군사적 지원을 받을 수 없다는 점을 고려해야 했다.

중세 로망스 『기라르 드 비안*Girars de Viane*』에서 부르고뉴의 공작부인은 왕에게 다음과 같이 호소했다. "저의 남편은 죽었어요. 그러나 아무리 슬퍼한들 그게 다 무슨 소용이 있겠습니까. 제 토지를 방어하느라 지독한 압박을 받고 있는 저한테 부디 신랑감으로 강한 남성을 주시기 바랍니다!"

그대로 인정되었을까?

사실상 중세 시민의 풍자문학에서 가장 널리 다루어진 테마 중 하나가, 여자한테 쥐어 지내는 남편의 얘기다. 그러나 한편으로는 법적 지위에 아랑곳하지 않고 여자를 소나 말처럼 마구 다룬 남편들이 많았던 것도 사실이다. 12세기에 성행한 프랑스의 서사시 · 무훈시 속에는 조금이라도 지나친 말을 늘어놓은 여성은 으레 그 콧대를 호되게 얻어맞는 이야기가 나온다. 이후 14세기에 가서는 콧대가 아주 박살 나 버릴 정도로 맞는 여자의 이야기와, 다시는 세상에 얼굴을 내밀지 못한 여자의 이야기도 나온다. 무훈시는 특히 무사의 노래이기 때문에 여자의 거처를 아이들의 방이나 부엌, 아니면 일하는 방으로 규정하고, 또 페미니스트를 못마땅하게 여겼음이 틀림없다.

기독교는 "신이 맺어 주신 것, 사람이 이것을 풀어서는 안 된다." 또는 "누구든지 음행한 연고 없이 아내를 버리면 이는 아내로 하여금 간음하게

중세의 이혼

초기 게르만 부족들 사이에서 이혼하는 권리는 남편의 특권이었다. 그러나 남성들은 부당하게 이혼당한 여성의 남성 친척들이 손해배상을 청구하거나, 유혈 복수극을 벌일 것을 두려워하여 이런 특권(?)을 사용하는 일을 되도록이면 삼갔다. 부르군트 족은 로마의 영향력 때문에, 상호합의에 의한 이혼을 승인했다. 부르군트족의 민속법은 다른 부족들에게도 점차 확산되기 시작했다. 그러나 이런 부족들의 관습법은 남편과 아내의 간통에 엄격한 차별을 두었다. 간통 현장이 발각된 경우, 기혼남성도 그 자리에서 살해당할 수가 있다. 그러나 이 불의의 사내가 살해당하는 진정한 사유는 자기 아내에 대한 불성실 때문이 아니라, '다른 남편의 권리'를 침해했기 때문이다. 간통이 남녀에게 모두 가증스런 범죄라는 교회 측의 주장은 초기 민족들에게 그다지 설득력이 없었다.

교회는 원칙적으로 결혼의 엄격한 '비해체성'을 주장했으나, 다음과 같은 두 가지 조건에서 이혼(사실상 결혼에 대한 무효선언)을 허용했다. 교회는 '법적으로 무효null and avoid'인 결혼을 지칭하기 위해서 첫째, '혼인계약이나 구속으로부터의 이탈divortium a vinculo matrimonii'과 둘째, '숙박과 식사로부터의 이탈divortium a mensa et thoro(즉, 부부생활로부터의 이탈)'이란 용어를 채택했다.

전자의 경우를 예로 들어보자. 만일 **7**촌 이내의 친척과 결혼한 경우 그 결혼은 무효화된다. 그것은 비단 혈연관계뿐 아니라 영적인 관계(대부 · 대모)까지 총망라하고 있었기 때문에, 한 현대 역사가는 교회가 너무 많은 혼인 장애를 창출시킴으로써 결혼을 마치 기회나 요행의 문제로 만들어 버렸다고 혹평했다. 그래서 결혼생활에 불만이 있는 부부들은 우선 자신들의 가계부터 조사하는 웃지 못할 일도 생겨났다. 후자의 경우는 배우자의 간통이나 이단, 배교, 잔인성 등을 들 수 있는데, 교회는 이때 별거령을 내렸다. 트윙C.F. Thwing이란 역사가는 『가족*Family*』에서, 결혼의 무효화를 "중세 교회의 최고 번영 사업"이라고 평가했다. "교회의 어떠한 권한도 이것처럼 많은 수익을 올린 것도, 또 많은 추문을 일으킨 것도 없었다."고 덧붙였다.

재미있는 토막이야기

순종하지 않는 아내들

중세 초기의 남편들은 마누라가 순종적이지 않을 때, 매질로도 안 되는 경우에는 아예 장에 내다 팔았다. 특히 앵글로-색슨족들은 게으르고 쾌락만 쫓아 밖으로 나다니는 아내를 혐오했다. 그런 여성은 집안의 남성가장에 의해 신속한 처벌을 받았다. 또 남편에게 몇 차례의 구타를 당했다고, 이에 대한 앙갚음으로 남편을 때리는 여성에게도 무서운 재앙(?)이 내려졌다. 튜튼족들은 남편을 때린 여성을 강제로 뒤를 보게끔 당나귀에 태우고, 이에 놀란 짐승의 꼬리를 잡게 한 뒤에 거리를 행진시켰다.

게르만족들 사이에서도 남성우월주의 사상이 강력하게 뿌리박혀 있었기 때문에, 아내에게 맞고도 그냥 참고 사는 못난 남성에게는 거기에 맞는 벌이 주어졌다. 즉 마을의 장정들이 그 공처가의 집에 우루루 몰려가서 지붕을 걷어 버린다. 요컨대 아내한테 쥐어 사는 우유부단한 남성은 지붕을 머리 위에 이고 살 자격이 없다는 것이다. 그러나 이러한 남성우월의식에도 불구하고, 중세 초기 여성들의 지위는 그다지 낮은 편은 아니었다.

교회의 성직자들은 기혼여성 및 미혼여성들의 사회적 지위를 향상시키고, 또 아버지와 남편의 지나친 권위 행사를 경감시키기 위해 노력했다. 그러나 라이트A.D. Wright 같은 역사가에 의하면 교회가 가부장 권위를 약화시킨 것은 여성에 대한 인권보호 차원이기보다는 오히려 가족의 권위를 교회의 권위로 대체시키기 위함이었다.

함이다."와 같이 결혼의 신성한 면과 부부관계의 영속성을 강조했다. 그래서 중세의 군후 가운데에는 섣불리 이혼했다가 파문당한 예도 있고, 이혼하려고 교회의 허가를 요청했다가 끝내는 허탕을 치고 만 예도 있다. 그러나 교회법을 무시한다든지, 교회에서 편법(예컨대, 근친결혼 금지법 규정을 적용해 제멋대로 계보를 조작하는 수가 있었다.)을 쓴다든지 하여 영주의 비행을 정당화한 사례도 허다하다. 게다가 봉건영주가 형식상 한 명의 처를 두고 있기만

하면, 달리 첩을 몇 명 두고 있건 간에 교회에서는 대개 모르는 체했다. 이런 일들로 미루어 보면, 법적 지위를 확보한 중세 유럽의 여성들조차 실제 지위는 '아이를 낳는 도구'에서 별로 나아졌던 것 같지는 않다. 환언하면, 법적 지위는 확보하고 있었을지언정, 인간으로서 기본적인 권리는 예나 다름없이 유린되고 있었다는 이야기다.

3장

문화생활과 여가활동:

민중들의 축제

축제로 민중들의 공격성을 잠재워라

중세의 가족생활에서 우리는 어떻게 기독교가 중세인들의 영 · 육의 생활을 점차 지배해 나갔는지를 간략히 살펴보았다. 그러나 서구는 진정으로 기독교화했는가? 만일 기독교가 지상에서 자기 사명을 훌륭히 완수했다면, 그 시기는 과연 언제부터인가? 중세 엘리트 문화와 민중문화의 이분법을 통해, 이런 의문점을 풀어 나가기로 하자.

우선 농촌의 민중의 행동과 문화를 살펴보기로 한다. 농업혁명과 도시망이 농촌지역에 골고루 침투하기 전까지는, 이미 살펴본 대로 중세의 농촌사회는 매우 정체되어 있었다. 그러나 또한 한편으로는 훗날에 절대왕정의 권력이 지방에 골고루 확산되기 전까지는 농촌사회는 상당한 독자성을 확보하고 있었다.

일종의 '철학 유형'이며 '생존체계'였던 독자적인 민중문화를 이해하려면, 우선 민중들이 몸 담고 있었던 시공간에 대한 분석이 선행되어야 한

중세 농민들의 축제. 농민들은 집단적인 불안정함과 반복적인 지루한 일상 속에서 감정의 배출구를 필요로 했다. 바로 이 역할을 축제가 담당했다.

다. 민중들의 세계관은 민중문화의 중심을 차지하고 있으며, 그것은 민중들이 차지하고 있는 시공간 속에 잘 함축되어 있다. 농민들의 '시간' 개념은 아직도 역사가에게는 미지수다. 도시 상인에게는 그야말로 '시간이 돈'이고 투자의 대상이었으나, 농민들에게는 시간 개념이 그다지 중요하지 않았다. 뤼시앵 페브르Lucien Febre가 지적한 대로 농민들에게 시간은 그저 '대략' 가늠하는 것에 불과했다. 누군가 한 농민에게 아들의 나이를 물어 보면, 그 농민은 대략 11-12세 정도라고 대답하기 일쑤였다. 법정에선 피고 역시 자신이 범행을 저지른 시각이 대략 4주 내지 6주 전이었다고 진술하는 것이 보통이었다. 농민들은 시간을 측정하기 위해서 해, 새들의 비상, 또는 교회 종소리 등에 의존했다. 그러나 이처럼 유동적인 시간 개념은 문화 지체遲滯 현상이 아니라, 그들의 집단정신 구조를 있는 그대로 반영해 주는 것이다. 그들은 아들의 나이를 자세히 따지거나, 식사시간 따위를 정확하게 엄수할 필요가 없었다. 결국 농민들의 시간 개념은 농촌사회의 정체성과 밀접한 연관이 있다. 시간은 계절처럼 반복적이고 '주기적'인 현상이었다. 이처럼 반복적인 일상 속에서, 일종의 변화를 의미하는 축제의 시간과 리듬은 민중문화의 중대한 요소가 되었다.

한편, 농민들은 집단적인 불안정함과 반복적인 지루한 일상 속에서 감정의 배출구를 절대적으로 필요로 했다. 바로 축제가 이런 집단생활의 갈등을 '조정'하는 역할을 했다. 축제의 기본적인 사명은 공동체를 지키고 누적된 갈등을 완화시키며, 민중들의 지나친 공격성을 다른 데로 우회시키는 데 있었다. 농민들의 달력은 본질적으로 기독교적이었다. 그러나 '트리엔트 공의회'를 기점으로 교회가 미신 타파를 위해 체계적인 노력을 기울이기까지, 사실상 많은 종교축제들이 비非기독교적이었다. 이제부터

춤추는 중세 농민들. 대부분의 축제에는 춤이 빠지지 않았는데, 이는 유대의식을 강화하는 데 중요한 역할을 했다.

다양한 기독교 축제들의 성격을 살펴보도록 하자.

사육제-사순절Carnaval-carême, 5월제Mais, 성 요한제St. Jean, 몽소승천일 Assomption(8월 14일), 만성절Toussaint(11월 1일), 12일제(성탄절에서 그리스도의 공현절까지) 등 6가지 축제는 기독교적이면서도 이교적인 이중성을 띠고 있다. 그러나 성촉절Chandeleur, 부활절, 예수 승천절Ascension, 성령강림 대축일 Pentecôte, 성체침례Fête-Dieu 등은 종교적이었다. 이 중에서 부활절은 기독교력의 최고 절정을 이루었으나, 그 당시에는 정기적으로 미사에 참례하는 신자보다 부활절에만 교회에 가는 자들이 더 많았다.

기독교력은 다음 두 가지 범주, 즉 농업활동기와 휴지기로 구분할 수 있다. 5월제, 성 요한제, 몽소승천일 등은 전자에 속하고, 만성절, 성탄절, 사육제-사순절 등은 후자에 속한다. 5월의 제식들은 농업적이고 성性적인 요소가 강했다. 방돔Vendôme이나 아르트루아Artrois 지방에서는 5월 1일에 젊은이들이 공동으로 저녁식사를 했다. 이 축제는 마을 청년층의 특권이었고, 때때로 이웃 마을의 청년 패거리들과 한바탕 격투를 벌이는 기회이기도 했다. 또 5월제는 마을의 단합을 재정의하고, 마음에 드는 처녀를 유혹할 수 있는 호기를 제공했다.

성 요한제는 성자 숭배와 밀접한 연관이 있다. 그러나 축제의 절정은 타오르는 장작더미 앞에 모두 모여 남녀노소 구분 없이 밤새도록 춤을 추는 야외 춤 시간이었다. 그것은 주어진 일정한 영역 안에서 '사회적 유대'를 주기적으로 강화시킬 수 있는 훌륭한 기회를 제공했다. 몽소승천일은 지역에 따라 추수제와 일치했다. 훌륭한 식사와 포도주 덕분에 흥분한 젊은 청년들은 그만 짝짓기에 열중했다.

만성절과 '죽은 자들의 날'은 민중들의 심리와 교묘하게 일치했다. 1387년 11월 1일 샹파뉴 지방에서는 사람들이 일제히 목이 매달린 거위를 향해 끝이 두 갈래로 갈라진 몽둥이를 집어던지는 유희를 행했다. 누아용Noyon 지방 근처에서도 돼지 한 마리를 가지고 이와 비슷한 놀이를 했으나, 그것이 결코 신성모독으로 간주되지는 않았다. 부인의 죽음 앞에서 동시에 울고 웃었던 가르강튀아(프랑스 작가 프랑수아 라블레의 소설 속 주인공)가 말한 대로, 이런 댄스와 놀이의 의미는 그래도 결국 인생은 지속되어야만 한다는 것과, 또 '연령별로 집단을 형성하고 있는' 죽은 자들이 산 자들의 삶에 직접적으로 영향을 미친다는 점을 강력히 시사해 준다. 어느 날 불현듯 찾아온 카뮈의 페스트(죽음)는 현대인에게는 그야말로 불청객이며 암적인 요소이자 공포의 대상이었으나, 중세인들은 일상적인 죽음과 몹시 친숙했다. 이 당시 공동묘지는 사람들이 먹고 마시고 춤추며, 사업상의 거래도 하는 즐거운 환락의 장소였다. 15-16세기의 만성절은 신성한 면과 세속적인 면을 동시에 지니고 있었다. 이는 마치 정령 숭배와 기독교적 복장이 함께 어우러진, 현대 멕시코인들의 '죽은 자들의 날'을 연상시킨다.

12일제의 주기는 농한기에 속했다. 짝짓기, 종교축제, 가족 · 친척들끼리의 단란한 식사, 폭음폭식, 놀이, 소극, 도박, 때때로 난잡한 축제 등 여러 가지 환락이 있었다. 12월 28일 '유아학살제fête des Innocents' 때에는 기존 질서나 사회 위계질서, 가치 등에 대해 신랄한 비판을 가하는 관습이 있었다. 심지어 북프랑스의 '당나귀축제' 에서는 모의摸擬미사의 향로에서 구두를 태우는가 하면, 영국의 '바보축제' 에서는 창녀를 주교 의자에 앉히기도 했다. 그러나 이런 사회적 비판은 단지 축제기간에만 허용되었다. '미친 사람들의 축제fête des fous' 는 이듬해의 다산과 결혼을 기원하는 마술적인 제식이었다. 로마의 목신제처럼 거의 알몸인 젊은 남성들이 여성들을 쫓아다니면서 음란한 몸짓을 취하고, 재나 다른 물건 등을 관객들에게 던지는 의식을 행했다. 12일제는 이처럼 복합적인 성격을 지니고 있었다. 한편 사육제 기간에 소, 돼지, 거위 등을 희생시키고 잔인한 오락의 대상으로 삼는 경우가 많았다.

한편 도시민들도 부유해지고 생활의 여유가 생기자 내세에 대한 관심보다는 현세의 향락에 더욱 쏠리게 되어 더 안락한 생활을 추구하게 되었다. 그러나 도시 축제는 농촌 축제보다 훨씬 더 이중적인 성격을 지니고 있었다. 도시 축제는 비록 겉모습은 정통적인 종교축제를 모방했을지라도, 이교도적 특성과 민중성을 지니고 있었기 때문에 당국의 감시 대상이 되었다. 익살스런 축제와, 공식적 축제에 오염된 민간축제들, 즉 군주들의 축제나 행진이 있었다. 후자의 경우는 부분적으로 특권층에 대한 부르주아 계급의 모방심리에서 비롯된 것이었다. 도시 당국은 도시민의 결속을 다지는 축제를 보존해야 할 필요성과 축제의 남용을 방지해야 할 당위성을 동시에 지니고 있었다.

지금까지 살펴본 서민들의 축제는 세속적 측면이 매우 강하다. 종교에 심드렁하고 무관심한 현대인이 성탄절에만 교회에 가듯이, 신앙의 일상성을 구현하는 주일미사도 마치 연중행사처럼 되어 버렸다. 교회는 게르만족들의 자생적인 민속문화(후일에는 기독교화된 민속문화)를 경건한 기독교문화(엘리트 문화) 속에 통합시키려고 온갖 노력을 기울였으나, 이런 교회의 통제와 구속력이 구체적 결실을 보려면 아무래도 오랜 '시일'이 걸렸다. 더욱이 교회의 지배권은 대개 '위'에서 부과된 것이었으므로, 왕, 귀족에서 서민으로 하향적인 '신앙의 파급효과'를 보려면 좀 더 참을성 있게 기다려야 했다.

그러나 아이러니하게도 그것이 완성된 시기는 교황권이 황제권을 제압한 로마 가톨릭 교회의 절정기가 아니었다. 그것은 오히려 로마 가톨릭 교회에 결정적인 타격을 준 종교개혁과 반종교개혁운동의 이정표라고 할 수 있는 트리엔트 공의회에 의해 구체화되었다. 그러나 이때는 벌써 종교의 사회 지배력이 퇴색하고, 도시를 중심으로 성장하기 시작한 시민층이나 절대왕권으로 권력의 헤게모니가 넘어가는 이행기였다. 따라서 교회 대신 국가의 공권력이 민중들의 생활의 길잡이 노릇을 했다. 우리나라의 경우에도 외래종교인 불교나 유교는 지배층의 통치 이데올로기로 사용되었고, 샤머니즘 같은 토속신앙은 민중들의 삶과 밀접하게 연결되어 있었다. 물론 두 부류의 신앙 사이에 교류가 전혀 없었던 것은 아니지만, 이런 이원주의는 엘리트 문화와 민중문화, 기술문화(문자문화)와 구두문화를 결정하는 중요한 핵을 이루고 있었다.

에필로그

중세를 바라보는 몇 가지 시각

16세기의 종교개혁자들은 '중세의 밤'을 비난했다. 볼테르를 위시한 18세기 철학자들은 중세의 반계몽주의를 극복한 이성의 빛을 찬미했다. 그러나 19세기 낭만주의자들은 미슐레Jules Michelet를 압도시킨 '고통의 천년 시대'의 꿈과 정열을 재발견했다. 중세에 강렬한 향수를 느꼈던 위스망스Joris-karl Huysmans는 중세를 "귀족, 성직자, 부르주아와 평민들이 가장 고귀한 정신을 지녔던 시대"라고 극찬해 마지않았다. 1940년까지 프랑스의 좌파는 중세의 압제와 폭정, 환영을 신랄하게 고발했던 반면, 우파는 중세의 고귀한 정신성과 위대한 인물들을 열거하면서 중세를 고양시켰다. 오늘날 중세사는 역사가, 인류학자, 고고학자들의 집단연구에 힘입어, 한층 유연하고 신중한 새 접근방식을 취하게 된다. 그래서 중세사는 반계몽주의란 오명에서 서서히 벗어나기 시작한다.

지금까지 거대한 로마 제국의 멸망, 이민족의 침입이라는 혼돈 속에서 탄생한 중세의 생활문화를 살펴보았다. 부자와 빈자 간의 물질문화를 통한 사회적 불평등 현상, 도시와 농촌문화, 또 교회가 사회 전반에 미친 영향력을 중심으로 고찰했다. 사실상 중세 유럽 문화의 가장 두드러진 특징은 기독교 중심의 문화라는 데 있다. 교회는 비단 중세 유럽인의 신앙생활만 지배한 것이 아니라, 그들의 일상생활 구석구석까지 침투하여 이를 규제했다. 로마 가톨릭 교회의 주요 임무는 '7성사'를 통해, 사람들을 천국으로 인도하는 일이었다. 교회는 결혼성사를 통해, 남녀의 혼인 문제까지 관장했다. 그렇다면 교회는 결혼이나 은밀하고 비밀스런 사생활의 수호자인가? 후기 기독교 교부들의 엄격하고 염세적인 사상이나 저서에서도 잘 나타나 있듯이, 사실상 교회는 기혼보다는 미혼의 상태를 찬양했다. 즉, 결혼은 종의 보존을 위한 필요악이며, 그저 간음을 막기 위한 제도적 장치일 뿐이었다.

페르디난드 마운트Ferdinand Mount는 『파괴적인 가족*The Subversive Family*』의 '국가와 가족', '교회' 편에서 국가와 교회의 일반적인 가족 경시 관념에 대해, 여러 가지 구체적인 역사적 사례들을 열거했다.[103] 국가는 그동안 우수한 인종 개량이라는 차원에서, 결혼과 가족에 대한 완전한 통제를 시도했다. 마운트는 플라톤 같은 철인이나 히틀러 같은 독재자, 또 국가 이익을 대변하는 모든 이데올로기주의자들이 가족의 '사생활'에 매우 적대적이었다는 주장을 폈다.

마운트의 지론에 의하면, 서구에서 가장 자연스럽고 본질적인 가족제도는 바로 두 남녀의 진정한 성애性愛의 결합에 의해 이루어진 '핵가족' 제도였다. 그러나 가족의 사생활은 국가나 교회 같은 공식적인 제도의 등장으로 인해 끊임없이 침해를 당해 왔다. 그에 의하면 예수는 급진주의자

103 | Ferdinand Mount, *The Subversive Family. An Alternative History of Love and Marriage*, London: Jonathan Cape, 1982.

이거나 일종의 히피족이었고, 장구한 세월에 걸쳐 통치계급의 현명한 조언자였던 플라톤은 공동체에 대한 청사진을 최초로 설계했던 인물이었다. 그리고 카를 마르크스는 약간 보헤미안적 방랑 기질이 있던 혁명론자였다. 이들은 거의 독신이었고, 가족에 대해 모두 무관심하거나 적대적이었다. 마운트는 교회와 국가, 공산주의(또는 전체주의) 등을 모두 '가족의 적'으로 보았다. 그러나 사생활의 보루인 가족은 파괴적인 조직이다. 가족은 인류 역사를 통해 국가의 토대를 잠식해 왔다. 마운트에 의하면, 오히려 가족이 모든 위계질서와 교회, 또 전체주의 같은 집단 이데올로기의 영원한 숙적이다. 그에 따르면 원래 핵가족에서 출발했던 가족제도는 여러 가지 우여곡절 끝에 오늘날과 같이 핵가족이란 본원적 형태로 다시 복귀했다. 오늘날 청춘남녀들은 사랑이란 동기 때문에 결혼하고, 만일 사랑이 식게 되면 교회의 간섭을 전혀 받지 않고 자연스럽게 이혼할 수 있다. 이제 가족은 불완전하나마 국가나 교회로부터 자신의 고유한 사생활 영역을 도로 찾은 것이다. 기독교가 도래하기 전에 그리스 · 로마 사회에서 결혼은 대체로 사적 영역에 속했다.

이상에서 살펴보았듯이 마운트는 비역사적인 주장과 자기 확신을 정당화시키기 위해, 여러 가지 역사적 사실들을 시공간을 초월하여 우리에게 제시하고 있다. 그러나 단지 몇 가지 사례나 검증만을 가지고 사랑에 의한 결혼이냐 이해타산에 의한 결혼이냐, 혹은 가족과 국가(교회)는 항구적인 적대관계에 있는가를 따지기는 어렵다. 물론 과거에 공식적인 압력이 가해지지 않은 결혼은 거의 드물었다. 그러나 마운트는 가족과 국가 간의 첨예한 대립을 설명하기 위해, 과거의 비정상적인 정부나 극단적인 국가 형태, 즉 전체주의나 독재적인 국가들(가령 플라톤의 국가, 나치주의나 공산주의 국가 등)을 주로 예시하고 있다. 그의 주장에 의하면 그것은 매우 좋은 본보기였다. 왜냐하면 과거 대부분의 국가들은 독재국가였고, 결혼과 가족제도를 당연히 통제해야 된다고 믿었기 때문이었다. 그러나 정부가 국가의 기본적인 성원이 될 '건강한 가족'의 유지를 위해서 범국가적인 정책을 실시하고, 개인의 이혼 문제에 개입하여 사회질서를 확립하려는 시도를 무조건 거부할 필요는 없지 않을까? 왜냐하면 개인 없는 사회는 존재할 수 없지만, 역으로 사회 없는 개인도 역시 존재할 수 없기 때문이다. 사실상 로마 가톨릭 교회가 남녀의 결혼이나 성생활에 대해 지나치게 보수주의적이고 엄격한 태도를 취했던 것도, 로마 제정 말기의 문란했던 성풍속에 대한 일종의 반동현상이었다.

끝으로 마운트의 시공간을 초월한 '핵가족 지상주의' 앞에서, 한 가지 흥미로운 의문점이 생긴다. 전통사회에서 서민층의 청춘남녀들은 과연 사랑에 의한 결혼을 했는가? 아니면 외적 강제나 이해타산에 의한 결혼을 했는가? 우리는 앞에서 하층 여성의 중요한 경제적 역할을 이미 언급한 바 있다. 진보주의 역사가 에드워드 쇼터Edward Shorter의 '근대 가족의 탄생'에 관한 연구에 따르면, 전통사회에서 서민층의 부부관계는 오늘날처럼 '사랑의 파트너'이기보다는 경제적 동지의 결합이라는 실용적인 성격이 매우 강했다. 남녀 간의 애틋한 성애, 즉 근대적 사랑의 형태는 주로 상류층에서 많이 나타난다. 물론 상류층도 정략적인, 즉 애정 없는 결혼을 할 수 있다. 그러나 근대적인 애정관도 부부간의 '사생활'과 마찬가지로 초기 귀족에서 부르주아, 나머지 대다수 노동계급까지 점차 확산되는 것이 보편적인 추세였다. 그러나 이러한 진보사관을 깨뜨리는 사례는 얼마든지 있다.

과거 서유럽 지역에서는 농노가 영주의 허락 없이 영주 지배권(장원) 밖으로 나가서 혼인하는 일이 금지되어 있었다. 영주는 '외부혼'을 원하는 농노에게 결혼을 승인하지 않을 뿐 아니라, 그의 노동권을 완전히 박탈할 수도 있었다. 다른 영지의 농노나 자유민과 결혼하려면, 과중한 결혼세를 물어야만 했다. 가장 위대한 중세사가인 폴 비노그라도프Paul Vinogradoff 경에 의하면, 영국의 결혼세merchet는 장원적 착취 가운데 최고의 오명에 해당했다. 농노의 예속적 신분의 유무를 나타내는 이런 부당한 세제의 폐지는 농노반란에서 1차 요구사항 중의 하나였다. 그러나 마운트에 의하면, 농민들이 '사랑'을 위해 결혼을 했다는 증거는 아이러니하게도 바로 이런 부당한 세제와 의무조항으로부터 나온다. 거의 반半기아 상태에 놓여 있었던 그 당시의 농노들로서는 이런 재정적이고 합법적인 사회장애물을 넘기가 어려웠다. 그러나 다른 영지의 농노와의 결혼은 중세 때 의외로 많이 발생했다. 그것은 영주에게도 매우 골치 아픈 문제로 작용했다. 이런 일이 너무나 자주 발생했기 때문에 이런 문제들을 처리하기 위해 열띤 논쟁이 수차례 반복되었고, 여러 가지 복잡한 규칙들도 생겨났다. 사랑이 이런 제도적 장애물(국가, 교회, 장원)을 능히 극복할 수 있다는 가장 놀라운 증거는 자유민과 비자유민의 결혼을 지배하는 봉건법규에서 잘 나타난다. 이런 종류의 잡혼에서 태어난 아이들은 통상적으로 비자유민이 되어야만 했다. 그리고 원래 자유민에 속했던 부모 역시 비자유민이 되어야 했다. 즉 우리가 상상할 수 있는 한 가장 득得이 없는 치명적인 혼인이었다. 그럼에도 불구하고 이처럼 신분적 차등이 있는 결혼이 빈번하게 행해졌기 때문에, 프랑스인과 독일인들은 다음과 같이 의미심장한 경구를 지니게 되었다. "흉사가 경사를 앗아 간다Le mauvais emporte le bon." "아이는 가족의 가장 나쁜 면을 따르게 된다Das Kind folgt der argeren Hand."

과거 개인들의 애정 패턴을 있는 그대로 복원하고, 또 그 감정의 잔해들을 계통적으로 분류한다는 것은 거의 불가능한 일이다. 그러한 정밀한 통계작업이 실현 불가능하기 때문에, 오히려 거기에 대한 의견은 주장하는 이의 문제의식에 따라 얼마든지 자유로울 수 있다. 전통적인 공동체사회로 알려진 중세 사회에서도, 근대적 형태의 철두철미한 개인주의자가 존재하지 말라는 법은 없다. 그러나 한 마리 제비 때문에 봄이 오지 않는 것과 마찬가지로, 이러한 몇 가지 사례들을 정석으로 일반화시키는 역사가가 있다면, 그는 영락없는 시대착오주의자가 되고 말 것이다. 진보주의 사관에 따라 개인주의를 오직 근대화의 산물로만 간주하는 도식적인 태도에도 문제가 있지만, 파종에서 수확에 이르기까지 공동경작이 불가피한 하부경제구조를 지닌 사회에서, 낭만적인 개인플레이(?)를 총체적 현상의 표본으로 간주하는 것은 아무래도 시기상조다. 중세인의 공동체적인 삶에서 벗어나 진정한 개인주의의 서막을 알린 시기는 다음에 살펴볼 르네상스기다.

IV

인문주의를 주창한
르네상스인

짧게 쓰는 르네상스사

르네상스Renaissance란 용어는 원래 불어로 '재생'을 뜻하며, 더 구체적으로는 14-16세기경에 걸쳐 그리스 · 로마의 고전문화가 부활한 것을 의미한다. 르네상스의 탄생 배경은 넓은 의미의 중세세계의 붕괴였다. 중세의 포괄적인 '전체' 개념에서, 자기인식적인 '개체' 개념의 문화를 모색하는 것이 바로 르네상스 특유의 시대정신이다. 그것은 인간성을 속박하던 봉건제도나 교회의 권위로부터 해방되어 자유를 얻으려는 인간정신의 혁신이란 의미를 지니고 있다.

도시를 중심으로 자라난 시민사회를 바탕으로 해서 개화한 이탈리아 르네상스는 근대 시민사회의 경제적 요구에서 나온 '지리상의 발견'과 더불어 근대로 나아가는 문을 열었고, 인문주의와 자아 각성이란 측면에서 성격을 같이 하는 '종교개혁'에도 영향을 미쳤다. 고전적인 문화사가 부르크하르트Jakob Christoph Burckhardt는 이를 '세계와 인간의 발견'이라 했다.

르네상스의 새로운 인간관은 근대적 인간이 형성되고 발전할 수 있는 출발점이 되었다. 르네상스기의 이탈리아에서는 신분이나 사회계층, 또는 혈통 같은 것이 아무런 문제도 되지 않았는데, 이것은 르네상스가 인간의 본질을 철저하게 인식했기 때문이다. 태생이나 가계가 점점 특별한 권위를 잃게 됨에 따라, 개인들은 스스로 능력을 개발해야 했고 사회도 자신의 가치와 매력을 집중적으로 탐구해야 했다. 그래서 개인과 사회는 정교한 예술의 심미적 추구를 이상적인 목표로 삼았다. 그 당시에 이탈리아 남녀들의 표면적인 외양과 일상적인 생활관습은 그 어느 유럽 국가보다도 완벽하고 아름다우며 우아한 세련미가 넘쳐흘렀다. 본서에서는 개인 중심의 인문주의에 초점을 맞추어, 과연 이런 발랄한 시대정신이 어떻게 물질생활에 반영되었는가를 집중적으로 탐구하기로 한다. 또한 신 중심에서 인간 중심 사회로의 포괄적인 이행, 즉 탈세속화 현상이 르네상스 개개인들에게 미친 영향력도 구체적으로 살펴보기로 한다.

이탈리아 르네상스는 16세기에 알프스를 넘어 북유럽에 전파되었다. 지리상의 발견에 따른 번영 중심지의 이동에 따라, 알프스 이북의 여러 지방에서도 자치도시의 성립과 부의 축적이 가능해졌다. 이제 각 지역은 이탈리아 르네상스의 찬란

한 문화를 받아들일 여유가 생겼고, 나아가 독자적인 르네상스의 분위기를 조성할 수 있었다. 또 종이와 금속활자의 보급은 지식의 보편화 내지 대중화를 예비했다. 이것이 바로 사회윤리와 종교 등 광범위한 실제 생활과 연관된 북유럽 르네상스의 모습이다. 이탈리아 르네상스의 바탕이 도시적이고 시민적인 것이었다면, 물론 알프스 이북에서도 도시가 발달하고 봉건사회의 기틀이 무너지고 있었으나 '기독교적 인문주의'의 성격이 강했던 북유럽 르네상스의 정치 중심은 어디까지나 절대군주와 그의 궁정이었다. 이제부터 르네상스기의 사치스런 궁정문화와 바야흐로 개인에 대한 자각에 눈뜨기 시작한 서민문화의 이원법을 중심으로, 르네상스기 생활문화를 탐구해 나가기로 하자.

연대	주요사건
AD 1385-1402	밀라노의 비스콘티 공의 통치기.
1434	메디치가의 코시모가 피렌체에서 권력을 장악하다.
1488	디아스가 희망봉을 발견하다.
1492	콜럼버스가 신대륙을 발견하다.
1494	프랑스가 이탈리아를 침입하다.
1498	바스코 다 가마가 인도 항로를 발견하다.
1502	스페인이 나폴리를 정복하다.
1510	포르투갈인이 고아 지역을 점령하다.
1513	마키아벨리가 『군주론』을 저술하다.
1517	마르틴 루터가 종교개혁운동을 시작하다.
1519	마젤란이 세계일주를 하다.
1521	코르테스가 멕시코를 정복하다.
1524-1525	독일의 농민전쟁.
1534	헨리 8세가 '수장령'을 발표하다.
1535	신성 로마 제국의 황제 카를 5세가 밀라노를 점령하다.
1540	예수회가 공인되다.
1541	칼뱅이 종교개혁을 시작하다.
1545-1564	트리엔트 공의회가 열리다.
1555	아우크스부르크 평화협정이 체결되다.
1558-1603	엘리자베스 1세 통치기.
1562-1598	위그노 전쟁.
1571	레판토 해전이 발발하다.
1588	네덜란드가 독립을 선언하다.
1588	스페인 무적함대가 참패하다.
1598	낭트 칙령이 발표되다.

1장

의식주생활

프랑스 요리를 문명화시킨 이탈리아 요리

르네상스의 식도락가들을 풍자하는 듯한 그림. 아르침볼도(Giuseppe Arcimboldo)의 〈여름〉.

"요리는 냄비를 통해, 식도락은 책을 통해 표현된다." 장 데뮈르Jean Desmur의 이러한 재담이 어느 정도 일리가 있다면, 프랑스 식도락은 14세기 말, 더 정확하게 말하자면 1373년에 기욤 티렐Guillaume Tirel이 샤를 5세의 수석요리사가 되었을 때, 또 1392년에 샤를 6세의 최고 수석요리장으로 승격했을 때 탄생한 셈이다. 기욤 티렐, 즉 타유방Taillevant은 최초의 요리책은 아니나 후세에 가장 많이 알려진 『르 비앙디에Le viandier』라는 수사본手寫本의 프랑스 요리책을 저술한 일등요리사였다.[104] 우리는 프랑스 요리 하면 으레 품위 있고 세련미 넘치는 고급요리를 연상하기 쉬우나, 흉측한 식인 관습까지 생겨날 정도로 비참한 기아와 역경의 시기를 거쳐 온 프랑스의 요리는 그때까지 세상에 별로 알려지지 않았다.

1387년에, 현재 파리 시립병원인 오텔-듀Hôtel-Dieu의 자리에 위치했던 마르무제Marmousets 거리의 한 과자제조인은 이웃집 이발사 고객들의 인육으로 훌륭한 파이를 만들었다. 그 이웃집 이발사의 지하실은 이 과자제조인의 지하실 통로와 비밀리에 연결되어 있었다. 이런 천인공노할 사실이 세상에 발각된 것은, 충성스러운 개 한 마리가 이발소 앞에서 며칠을 계속 무섭게 짖어 댔기 때문이다. 이 영리한 개의 주인은 독일에서 온 유학생이었는데, 운수 나쁘게도 이 이발소에 들어갔다가, 그만 영원한 불귀의 객이 되어 버렸다.

프랑스인들은 적어도 식도락 문제에 관한 한 국수주의자였다. 특히 그들에게 이탈리아 요리는 거의 혐오의 대상이었다. 1629년에 사부아 궁정을 방문했던 한 프랑스인은 다음과 같이 기록했다. "엄청나게 규모가 큰 정찬이었다. 그러나 그것은 애석하게도 고기가 항상 엉망으로 준비되는 이탈리아식이었다. 그것은 회식자를 위한 것이라기보다는 일종의 과시에 불과했다."

1731년에 이탈리아를 여행했던 라바Labat 신부는 다음과 같이 정반대로 기술했다. "훌륭한 포도주, 맛 좋은 과일, 세상에서 가장 훌륭한 종자

104 | Robert J. Courtine, *La gastronomie, Que sais-je?*, PUF, 1970, p.19.

의 곡물과 진귀한 풍미의 야생 새, 또 저렴한 가격의 연하고 섬세한 지방질의 고기가 무진장 선보였다.” 그의 이러한 꿈같은 증언은 로마의 영광이 티끌처럼 사라진 뒤에 계속되었던 ‘기아에 허덕이는 이탈리아’ 라는 고전적 이미지를 많이 완화시켰다. 그는 로마를 언급하면서, “푸줏간이나 푸주업자처럼 깨끗한 직업도 없다. 고기는 항상 깨끗한 천 위에 정갈하게 진열되어 있기 때문에, 고기를 사러 오는 손님들은 절대로 고기를 손으로 직접 만지는 일이 없다. 손님들은 단지 손가락으로 원하는 고기의 부위를 가리키면 된다.”라든지 “훌륭한 저택과 도로, 재기발랄한 사람들과 좋은 가게들”이 있다고 덧붙이면서, “매혹적인 나라”, “이탈리아에 없는 단 한 가지, 그것은 프랑스에서는 무진장 넘쳐 나는 것이다. 그것은 바로 노동에 대한 경쟁의식이다.”라고 좀처럼 믿기 어려운 결론을 내렸다.

어떤 경우에는 요리책보다 여행자들의 목격담이 훨씬 더 일상적인 모습을 진솔하게 전달해 준다. 그러나 여행자들의 증언은 이처럼 서로 일치하지 않는 경우가 많았다. 다만 르네상스 이래 유럽 요리가 이탈리아로부터 많은 영향을 받은 것은 사실이다. 이탈리아 요리는 비록 지도적인 역할은 아닐지라도 선구적인 역할을 담당했다.

훌륭한 이탈리아 요리가 프랑스에도 직수입되었을까? 대식도락가인 카트린 드 메디시스Catherine de Medicis(이탈리아 이름은 카테리나 데 메디치)는 프랑스에 시집올 때, 많은 요리사들을 대동했다. 또한 아티초크, 파이 속에 넣는 맛있는 고기, 편도 크림, 마카롱 과자, 피에몽에서 난 진귀한 송로버섯, 멜론, 로마식 샐러드, 아스파라거스, 오렌지, 체리, 자두 등을 프랑스에 소개했다. 설탕정제공장 역시 이탈리아 베네치아에서 유래했다. 이탈리아 요리, 즉 카트린 드 메디시스와 마리 드 메디시스Marie de Medicis(이탈리아 이름은 마리아 데메디치)의 요리는 프랑스 요리, 그리고 이어서 유럽 요리를 '문명화' 시켰다.

자, 이제부터 이탈리아를 중심으로 화려하게 꽃피운 르네상스기의 식생활을 살펴보기로 하자. 중세에는 반드시 지옥에 떨어진다는 7가지 큰 죄 중에 '폭식gloutonnerie' 도 포함되어 있었다. 그러나 모름지기 먹기를 좋아하는 자는 현생을 사랑하는 자다. 이제 사람들은 아득히 먼 내세의 구원이나 천상의 음식보다는, 십자군운동이나 지리상의 발견으로 인해 지평이 넓어진 무한한 이승의 물질생활에 더욱 관심을 기울였다.

르네상스는 격동의 시기였다. 이러한 시대적 분위기는 식관습에도 여실히 반영되었다. 이 당시 사람들은 되도록이면 잘 먹으려고 노력했다. 가장 가난한 자들도 물론 예외는 아니었다. 그리하여 동물성 단백질의 소비가 날로 증가했다. 덕분에 목축과 어업이 크게 발달했고, 뒤이어 소금과 향료의 수요도 증가했다. 그러나 일상적인 기본음식은 언제나 빵이었다. 그런데 르네상스의 중심지이며, 부르크하르트의 표현에 의하면 "최고의 정치적 자각과 가장 다양한 인간적 발견"을 보여 준 피렌체에서는 정작 빵을 구하기가 몹시 어려웠다. 안젤리코의 제자이며, 르네상스 초기의 화가인 베노초 고촐리Benozzo Gozzoli는 메디치가의 피에로Piero de' Medici에게 다음과 같은 서신을 올렸다. "저는 지난번 서신에서 40플로린(13세기 피렌체의 금화)이 필요하다고 이미 말씀을 드렸습니다. 왜냐하면 지금은 곡물과 기타 필수품을 사 들이는 시기이기 때문입니다. 저는 지극히 간소한 생활을 영위해 왔습니다. 그러나 이제는 더 이상 공께서 제가 한 일을 보시기 전에는 절대로 아무것도 요구하지 않는다는 평소의 제 고상한 철칙을 지키기가 어렵군요." 메디치가의 피에로 역시, 부친인 코시모나 아들 로렌

초와 마찬가지로 피렌체의 위대한 문예 후원자였다. 그러나 고촐리의 서신을 미루어 짐작한다면, 그는 분명히 봉급을 제때에 잘 안 주는 매우 인색한 후원자였음에 틀림없다. 베노초 고촐리와 마찬가지로, 보티첼리의 제자이며 피렌체파의 화가인 필리포 리피Filippo Lippi 역시, 1436년 8월 13일에 피에로에게 이와 비슷한 불만의 서신을 띄웠다. "만일 공이 제게 푼돈을 주시지 않는다면, 제 출발에 상당한 지장이 있을 것 같습니다. 왜냐하면 저는 피렌체에서 가장 가난한 수도승이 되었기 때문입니다. 만일 공께서 공의 저택에 있는 소량의 곡물과 포도주를 제게 허락하신다면, 저는 그것으로 만족하겠습니다."

빵이 고갈되다: 문예 후원자들의 중과세와 피폐해진 농가

르네상스기의 이탈리아에서는 많은 교회와 궁전들이 세워지고, 건축가와 화가, 시인들이 맹활약했기 때문에 점점 돈이 고갈되기 시작했다. 피렌체의 메디치가나 로마의 교황 같은 위대한 문예 후원자들은 돈을 그야말로 물 쓰듯이 낭비했다. 16세기 초까지 특권체제를 누리고 있던 교황령에서는 백성들로부터 무거운 중세를 거두어들였다. 메디치가 출신의 클레멘스 7세가 교황이 되었을 때(1523-1534), 아르멜리니Armellini 추기경은 심지어 우연히 개똥지빠귀와 함께 도시에 들어오는 자에게까지 개똥지빠귀의 세금을 징수할 정도로 로마인의 돈을 우려내는 것으로 악명이 높았다. 이런 부당한 정치는 당연히 불행한 재난을 초래한다. 세리들은 농민들로부터 가축, 쟁기 등 모든 것을 죄다 뜯어 갔기 때문에, 농민들은 로마의 시골을

르네상스기의 걸인들의 모습. 지도층의 과도한 사치는 때로 농민들의 몰락을 가져 왔다. 브뢰헬 1세(Pieter Bruegel de Oudere)의 〈망가진 사람들〉.

버리고 도시로 이주하든지, 아니면 산으로 피신했다. 또 그중 일부는 바티칸의 권위에 대항하여 투쟁을 벌이는 오르시니Orsini나 콜론나Colonna, 스포르차Sforza 가문의 거물급들이 지원하는 산적 떼에 가담하기도 했다.

1581년에 이탈리아를 여행했던 몽테뉴는 로마 부근의 지역이 대부분 '경작되지 않은 채 황폐한' 상태로 방치되어 있었다고 기술했다. 그러나 그는 토지의 결핍보다는 인력의 부족이 훨씬 더 심각하다고 덧붙였다. 몇 년이 지난 후, 또 다른 목격자인 보테로G. Botero는 "로마의 들판과 시골에는 주민들이 거의 없어졌다."고 한탄해 마지않았다. 이처럼 비옥한 농지를 버리는 자들의 수가 급증하자, 자연히 도시에서는 곡물이 귀해졌다. 그래서 당국은 곡물 경작보다 훨씬 더 많은 수익을 가져오는 목축을 적극적으로 권장했다. 그래서 로마의 인근 지역은 이제 양과 염소 떼들의 차지가 되었고, 이 게걸스러운 짐승들이 초목을 전부 먹어 치우고 나면 그 일대는 황량한 사막이 되어 버렸다.

르네상스기의 교황들은 도시의 물자 보급 문제에 있어, 고대 로마의 황제들보다 더 많은 곤란을 겪었던 것처럼 보인다. 그러나 16세기 중반의 로마는 겨우 6만 명의 작은 도시에 불과했다. 이는 2세기경의 로마 인구(대략 백만 명)에 비하면 거의 1/20배나 적은 인구다. 대부분의 로마 주민들은 티베르 강의 만곡에 밀집되어 살고 있었다. 가축들은 옛날에 도시생활의 중심지였던 포룸(광장)에 모여 들어 유유히 풀을 뜯어 먹었고, 이따금 사나운 야생 늑대들이 바티칸의 성벽까지 출몰했다. 교황들은 도시 물자 보급 문제에 많은 노력을 기울였다. 교황 파울루스 4세는 1556년에 과거 로마 제국의 행정을 본떠서, 물자 보급을 담당하는 총독과 위원들을 두었다. 그들은 곡물을 원활하게 보급하고 비상시를 대비해 예비 곡물을 저축하는 역할을 맡았다. 또 곡물 투기자나 독점자들을 기소했고, 빵집주인들을 엄중히 단속했다. 그러나 상황은 점점 더 악화되었다. 1583년에 문자신문 avvisi은 "무려 4일간 로마 광장에서는 빵을 구경할 수 없었다."라고 대서특필했다.

1585년에 펠리체 페레체Felice Peretti가 교황이 되었을 때, 그는 로마에서 연간 필요한 곡물량을 정확히 측정하도록 명했다. 물론 당시로서는 매우 독창적인 이런 곡물소비측정법이 근본적인 문제를 해결한 것은 아니지만, 적어도 이런 방법을 통해 당국은 대기근 시에 과연 어느 정도의 곡

르네상스 농민들의 모습. 브뢰헬 1세의 〈건초 말리기〉

물량을 비축하고, 또 분배해야 되는지를 알 수 있었다. 또한 페레티 교황은 비옥한 농지를 가진 지주들에게 곡물이나 채소를 다시 경작하도록 종용했고, 농업을 재건하기 위해 20만 에퀴écu(옛 금화)라는 대기금을 조성했다. 이 교황의 치세에 빵 가격이 내리기 시작했으나, 이런 행복한 기간은 불과 5년밖에 되지 않았다. 1590년은 어두운 해였다. 불행하게도 흉작이 교황의 죽음(1590년 8월 27일)과 일치했으며, 그것은 이듬해까지도 이어졌다. 혹독한 굶주림이 '영원한 도시' 로마의 주민들을 괴롭혔다. 사람들은 매일 누군가가 기아 때문에 또 쓰러졌다는 소리를 들어야만 했다. 1591년 3월 1일에 당국은 배급표에 따라 빵을 분배하기 시작했다. 로마인들에게는 하루 500그램, 농민들에게는 700그램의 빵이 각각 배급되었다. 평소 농민들의 일일 빵 소비량은 2킬로그램 반이나 되었다. 왜냐하면 그들은 오직 빵과 물만 먹고 살았기 때문이다.

16세기 프랑스에서는 농업의 상황이 매우 안정적이었다. 비록 1562년 이후 바시Wassy의 학살과 종교전쟁 때문에 국가의 번영이 위태로워지기는 했지만, 빵이 없는 경우는 드물었다. 종교전쟁이 종식된 후에 앙리 4세가 즉위하면서 왕국의 백성들에게 약속한 것은 마른 빵이 아니라, 그 유명한 '닭찜요리poule au pot' 였다!

포도주의 확산

이제부터 르네상스기의 음료를 살펴보기로 하자. 고대 이래로 이민족의 침략이나 악천후 때문에 포도 농사를 망치는 경우가 있었지만, 포도 경작은 끊임없이 계속 확장되는 추세였다. 포도는 그리스나 로마의 자갈투성이의 거친 토양에서도 잘 견디었다. 또한 코란이 포도주를 금했음에도 불구하고, 포도주 산업은 아랍 통치를 받은 스페인에서도 잘 정착할 수 있었다. 포도주는 프랑스의 프로방스 지방까지 침입했다. 또 포도주 경작지는 랑그도크, 보르도, 샤랑트Charentes, 앙주, 발-드-루아르Val-de-Loire, 샹파뉴, 론Rhône의 경사면까지 기어 올라갔다. 14세기에 아비뇽의 교황들은 샤토뇌프-칼세르니에Châteauneuf-Calcernier라는 유명한 포도나무를 심었는데, 그것이 바로 '교황의 포도주' 인 샤토뇌프-뒤-파프Châteauneuf-du-Pape의 기원이 된다. 또한 포도는 보졸레, 부르고뉴, 라 뫼즈la Meuse, 모젤, 라인 강 유역까지 널리 확장되었으며, 오스트리아, 헝가리, 불가리아, 유고슬라비아, 루마니아, 러시아의 먼 지역까지 침투해 나갔다.

재미있는 토막이야기

영국인이 사랑한 보르도 포도주

프랑스에서 보르도 포도주가 알려지기 시작한 것은 중세시기였다. 일찍이 4세기경에 시인 오존Ausone은 보르도 포도주를 찬양했지만 보르도 포도주가 정작 명성을 날리기 시작한 것은 백년전쟁(1338-1453)부터였다. 보르도 출신의 귀족여성 아키텐의 엘레오노르가 두 번째 남편, 즉 같은 프랑스 출신이며 플랜태저넷 왕조의 시조였던 헨리 2세에게 결혼지참금으로 자신의 포도밭과 영지를 전부 바치기 전에는 영국은 주로 라 로셸La Rochelle 지방에서 필요한 포도주를 몽땅 사들였다. 그러나 불운한 헨리 2세는 프랑스 왕 필리프 2세에게 패하여 프랑스 봉토를 많이 잃게 되었다. 그는 원래 멧돼지처럼 억셌고, 대식가는 아니나 '창조주의 실수로 생긴 굉장히 큰 배'를 지닌 인물이었다. 영국과 프랑스의 기나긴 전쟁은 다시 라 로셸 지방과 보르도 지방의 소전쟁으로 반복된다. 이 소규모 지역 분쟁으로 인해 라 로셸 포도주는 그만 사양길을 걷게 된다. 그러나 라 로셸 지방의 사람들은 이에 굴하지 않고 포도주 대신에 '코냑'으로 다시 승부를 보았다.

당시에 영국인들은 보르도인들의 충성심을 확보하기 위해 보르도 포도주를 특별 우대했다. 1224년에 영국인들은 항구에 라 로셸 포도주가 상륙하는 것을 엄격히 금지했다. 역사가이자 지리학자인 R. 디옹R. Dion은 유명한 저서 『프랑스의 포도와 포도주의 역사*Histoire de la vigne et du vin en France*』에서 다음과 같이 기술했다. "1224년부터 영국의 성城에서 소비되는 포도주의 3/4을 공급하는 지역은 바로 가스코뉴 지방, 즉 보르도였다." 1235년에 영국인들은 보르도의 시정관들에게 특허장을 부여했다. 영국인들은 특히 보르도 포도주 클라레claret에 열광했다.

보르도 포도주에 대한 영국인들의 열광적 사례로 다음과 같은 이야기가 전해진다. 영국의 에드워드 2세는 질 좋은 최상급 포도주 50통을 매년 그에게 바친다는 조건으로, 생 테미옹의 부르주아들에게 시장 선출권을 허용했다. 또한 포도주를 위한 정기장은 보르도에서 매우 중요한 역할을 했다. 보르도 포도주는 오늘날까지도 영국 런던을 위시한 앵글로-색슨 계통의 국가들에 가장 많이 수출되고 있다.

영국은 초기에 매우 소극적인 자세로 포도주를 수용했다. 거의 3세기 동안 프랑스 아키텐 지방의 포도주를 음미하고 극찬 해마지않았던 영국인들은, 특히 '클라레claret' 라는 귀여운 이름의 보르도 적포도주를 즐겨 수입해 보르도인들을 일거에 부자로 만들었다.

16세기에 유럽 포도주의 분포도는 오늘날과 거의 비슷한 구도를 갖추게 된다. 물론 파리 분지는 포도주 대신에 산업지구, 빌딩과 거주지역으로 탈바꿈하게 되지만, 지하철이나 자전거가 아직 없었던 시절, 즉 불과 얼마 전까지만 해도 파리 시민들은 주말마다 무리 지어 몽마르트 언덕 같은 변두리의 선술집을 찾아다녔다.

르네상스기의 포도주 산업은 이제 획기적인 변화를 맞이했다. 포도주 재배지의 확장이나 포도주 생산량이 아니라, 포도주의 질적 향상이나 합리적인 양조법이 중시되었다. 1554년에 조반 바티스타 스칼리노Giovan Battista Scarlino는 포도주에 관한 저서에서 좋은 포도주 이름과 원산지 이름을 명시했다. 또 계절에 따른 포도주의 적절한 선택과 병을 치유하는 방법에 대해서도 자세히 설명했다. 『포도주의 질에 대한 서신*Lettre sur la qualité des vins*』에서 산테 라세리오Sante Lacerio는 이탈리아, 프랑스, 스페인, 코르시카, 그리스, 크레타 등 다양한 지역에서 온 포도주들의 긴 명단을 소개했다.

다음은 트레비아노Trebbiano 포도주에 대한 설명이다. "그것은 피렌체나 아르노 골짜기, 또는 다른 지역에서 로마에 도착한다. 그러나 산 조반니San Giovanni 포도주가 가장 좋다. 대부분의 포도주는, 짚으로 싸고 바구니에 넣은 긴 목의 이탈리아 술병fiasque이나 작은 통에 담긴 채 운반된다. 고급포도주는 매우 섬세한 음료이기 때문에 그 미묘한 맛을 지키려면 식사 내내 포도주를 내놓아서는 안 된다. 완벽한 포도주의 빛깔이 되려면, 너무 강렬해도 안 되고 금빛이 약간 감돌 정도여야 한다. 포도주의 향기는 너무 강해서도 안 되고 은은해야 한다. 덜 익은 포도에서 나온 신 즙이나 단맛이 나서도 안 되고, 마르멜로 열매의 향이 살며시 풍겨야 한다. 이 감미로운 포도주의 맛은 교황 파울루스 3세의 덕택이다."

아닌 게 아니라 16세기 교황령에서는 포도주 소비량이 엄청나게 많았다. 로마에 도착하는 포도주 양은 연간 8만 헥토리터에 해당했다. 큰 통에 가득 담긴 포도주를 소형 함대가 티베르 강까지 운반했다. 이렇게 바다를 통해 도착한 크레타 포도주(말부아지Malvoisie)는 매우 고가였기 때문에, 오직 고위 성직자나 부유한 로마 시민들만이 그 달콤한 맛을 음미할 수 있었다. 여행자나 순례자들, 평범한 소시민들은 이탈리아의 식당 겸 여인숙에서 달착지근하고 때때로 다른 물질을 섞기도 한 지방산產 포도주를 마셨다.

당시에 이탈리아, 특히 로마는 다른 어느 유럽 지역보다도 숙박 시설이 발달했다. 프랑스나 독일은 이탈리아에 비해 수준이 낙후되어 있었고, 특히 스페인은 숙박 시설이 형편없기로 악명이 높았다. '영원한 도시' 로마에서는 '성자들의 해' 에 구름 떼처럼 밀려드는 순례자들을 수용할 수 있는 훌륭한 숙박 시설이 구비되어 있었다. 순례자들은 주머니 사정에 따라, 가구 딸린 작은 방이나 사치스러운 고급 호텔을 마음대로 고를 수 있었다. 1526-1527년의 조사에 따르면 236개의 여인숙과 호텔, 선술집이 있었는데, 모두 성 베드로 대성당에 밀집해 있었다. 별로 돈 걱정 없이 편안하게 이탈리아를 여행했던 몽테뉴는 고급 호텔에만 묵었는데, 가끔 빈약한 포도주의 질이나 리넨 제품의 공급 부족에 대해 불평을 늘어놓았다. 그래도 그의 전체적인 평은 호의적이었다. "피렌체와 베네치아를 빼놓고, 내가 도착했던 이탈리아의 어느 지역에서도 나는 항상 기분 좋게 묵을 수 있었다."

몽테뉴는 원래 보르도 지방의 부유한 포도주 상인 집안 출신이었다. 때문에 그는 여행할 때마다 식탁에 나오는 포도주의 질에 자연히 민감할 수밖에 없었다. 그때 프랑스에서는 이미 보르도나 프로방스, 부르고뉴, 발드 루아르 지방에 웅장한 성들이 세워지고, 프랑스 포도주가 다른 유럽의 포도주를 모두 제치고 그 진가를 보편적으로 인정받기 시작했다.

농촌의 부흥과 이국적 농산물의 유입: 이탈리아와 프랑스

16세기 프랑스는 '귀농의 시대' 였다. 스페인의 경우에는 페루나 멕시코에서 도착하는 금은을 목 빠지게 기다리면서 훌륭한 관개 시설을 무책임하게 방치해 둔 상태였으나, 프랑스는 농업의 부의 진가를 인식했다. 물론 프랑스 영주들은 그들의 영지를 버리고 기꺼이 왕을 쫓아서 이탈리아까지 원정을 갔지만, 그래도 항상 기쁨에 넘쳐 귀가했다. 그 당시 시인들은 전원생활의 감미로움과 고향의 그윽한 매력을 찬양했다. "오디세우스처럼 오랜 여행을 하는 자가 부디 행복하기를. 지혜와 이성을 익힌 다음 귀가하여, 부모들과 함께 여생을 보낼 수만 있다면. 아아! 나는 언제 다시 굴뚝에서 연기 오르는 작은 고향 마을을 보게 되려나."

뒤 벨레Joachim Du Bellay의 소네트 시집 『망향*Regrets*』은 그가 로마에 체류하고 있는 동안, 고향인 앙주에 대한 향수를 섬세하게 표현한 걸작품이다. 드 롱사르Pierre de Ronsard 역시, 투렌Touraine 지방의 장미들을 노래했다. 샤를 에티엔Charles Estienne은 『농업과 시골 저택론*L'Agriculture et la maison* *rustique*』에서 한층 더 체계적으로 농업을 논했다.

16세기 말의 위그노 전쟁에 의해 정신적 · 물질적으로 황폐해진 국토를 재건한다는 사명 아래, 앙리 4세를 보좌하게 된 쉴리 공duc de Sully은 "경작과 목축업은 프랑스의 두 젖줄"이라면서 농촌을 부흥시키려고 애썼다. 이처럼 중농주의자인 쉴리 공은 농업과 농민이야말로 국가 재건에 절대 필요하다고 믿고, 시골을 떠나 파리에 살면서 관직에 붙어먹고 살 궁리만 하는 귀족들의 생활태도를 몹시 싫어했다. 그래서 궁정비나 귀족의 연금을 크게 제한했다. 그러나 그는 농업을 너무 중시한 나머지, 상업이나 공업을 소홀히 한 한계를 가졌다.

앙리 4세 치세 말기에 프랑스는 부강하고 평화로운 국가가 되었다. 물론 앙리 4세가 집권 초에 일요일마다 모든 농민들의 식탁에 구수한 '닭찜 요리' 가 나오도록 하겠다고 한 공약은 지켜지지 않았으나, 그래도 프랑스인들의 식생활은 양이나 질적인 면에서 개선되었다.

전체적으로 볼 때, 르네상스기의 식생활은 중세에 비해 실질적인 내용물이 크게 달라진 것은 없다. 과연 어느 계층에 초점을 맞추느냐에 따라서 평가는 달라지겠지만, 농민들은 그들의 조상들과 마찬가지로 여전히 빵과 물, 포도주와 맥주, 거친 사과주, 계절에 따라 달라지는 야채 스프와 과일, 유제품, 훈제한 돼지고기 등을 상식했다. 서민들이 상식하는 보편적인 스프, 즉 마른 빵을 찍어 먹는 걸쭉한 스프는 19세기 말까지도 여전히 시골 농가의 주요 식단이었다.

그래도 달라진 점을 굳이 지적하자면 다음 세 가지가 있다. 첫째, 르네상스의 본고장인 이탈리아의 영향으로 말미암아 상류층 저택에서는 가히 '식탁의 르네상스' 라고 일컬어질 만큼 현란한 식도락 문화가 꽃피게 되었다. 이제 이론상으로는 요리는 단지 허기를 채우는 음식이 아니라, '진정한 예술'의 장이 되었다. 프랑스에 시집 온 메디치가의 카트린 여왕(카트린 드 메디시스)은 소문난 대식가이며 미식가였다. 그녀는 프랑스 궁정예절이나 식사예법을 모두 우아한 '이탈리아식'으로 뜯어고쳤다. 그러나 요리 내용물을 구체적으로 변화시켰다기보다는, 아름다운 도기나 우아한 '포크'의 사용 등 식탁에서 쓰이는 도구나 장식물, 식탁예절을 훨씬 정교·복잡하게 만들었다는 것뿐이다. 르네상스기에서도 물론 '새로운 요리'를 언급할 수 있으나, 진정한 '요리 혁명'을 이야기하려면 적어도 17세기 말이나 빛의 계몽시대인 18세기까지 기다려야 한다. 결론적으로 식생활에 관한 한 르네상스는 아직도 중세의 연장선이었다.

둘째, 대식가는 반드시 지옥에 떨어진다는 교회의 위협에도 불구하고, 중세의 대저택이나 수도원에서는 진력날 정도로 많은 음식향연이 베풀어졌다. 그러나 중세에 높이 추앙받던 대식하는 습관이나 어마어마한 양에 대한 집착은 음식의 질적·심미적 추구에 자리를 양보하게 된다. 그래서 욕심 많은 식탐가gourmand는 사라지고, 미식을 즐기는 식도락가gourmet가 등장하게 되었다. 중세인들은 송아지고기처럼 연하고 어린 짐승의 육질이 비위생적이고 무미無味하다고 생각했기 때문에, 현대인은 도저히 매워 먹을 수 없을 정도로 향료를 듬뿍 친 질긴 황소고기 따위를 선호했다. 그러나 르네상스기에는 늙은 멧돼지나 질긴 산토끼보다는 아직도 젖을 빠는 새끼 멧돼지나 어린 산토끼고기가 훨씬 인기 있었다. 그것은 '음식 본연의 맛을 그대로 살리기 위해' 자연 향료나 요리용 풀을 적게 사용하게 했다. 당시에 후식으로 제일 인기가 있었던 과일은 나무딸기였는데 설탕이나 신선한 크림 또는 향기로운 포도주에 살짝 적셔진 채 나왔다. 또 전대에 비해 식사가 가볍고 세련되어짐에 따라, 식사 시간도 점점 연장되는 경향이 있었다. 식사 도중에 옆에 앉은 회식자와 우아한 담소를 즐기고, 또 이국적인 식민지산 담배를 태우면서 시인들의 시 낭송이나 악사들의 고상한 연주를 들으려면, 아무래도 한나절이 소요되었기 때문이다.

여기서 마지막으로 덧붙일 중요한 사실은 바로 이 시기부터 지리상의 발견 덕분에, 옥수수, 토마토, 강낭콩, 감자 등 신대륙의 새로운 산물들이 유럽에 속속 유입되었다는 점이다. 옥수수는 라틴 아메리카의 원주민들만이 유일하게 경작하던 작물이었는데, 1520년경에 스

신대륙의 새 산물들로 요리한 정찬. 지리상의 발견은 유럽인들이 신대륙 산물들을 맛볼 수 있게 했다. 베로네세(Paolo Veronese)의 작품.

페인에 유입되었다. 그러나 사람들은 대체로 새로운 것을 불신하는 경향이 있기 때문에, 옥수수 경작은 초기에 그다지 널리 보급되지 않았다. 16세기 프랑스에서는 옥수수가 널리 퍼지기 시작했는데, 옥수수 열매는 인간을 위한 식량보다는 동물사료로 더 많이 이용되었다. 옥수수는 '스페인의 곡물', 또는 '인도의 곡물', '터키의 곡물' 이라는 여러 가지 별명을 지니고 있었다. 그 당시 터키라는 말은 모든 이국적인 산물을 가리키는 데 사용되었다. 알맞은 기후조건 때문에, 옥수수는 이탈리아에서 더욱 성공적으로 정착했다. 그래서 옥수수는 베네치아, 피에몽, 롬바르디아, 라티움 일대에서 광범위하게 재배되었다.

토마토는 아스텍 지방에서 온 것이다. 토마토는 지중해 국가들의 풍토에 신속하게 적응했으며, 이탈리아 요리의 필수불가결한 요소가 되었다. 토마토는 역시 남미가 원산지인 강낭콩과 잘 어울렸다. 기어오르며 자라는 덩굴강낭콩은 아름다운 붉은 꽃 때문에, 페루에서는 식용이 아닌 관상용으로 재배되었다. 스페인인들은 이 강낭콩을 '리마의 강낭콩' 이라고 불렀다. 반면에 멕시코의 아스텍인들은 하얀 강낭콩을 먹었다. 1519-1525년에 코르테스Heunan Cortez의 군인들은 멕시코를 정복하고 그 문명을 철저히 파괴했다. 그 와중에 그들은 이 녹말 성분이 함유된 종자를 시식할 기회를 얻게 되었고, 이를 본국으로 가져갔다. 이 '스페인의 강낭콩' 은 이탈리아에 다시 전파되었으며, 특히 로마에 정착하게 되었다. 메디치가 출신의 교황 클레멘스 7세는 1528년에 이 종자의 일부를 자신의 피보호자인 피에트로 발레리아노Pietro Valeriano에게 나누어 주었고, 발레리아노는 이를 카트린 드 메디시스에게 전해 주었다. 항상 새로운 음식물에 지대한 관심을 보였던 카트린은 프랑스의 정원에 이 강낭콩을 심었고, 여러 가지

재미있는 토막이야기

모든 이탈리아인이 즐기는 음식 파스타

파스타란 밀가루를 반죽한 것인데, 파스타를 원료로 하여 만들어진 식품을 총칭한다. 건조한 파스타로는 스파게티, 마카로니, 타리아텔레 등이 있고, 건조하지 않은 파스타로는 라비올리(이탈리아식 만두), 토트텔리니, 라자냐, 카넬로니 등이 있다.

파스타는 14세기경의 이탈리아에서 최초로 나타났다. 어떤 재치 있는 가정주부의 발명품인가? 아니면 어떤 요리사가 여러 가지 재료로 요리를 하다가, 그만 우연히 실수로 창조해 낸 것인가? 단지 후세인들이 아는 것은 바로 이 시기부터 이탈리아 반도에 파스타가 등장하기 시작했고, 부자나 빈자나 남녀노소 할 것 없이 이 반죽한 파스타 요리를 좋아했다는 사실뿐이다. 파스타는 교황과 군주들의 호화로운 식단뿐 아니라, 농부나 어부의 초라한 사발 속에서도 등장했기 때문에, 분열된 이탈리아를 하나로 묶어 주는 사회통합(?)의 구실도 했다.

프랑스에는 16세기경에 파스타 요리가 도입되었다. 이것은 의심할 여지없이 카트린 드 메디시스의 공로였다.

종자를 새로 개발해 냈다.

이 이국적인 산물들 중에 가장 커다란 성공을 거두게 된 것은 바로 감자였다. 초창기에는 가축사료로만 쓰였을 뿐, 심지어 최하층의 빈민들에게서조차 홀대받았던 감자는 곧 유럽 전역에 널리 보급되어 식량문제를 해결하는 일등공신이 되었다.

그러나 새로운 작물들은 당시에 주기적으로 유럽을 괴롭혔던 기아문제를 당장 해결해 주지는 못했다. 당시만 해도 신대륙에서 도착한 새로운 구황식품들은 배부른 소수 특권계층들의 지적 호기심만 자극시켰을 뿐이다. 먹거리에 대한 문제 해결이 가장 시급한 민중들에게 보급되려면 아무래도 시일이 걸렸다.

지금까지 이탈리아와 프랑스를 중심으로 르네상스기의 식생활을 살펴보았다. 이탈리아의 문예부흥이 한창 절정기에 달했을 때, 오히려 도시의 물자 보급, 즉 도시민의 식량 사정이 별로 좋지 못했다는 것은 이미 살펴본 바와 같다. 르네상스기의 예술과 고급문화, 심지어 '개인주의'가 일부 소수층에만 한정되어 있었던 것과 마찬가지로, 대다수 서민들은 마치 강 건너 불구경을 하듯이 사람의 눈과 위장을 동시에 즐겁게 해 주는 귀족의 사치스러운 식도락 취미에서 영구적으로 소외되어 있었다. 이탈리아의 분열된 정치상황과 달리, 프랑스에서는 종교전쟁이라는 참사를 극복하고 또 국왕을 중심으로 불완전하나마 국민국가(사실상 절대국가)의 형태를 취하여 민생 복지에 총력을 기울임으로써 국민들의 전반적 식생활을 향상시킬 수 있었다.

영국의 식사문화

이제 섬나라 영국으로 한번 건너가 보자. 일찍이 '해가 지지 않는 나라'라는 영광스러운 위업을 이룩했던 영국은 그 당시 사정으로 보면 아직 이류밖에 되지 않았다. 15세기 말부터 16세기 전반까지 유럽의 국제정국을 좌우한 나라는 스페인과 오스트리아의 합스부르크 왕가 및 프랑스의 발루아 왕조였다. 그러나 '선녀왕Fairy Queen', '좋은 여왕 베스Good Queen Beth' 등으로 불린 엘리자베스 1세가 즉위하면서부터, 영국은 '즐거운 잉글랜드'를 노래하면서 평화와 번영을 구가한다. 대외적으로는 스페인의 무적함대에 대한 승리로 인해 새로운 '해상제국'을 건설하게 되며, 대내적으로는 모직물공업을 비롯한 제철, 석탄, 화약, 비누, 제지 등의 신흥산업이 놀라운 속도로 발전했다. 또 엘리자베스 1세는 일종의 사회정책을 실현하여, 전대에 흔했던 농민폭동이 일어나지 않도록 했다. 이제 물질생활은 풍요로워졌는데, 이 '영광의 세기'는 영국 최대의 문호 셰익스피어로 대표되는 영국 르네상스의 절정이기도 했다.

일반적으로 영국인들은 하루에 두 번 식사를 했다. 11시나 12시경에 아침 겸 점심식사인 디너dinner(오늘날 저녁 정찬을 의미하는 디너는 당시에는 오찬을 가리켰다.)를, 6시경에 저녁supper(나중에는 밤참이나 야찬을 가리켰다.)을 들었다. 그 당시에는 오찬을 가리키는 '런치lunch'보다 '디너diner'라는 표현을 더 많이 사용했다.

대개 학생이나 노동자, 가정주부들은 새벽 5시나 6시에 기상했다. 그들은 필경 11시까지 매우 참을성 있게 식사시간을 기다리지는 않았을 것이다. 아침식사는 정식 식사가 아니라 '단식fast을 깨뜨리다break'라는 의미의 '브렉퍼스트breakfast', 즉 자고 일어나서 공복 후 식사를 한다는 의미가 강했다. 궁정인이나 귀족인 경우에는 그날 하루의 활동 여부나, 간밤의 식사량에 따라 조반을 적당히 조절한다. 하인이 갖다 주는 빵과 포도주를 먹은 다음, 정장으로 옷을 갈아입고 이발한 뒤에, 화장을 하고 향수를 뿌린다. 그리고 하루 일과가 시작되는 것이다. 영국인들의 기호식품의 대명사인 차茶는 아직 동양에서 수입되지 않았기 때문에, 사람들은 아직 '티타임Tea Time'이 뭔지 몰랐다. 18세기 초에 문인이나 정치인, 경제인의 집합소로 이용된 그 유명한 다방, 즉 '커피 하우스coffee house'도 아직 등장하지 않았다. 영국의 점잖은 신사, 즉 젠틀맨gentleman 계층은 종종 '나가서' 점심을 먹었다. 인근 선술집tavern에서 먹거나, 또는 요리상점에서 음식을 사다가 집에서 먹었다.

엘리자베스 여왕시대의 요리는 오늘날보다 훨씬 더 달착지근한 편이었다. 달고 향기로운 과일을 넣어 고기를 조미하는 경우가 많았기 때문이다. 당시에 간행된 의학서적들은 날채소 먹는 것을 금했다. 채소의 질긴 섬유질이 바람(가스)이나 나쁜 체액humour을 발생시킨다고 믿었기 때문이다. 오늘날의 산업시대처럼 식생활 교류가 그리 활발하지 않았던 시대에는, 지구의 한편에서 먹는 요리가 다른 한편에서는 전혀 알려지지 않은 경우가 많았다. 그래서 영국인들은 결코 콘스탄티노플이나 극동에서 먹는 방식으로 식사를 하지 않았다. 또한 감자는 새로운 식품이었다. 아직도 감자는 아일랜드 땅에서 자라나지 않았고, 영국의 스튜 요리에서도 감자를 발견할 수 없었다. 순무는 파스닙parsnip(미나리과의 초본)과 함께 환영을 받았다. 이탈리아를 위시한 남유럽 지방에서는 토마토 요리가 상당히 인기가 있었으나, 영국에서는 여전히 불신의 대상이었다. 초콜릿은 의학적인 용도 외에는 별로 쓰이지 않았다. 스위스나 다른 여타 국가에서는 아직은 초콜릿에 설탕이나 우유를 타서 먹는 습관이 없었다. 그 당시 초콜릿 차는 매우 쓰고 묽은 음료였다. 당시에 설탕은 구입할 수 있었으나, 수입식품이었기 때문에 꿀보다 훨씬 비쌌다. 가장 잘 정제된 일등급 설탕은 희고 액체에 잘 용해된다. 두 번째 등급의 설탕은 바르바리Barbary(이집트 서부에서 대서양 연안에 이르는 옛 바르바리 국가들을 포함하는 아프리카 북부지역) 또는 카나리아 제도산이다. 마지막 등급의 설탕은 입자가 거칠고 갈색이며 끈적끈적하다. 이 설탕은 시럽을 만들거나, 고기를 조미하는 데 적당하다. 섬나라 근성이 있는 영국인들은 대체로 외국산이라면 무조건 기피하는 편집광적인 기질이 있었다. 동시에 그들은 외국의 모든 것을 무턱대고 부러워하는 습성도 양면적으로 지니고 있었다. 그래서 식탁의 르네상스를 이룩한 이탈리아의 우아한 식사 매너, 프랑스의 패션, 스페인의 황금을 시기심이 가득한 눈초리로 바라보았다.

마지막으로 단 스낵이나 후식류를 살펴보기로 하자. 단것을 즐기는 것은 새로운 현상이 아니었다. 우선 마지팬Marzipan은 아몬드를 이겨 여러 가지 모양을 만든 다음, 각종 색상을 입힌 스낵이다. 생강을 넣은 과자빵Ginger bread은 바삭바삭한 쿠키 형태와 부드러운 케이크 두 종류가 있었다. 독일에서는 이 생강빵이 브랜디brandy를 곁들인 아침식사로 상당한 인기가 있었다. 과일 파이는 설탕을 가미하고, 또 아몬드 밀크를 넣어 단단히 굳혀 만든 것이다. 단 케이크 역시 여러 가지 종류가 있었다. 또 스낵용으로 푸딩, 치즈 케이크, 커스터드 크림custard cream 등이 있었다. 대체로 단 음식들은 생강이나 육두구, 아니스, 고수, 장미향, 아몬드나 사프란 향으로 독특한 풍미를 냈다.

지금까지 간략하게 영국인의 소박한 식생활을 살펴보았다. 영국인들은 외국산 음식에 열광하고 나머지 음식에는 무신경했다. 프랑스가 유럽에서 '미식의 나라'로 명실공히 두각을 나타냈을 무렵, 철학자 볼테르는 영국으로 잠시 망명길에 오른 적이 있다. 그는 영국의 자유로운 의회제도와 사회의 모든 면을 사랑했지만, 요리만은 결코 탐탁해 하지 않았다. 물론 엘리자베스 치세기에 이룩된 번영과 평화 덕택으로 르네상스기 영국민들의 식생활은 전반적으로 향상되었지만, 대륙에 비해 별로 특기할 만한 사항은 없다. 한 가지 주목할 만한 사실은 선구적인 외식문화가 젠틀맨 사이에서 정착하기 시작했다는 점이다. 프랑스의 경우에는 혁명기에 지

당시 유럽에서 구입할 수 있었던 식품

- 채소류: 마늘, 아스파라거스, 완두콩, 시금치, 가지, 양파, 양배추, 홍당무, 겨자, 리크(백합과의 파 비슷한 식물), 양상추, 꽃상추(샐러드용), 렌즈 콩, 샐러리, 파스닙(미나리과 초본), 비트beet(근대), 잠두, 순무, 무, 아티초크(국화과), 파슬리 등
- 과일과 견과류: 사과, 서양자두, 마르멜로, 슬로(벚나무속), 구즈베리, 레몬, 오렌지, 참깨, 아몬드, 대추야자 열매, 살구, 딸기, 무화과, 자두, 올리브, 체리, 포도, 헤이즐넛, 오디 등
- 고기와 가금류: 집짐승(소, 육용 송아지, 돼지, 닭, 오리, 토끼, 염소, 백조, 공작, 거위, 비둘기 등), 야생짐승(사슴, 멧돼지, 들토끼, 메추라기, 마도요, 물떼새, 가마우지, 오소리, 고슴도치, 백로, 두루미, 꿩, 멧도요, 자고 등), 생선(뱀장어, 농어, 송어, 철갑상어, 대구, 붕장어, 잉어, 연어, 돌고래, 홍가자미 등)

방에서 올라온 대표들의 간단한 점심식사를 해결하기 위해, 이 외식문화(레스토랑 문화)가 뒤늦게 이식된다. 물론 그전에도 카바레나 선술집 같은 외식장소가 존재했지만, 그곳들은 대체로 풍기문란한 서민들의 집합소였지 사회의 품위 있는 명사들은 결코 출입하지 않는 장소였다.

르네상스기의 사람들은 물자와 교역의 발달이나 지리상의 발견 덕택에 중세 암흑기의 '포위된 유럽인들' 보다는 훨씬 더 새로운 식품들을 많이 접할 수 있었다. 그러나 이미 설명한 대로 어떤 사회계층에 속하느냐에 따라 그것을 누리는 혜택도 달라진다. 예나 지금이나 왕이나 귀족이라면 자주 축연을 베풀고 진귀하고 값비싼 향료를 사용한 푸짐한 육류요리와 포도주, 이국적인 과일 등을 마음껏 음미했을 것이고, 만일 중 · 하류층이라면 빵과 맥주, 유제품이나 달걀 같은 식품을 섭취했을 것이다.

프랑스인들은 갑각류를 농부들이나 먹는 식품이라고 생각했다. 영국의 가정 서적들에서도 갑각류에 대한 언급은 찾아보기 어렵다. 그러나 좀 더 나중에 발간된 요리책에서는 굴이나 새조개, 말조개 등이 나온다.

의상 스타일이 빠르게 변하기 시작하다: 패션의 시작

르네상스기에 베네치아나 피렌체 같은 도시에서는 남성의 의상을 규정하고, 여성의 사치를 엄격하게 규제하는 법률이 시행되었다. 그러나 나폴리처럼 복식문화가 좀 더 자유분방한 도시에서는 도덕가들이 이제는 외견상 귀족과 시민 간의 구별이 거의 없어졌다고 한탄해 마지않을 정도였다. 또 도덕가들은 너무도 빨리 변하는 복식문화를 염세적으로 비판했다. 이 당시에 유행했던 이탈리아 패션은 원래 이탈리아가 원산지였으나 프랑스나 스페인 등지로 널리 전파되었다가, 다시 본국으로 역수입된 것들이 대부분이었다.

특히 1500년을 기점으로 이탈리아의 생활문화는 매우 현저한 변화를 겪게 된다. 로마 제국의 멸망 이래, 유럽의 어떤 국가에서도 이탈리아에서처럼 여성들이 화장이나 화려한 몸치장을 통해 사치스러운 외양을 한껏 과시한 적이 없었다. 14세기, 즉 르네상스 초기의 복식은 색상이나 장식면에서 사치의 정도가 극에 달했던 시기였다. 그러나 르네상스 후기에는 한층 조화롭고 절제 있는 균형미를 추구하게 된다.[105]

105 | Jacob Burckhardt, *The Civilization of the Renaissance in Italy*, trans. by S.G.C. Middlemore, London, 1878.

르네상스 시대 부르주아의 의상. 부르주아의 등장으로 귀족 의상과 서민 의상 사이의 구분이 사라지기 시작했다. 반 에이크(Jan van Eyck)의 〈조반니 아르놀피니와 조반나 체나미의 혼인〉.

1490년경 북유럽의 기발한 고딕 의상은 이탈리아 르네상스기의 한층 더 단순한 의상으로 바뀌게 된다. 그러나 르네상스기의 화려하고 우아한 예술(1520-1600)의 새로운 흐름을 반영하여, 의상에서도 예사롭지 않은 변화가 일어났다. 사치단속법은 평민들이 오직 한 가지 색깔의 의상만 입어야 한다고 규정했다. 별로 인기 없는 이 사치금지법에 반발해 당시의 남녀들은 옷에 슬릿slit이라는 칼자국을 내기 시작했다. 이것은 더블릿doublet(14세기부터 16세기 말까지 유럽에서 유행한, 허리에 꼭 끼는 남자의 상의), 소매, 호스hose(남자의 몸에 착 달라붙는 옛날 바지 또는 긴 양말) 위에 칼자국을 내서 안에 입은 옷의 고운 색상이 밖으로 살짝 보이도록 하려는 의도였다. 색상의 대조효과를 더욱 살리기 위해, 소매를 약간 과장되게 부풀려 속에 있는 안감이 보이도록 하는 경우도 있었다. 초창기에 슬릿의 형태는 작고 복잡한 모양이 주종을 이루었으나, 1600-1650년경에는 길고 수직을 이루는 것이 일반적이었다. 또 일설

베니치아 여성의 복장. 소매 부분에 슬릿을 넣어 속에 있는 옷이 나오게 했다. 카르파초(Vittore Carpaccio)의 〈두 명의 베네치아 여성〉.

재미있는 토막이야기

사치단속법

'사치단속법Sumptuary Law'은 13세기 중반에서 16세기 중반에 영국과 유럽에서 각기 통과된 법이다. 이 법은 장신구 착용에서 음식과 음료(특히 알코올 성분)의 소비, 또 각종 위험한 게임과 사냥에 이르기까지, 모든 종류의 행동을 규제하기 위해 고안된 법률이다. 이런 법률이 통과된 목적은 구체적으로 다음과 같다. 첫째는 계급 간의 구분을 유지하기 위해서였다. 둘째는 국민들의 건전한 도덕성을 유지하기 위해, 풍기문란한 풍속을 엄중히 단속하기 위해서였다. 셋째는 경제적인 동기로 국내 산업과 저축을 적극 장려하고, 외제품의 수입을 막기 위해서였다. 넷째는 새로운 패션이나 관습을 혐오하는, 특히 성직자들의 보수주의적 기질 때문이었다. 그러나 울지Wolsy 같은 고위 성직자는 사치스럽고 새로운 패션에 강렬한 집착과 애정을 보였다.

에 의하면 스위스 용병들이 영웅적인 전장에서 귀환할 때, 다 찢어진 소매를 하고 나타난 데서 비롯한다고도 한다.

여성들의 고딕형 머리 장식도 1500년 전에 이미 단순한 후드hood(두건)로 바뀌었다. 이 후드는 끝이 뾰족해졌는데, 마치 트럼프 패에 그려진 퀸의 후드 모양과 흡사하며, 후기 고딕이나 튜더의 궁 모양과도 일치한다. 남성의 모자는 챙이 넓고, 때로 보석으로 장식되기도 했다. 여성의 드레스는 허리선 아래서 퍼진다. 1550년경에 철사나 작은 가지로 만들어진 후드는 예쁜 리본이나 테이프로 장식되었다. 이것은 자꾸 되풀이되는 패션의 시작을 알리는 신호였다.

한편, 1500년은 섬나라 영국에게 의미심장한 해다. 왜냐하면 바로 이 시기부터 르네상스의 영향력이 서서히 느껴지기 시작했기 때문이다. 영국은 당시만 해도 약간 외딴 후진국이었다. 신대륙은 발견된 지 불과 얼마 안 되었고, 아직도 지중해가 문명세계의 중심이었다. 로마 제국이 멸망한 이래, 유럽인들의 일반적인 의상은 사실상 존재하지 않았다. 이탈리아인, 스페인인, 프랑스인, 독일인은 너나 할 것 없이 모두 자국의 민족의상을 입었다. 그러나 국제간의 교류가 점점 활발해짐에 따라, 이제 의상은 '장소' 의 문제라기보다는 '시간' 의 영향을 더 많이 받게 된다. 과거의 전통적인 지방의상은 갓 유행하는 새로운 패션에 자리를 양보했다. 토속적인 의상은 단지 농부들의 구식 옷차림에만 남아 있을 뿐, 유럽 대부분의 지역에서는 주어진 일정기간에 비교적 유사한 스타일의 의상이 한 차례 유행하게 되고, 또 시간이 지나면 새로운 스타일의 의상으로 바뀌었다. 그러나 이러한 '의복의 국제화', '국제주의' 는 아직도 초보단계에 불과했다. 그리하여 1550년경에 영국의 하층민들은 여전히 중세식의 기본 복장을 하고 있었으나, 이탈리아의 영향에 따라 약간 변화된 스타일의 복장을 입었다. 이후에는 독일식 복장의 영향을 받다가, 다시 스페인식 복장을 따르게 되었다.

'태양이 지지 않는 대제국' 이라는 말은 19세기 대영제국의 융성을 가리키는 형용구로 자주 쓰인다. 그러나 세계사에서 이 형용구가 가장 먼저 적용된 나라는 16세기의 스페인이다. 스페인 역사상, '황금의 세기' 라고 불리는 이 시기는 정확히 말하면 1550년경에서 1680년경까지다. 확실히 스페인은 강력한 해군에 의해서 우월함을 과시했다. '스페인이 움직이면 세계가 전율한다.' 는 말도 이때에 생겼다.

의상은 '국력의 척도' 다. 1550-1600년기의 르네상스 의상은 바로 세계제국 스페인의 패션에 의해 지배된다. 초기 스타일은 신대륙에서 온 무역

앙리 2세의 초상. 당시 귀족남성들은 하의는 달라붙고 상의는 지나치게 부풀린 의상을 즐겨 입었다.

품과 부를 많이 과시하고 있었다. 먼저 여성 의상을 살펴보기로 하자. 전체적인 실루엣은 가는 '모래시계형hourglass'을 따르고 있었다. 보디스bodice(장식이 달린 베스트)는 어깨가 넓고, 허리 부분에서 다시 가늘어졌다. 슈미즈는 가장 속에 입는 내복이며, 일반적으로 리넨이나 가벼운 섬유로 되어 있었다. 가끔 슈미즈가 목이나 소매 사이로 살짝 엿보이기도 했다. 또 호화로운 삼각형 가슴 장식인 스토머커stomacher를 착용했다. 스커트는 종 모양으로 점점 부풀어져 도치된 'V형'을 보여 주었다. 이 스페인식 파딩게일farthingale(스커트를 펴는 데 사용하던 버팀살 내지는 그런 스커트)은 유럽 전역에서 상당한 인기가 있었으나, 곧이어 프랑스식 파딩게일에게 그 자리를 내준다. 그것은 고래 뼈나 강철 테로 만들어졌는데, 잘록한 허리 부분에서 바닥까지 점점 크기가 커졌다. 당시에 유행하던 박공형 머리장식gabled headdress은 뾰족한 궁형을 한 영국 스타일이다. 박공 후면으로 두 개의 커다란 검은 벨벳 조각을 길게 늘어뜨렸다. 그 외에 유행한 머리 장식으로는 코이프coif(베일 속에 쓰는, 머리에 꼭 맞는 흰색 두건)와 프랑스 보닛bonnet(턱 아래에서 끈을 매는 여자 · 어린이 · 수녀용 모자)이 있었다.

남성 의상은 독일과 스페인의 영향을 많이 받았다. 이 시기의 의상은 몸의 윤곽을 따르기보다는 '기하학적'인 형태가 지배적이었다. 속심padding을 많이 채웠기 때문에, 실루엣은 거의 정방형에 가까워졌다. 원래

앙리 3세의 초상. 러프를 목에 두르고 챙 없는 모자를 쓰고 있다.

옷은 착용자의 몸 치수에 맞게 재단되지만, 옷의 바깥쪽에 천을 덧대 완전히 다른 형태를 띠었다. 인체는 엉덩이와 어깨, 이 두 가지 기본적인 형태를 지니고 있다. 남성의 의상 가운데 종전의 짧은 가운은 짧은(소매 없는) 외투로 대치되었다. 이 외투는 트렁크 호스trunk hose(넓적다리까지 내려온 헐렁한 짧은 바지)나 짧은 승마복 바지와 함께 착용되었다. 이 시기에 뜨개질한 스타킹이 발달하기 시작했다. 다리에 착 달라붙은 스타킹과 잔뜩 부풀린 상체는 매우 대조적인 효과를 주었다. 어두운 실크와 벨벳은 가장 인기 있는 직물이었다. 왜냐하면 이런 고급천들은 값비싼 귀금속과 보석을 돋보이게 하는 멋진 바탕이 될 수 있기 때문이다. 남성용 모자는 투우사의 카포테capote를 닮은 모양에 보석과 깃털을 달았다. 또 다른 유행 모자로는 베레모나 납작한 도시 캡cap(테 없는 모자) 등이 있었다. 러프ruff(주름 옷깃)는 고급 리넨이나 레이스로 만들어졌다. 러프의 크기는 점점 주체할 수 없을 정도로 크게 늘어나, 나중에는 틀supportasse로 받쳐 입었다. 폴링 밴드 칼라falling band collar는 극단적으로 풀을 먹인 빳빳한 깃에서 오늘날과 같이 단순한 깃으로 변하는 이행기의 모습을 잘 보여 준다.

재미있는 토막이야기

해충들의 서식처가 된 더블릿

더블릿은 상체 몸통에 따라 재단된 상의다. 시간이 지날수록 내부에 속심을 많이 채우게 됨에 따라, '솜으로 부푼 더블릿' 또는 '과장된 더블릿'이라는 별명을 얻었다. 대체로 모직이나 말총, 짧은 리넨 섬유 부스러기를 넣어 속을 부풀리기 때문에, 자연히 그 내부는 해충들의 훌륭한 서식처(?)가 되었다.

이 당시에 인간의 부富는 옷에 달린 화려한 보석의 가치로 평가되었다. 위압적인 의상 역시 사회신분을 과시하는 일종의 특권적인 무기가 되었다. 귀족여성들이 즐겨 입은 후프 스커트hoop skirt(후프로 팽팽하게 퍼지게 한 스커트)의 모양은 짐마차의 바퀴나 북의 형상을 닮게 되면서 그 폭이 최대한으로 넓어졌다. 발룬 슬리브balloon sleeve(부풀린 옷소매)와 부푼 러프, 둥근 레이스 칼라 등은 여성을 매우 위풍당당하고 근접하기 어려운 존재로 만들었다. 한편 부풀린 트렁크 호스와 발룬 슬리브, 속을 채운 더블릿, 대형 러프를 착용한 남성들 역시, 매우 고압적이고 위풍당당한 분위기를 풍겼다.

르네상스기의 의복은 대개 리넨과 모직이 주종을 이루었다. 색상은 갈색이나 회색 등 어둡고 침침한 색이 많았다. 귀족들은 각종 행사나 연회에 어울리는 다양한 파티복을 구비했으나, 가난한 서민들은 전대와 마찬가지로 누더기 의상에 만족해야 했다. 무역이나 투기사업을 통해 한 밑천 잡은 시민계층이 귀족들과 의상 경연(?)을 벌였으나, 이런 주제넘는 짓을 귀족들은 결코 용납하려 들지 않았다. 사치단속법이 그 좋은 일례다.

재미있는 토막이야기

르네상스기의 향수문화

이탈리아는 후추 무역의 주도권을 상실한 이후에도 여전히 화장품과 향수 생산에서는 유럽 최고로 남아 있었다. 베네치아는 국제적인 도시로 발전했기 때문에, 향기 나는 연고와 장갑, 스타킹, 신발, 셔츠, 심지어 향기 나는 동전까지 생산해냈다. 영어의 포맨더pomander(찬장 등에 넣어 두는 향료 알)는 불어의 '사과 모양의 용연향pomme d'ambre'에서 유래한 것이다. 그것은 용연향(향유고래의 창자에서 얻는 향료), 향료, 포도주와 꿀이 담긴 향기 나는 구체를 가리킨다. 사람들은 이를 벨트에 매달거나, 목걸이처럼 목에 차고 다녔다. 건조한 의약은 아름다운 자기항아리에, 또 식물에서 채취한 물약은 베네치아 유리병에 넣어 보관했다.

카트린 드 메디시스에 의해 이탈리아의 향수문화가 프랑스에도 전해졌다. 그녀는 앙리2세와 결혼할 때, 연금술사와 향수제조업자를 대동했다. 그 당시에는 '암살의 계절'이라고 이야기될 만큼, 상대편의 정적을 살해하는 경우가 많았다. 이 연금술사는 카트린 왕비를 위해 치명적인 독약도 제조했다. 한편 향수제조업자는 파리에 가게를 차렸다. 이탈리아의 제노바와 매우 근접해 있는 몽펠리에Montpellier나 그라스Grasse 같은 프랑스 도시들은 오랫동안 사회의 엘리트 계층을 위한 고급향수장갑을 제조해냈다. 이 장갑들은 등화유, 용연향이나 사향 같은 동물향으로 진한 향기를 냈는데, 당시에는 평판이 별로 좋지 못했다. 그래서 17세기 극작가인 필립 매신저Philip Massinger는 다음과 같이 불평했다. "오, 마담. 저는 당신의 손에 키스를 하고 싶습니다. 하지만 당신의 장갑과 사향냄새 때문에 골치가 아프군요!"

그러나 프랑스가 향수무역에서 이탈리아를 능가하면서부터, 몽펠리에를 위시한 향수도시들은 유럽의 주도권을 장악했다.

상류층의 화려한 저택들과 '사생활' 개념의 등장

상류층의 주거는 미술사 영역에 속한다. 북유럽 귀족의 주택과 비교해 볼 때, 이탈리아의 성과 도시의 웅장한 저택들은 매우 안락하고 질서정연하며, 조화의 극치를 이루고 있다. 르네상스 건축은 5종류의 로마 건축양식, 즉 토스카나식, 도리아식, 이오니아식, 코린트식, 콤포지트식 오더composite order(로마 건축의 기둥머리 양식의 하나로 복합 양식을 가리킴)를 사용했으나, 여기에 개인적인 취향도 적극적으로 가미했다. 르네상스 초기에 사람들은 대개 화려한 코린트식 오더와 섬세한 아라베스크의 부조에 강한 호기심을 보였고, 르네상스 전성기에는 로마적이고 중후한 도리아식과 토스카나식 오더에 호감을 가졌다. 그러나 16세기 말이 되면 화려하고 찬란했던 이탈리아 미술도 창조적인 생명력을 상실한 듯 거장들의 작품을 모방하고 외형을 과장하여 기교에 치우친 매너리즘(마니에리스모 양식manierismo)에 빠지게 되었다. 이후 17세기에는 바로크 시대를 열게 된다.

서유럽의 여러 나라가 이탈리아 르네상스라는 신문화에 자극을 받기 시작한 것은 16세기부터다. 1494년에 프랑스의 샤를 8세의 군대가 이탈리아를 침입한 뒤에 이어서 루이 12세, 프랑수아 1세의 군대도 이탈리아에 차례로 진입했다. 이 이탈리아 원정에 참가했던 귀족들이나 무인들은 문화 면에서는 오히려 이탈리아를 추종하게 되었다. 그들은 마치 경합을 하듯이 이탈리아 미술공예품을 본국에 도입시켜, 이탈리아풍의 건축양식과 문화생활을 영위하고 싶어 했다. 그러나 프랑스 건축에는 장기에 걸쳐 배양된 고딕 양식이 깊숙이 스며들어 있었기 때문에, 초기에는 전통 양식에다 이탈리아적 특색을 부분적 · 표면적으로 가미하는 수준에 불과했다.

프랑스의 루브르 궁. 현재는 루브르 박물관으로 더 알려졌으며 대표적인 르네상스 건축물이다.

프랑스의 '루브르 궁Palais du Louvre'은 르네상스기의 대표적인 건축물이다. 이 우아한 궁전의 조영사업은 16세기 후기의 프랑수아 1세 시대부터 19세기 후기 나폴레옹 3세 시대까지 계속되었으므로, 프랑스 르네상스 건축의 진전 단계를 총망라하고 있는 셈이다.

산업과 무역의 발달로 인해 커다란 부를 축적하게 되자, 르네상스 중·상류층의 가정살림도 이전보다 훨씬 윤택해진다. 아름답고 안락한 주거생활에 대한 열망은 제일 먼저 이탈리아에서 시작하여, 멀리 북유럽 국가에도 서서히 전파된다. 그리하여 르네상스의 상류층들은 (적어도 화약이나 대포가 발명되기 이전 시기에 필요했던) 방어에는 유리할지 모르나, 살기에는 너무 습기 차고 불편한 성과 중세 장원의 어두운 삶과 결별하게 된다. 이탈리아의 화려한 저택 중에서도 가장 화려하기로 소문난 우르비노Urbino의 궁전을 한번 살펴보자. 그것은 15세기 페데리코 다 몬테펠트로Federico da

이탈리아의 우르비노의 궁전. 화려한 이탈리아 저택들 중에서도 가장 화려하기로 소문난 궁전이다.

Montefeltro 공이 지은 환상적인 궁전이었다. "그가 이룩한 업적 중에서도 가장 찬양할 만한 일은 바로 바위투성이의 우르비노에, 이탈리아 전역에서 가장 아름다운 저택이라고 칭송이 자자한 궁전을 지은 일이다. 그 안에 배치된 가구나 모든 장식물들이 너무도 완벽하기 때문에, 그것은 궁전이라기보다는 마치 궁전 형태의 '도시'처럼 보인다. 은으로 만든 꽃병, 황금과 실크로 된 화려한 의상이 즐비하게 걸린 고급벽걸이, 또 무한한 가치를 지닌 대리석과 청동으로 된 고대 조각상, 그림, 악기 등이 무수히 진열되어 있다. 또한 몬테펠트로 공은 금과 은으로 표지가 장식된, 그리스어, 라틴어, 히브리어의 진귀한 장서들을 소장하고 있었는데, 그것이 그의 위대한 궁전에서 가장 중요한 진품이었다." 과연 중세 귀족들이 이처럼 자신들의 성을 아름답게 꾸미고, 정신세계를 풍요롭게 하기 위해서 비싼 그림이나 조각상, 외국어로 된 희귀서적들을 구입하려고 황금을 낭비했을까? 적어도 이탈리아에서는 중세의 일상이 이미 과거가 되었다. 르네상스기의 이탈리아 귀족들은 자신들의 신하나 종자의 무리들을 저택에 재우거나, 커다란 홀에서 그들을 먹이지 않았다. 그 대신에 중요한 저택마다, 엄청나게 많은 숫자의 잘 훈련된 유급 하인들이 딸려 있었다. 16세기 페라라의 어느 귀부인은 4명의 비서와 6명의 침실 하녀, 말 관리인, 의사

등 무려 200명이나 되는 하인들을 거느리고 있었다. 그러나 중세의 위생 수준이 형편없었던 것과 마찬가지로, 르네상스의 화려한 저택에서도 (현대인의 기준으로 볼 때) 위생 조건만은 별로 호전될 기미가 보이지 않았다. 그래서 우아한 대리석 궁의 창에는 투명한 유리가 아니라 여전히 기름 먹인 리넨 천이 때가 묻고 비바람에 시달려 종종 찢겨진 채 매달려 있었다.

르네상스의 영국 저택을 방문해 보기로 하자. 헨리 8세와 에드워드 6세, 메리와 엘리자베스 여왕 치세기의 영국에서는 점차 안락하고 사치스런 고급저택들이 많이 등장했다. 영국 귀족들은 중세의 거의 야만적이고 무질서한 성城과 장원생활에서 빠져나왔기 때문에, 집사에서 사환에 이르기까지 집안의 모든 식구들을 질서정연하게 관리하는 일을 매우 중하게 여겼다. 그래서 공작이나 백작 저택에서 일하는 하인들 중에는 영국 궁정의 엄숙한 예법을 본떠서 제법 품위 있게 처신하려는 자들이 많았다. 중세에 가구도 없이 식사만 하던 장소인 홀이, 이제 천정이 높이 치솟은 고딕풍의 정찬용 식당dining room으로 바뀌게 된다. 거기에는 화려한 나무조각이나 환상적인 하얀 석고품으로 장식된 천장과 플랑드르 지방의 태피스트리, 또 문장이 새겨진 방패와 가훈 등이 벽에 걸려 있었다. 대가족이 홀에서 다 함께 식사를 하는 경우도 있었다. 그러나 대체로 집안 가장의 권위를 유지하기 위해 귀족 가족들은 높은 테이블에서, 나머지 사람들은 가대 위에서 식사를 했다. 식사가 끝나면 이 가대는 한쪽으로 치워졌다. 르네상스에 한창 유행했던 게임과 댄스를 즐기거나, 잠자리를 마련하기 위해서다. 왜냐하면 대부분의 남자하인들은 이 홀 바닥에서 짚으로 만든 잠자리나 기타 빈약한 침대도구를 사용하여 '함께' 잠을 잤기 때문이다. 날이 새면, 이런 간이침대 역시 구석으로 말끔히 치워졌다.

현대인들의 일상생활에 필수적인 '사생활'은 중세의 성城생활에서는 별로 잘 알려지지 않았던 미지의 개념이었다. 큰 홀과 분리된 개인적인 응접실은 튜더 일가의 새로운 발명품이다. 튜더 일가는 귀찮은 조신들과 궁정식구들이 들끓는 공동거실에서, 아늑하고 조용한 개인적인 응접실로 기꺼이 후퇴해 버렸다. 그러나 이 당시에 사생활이라는 유별난(?) 관습은 희소성의 가치는 있었으나, 사회적으로 높이 평가받지는 못했다. 당시에 사람들은 한 방은 물론이고, 심지어는 한 침대에서 여럿이 같이 자는 경우가 비일비재했다. 그래서 각 저택의 집사들의 주요 임무는 대가족이나 손님들이 모두 자기 방을 가지고 있는지를 살피는 것이 아니라, '젠틀맨은 젠틀맨끼리, 요먼yeoman(자영농)은 요먼끼리' 한데 어울려 거주하는지를 점검하는 일이었다. 그러나 르네상스의 이탈리아 상류층에서 최초로 시작된 이 새로운 관습은 영국 귀족층에게도 서서히 그 영향력을 발휘하기 시작했다. 영주 부부는 이제 더 이상, 성의 널찍한 홀 한구석에 놓인, 상자 모양의 캐비닛식 침대에서 잠을 자지 않았다. 이제는 독립된 침실에서 종자, 시동, 시녀들을 지척에서 거느리고 잤다. 솔라solar는 귀부인의 침실 겸 거실을 가리킨다. 솔라는 항상 집 안의 가장 높은 층에 위치했는데, 그 이유는 귀부인이 수를 놓거나 바느질을 하는 데 필요한 일조량을 최대한 확보하기 위함이다. 이제 가족들의 대형 초상이 하나둘씩 벽에 걸리고, 편안한 안락의자가 불편하고 딱딱한 의자나 가구들을 대체했다. 터키에서 수입한 고급양탄자를 간혹 볼 수도 있으나, 중세 때와 마찬가지로 마루에는 여전히 자연산 양탄자를 깔았다. 훌륭한 안주인들은 골풀을 그냥 뿌리는 대신에 엮은 돗자리를 깔았으나, 이도 위생상 자주 갈아줄 필요가 있었다. 봄, 여름에는 자연산 양탄자가 계절 감각도 일깨워 주고 외관상으로도

재미있는 토막이야기

마룻바닥에 까는 골풀의 종류

나륵풀(향료용), 마요라나, 발삼(향유), 카밀레, 데이지, 개곽향, 라벤더, 노란 구균앵초, 제비꽃, 세이보리, 샐비어, 쑥국화, 홉, 꿀풀 등 여러 가지가 있다.

보기 좋았으나, 겨울이 되어 마루에 떨어진 지방분이나 맥주, 온갖 더러운 잡동사니들이 적재된 쓰레기를 고를 때는 이야기가 달라졌다. 성미가 몹시 까다로운 영주 부부들은 이듬해 3월까지 그 지독한 냄새를 견디지 못해, 둥근 향수구球를 사용하여 그들의 코 주변만이라도 고상한 향기를 유지하려 했다. 이 더러운 마룻바닥은 또한 유해한 곤충들의 훌륭한 서식처였다. 종종 모험심이 강한 벌레들이 풀숲(?)에서 기어 나와, 벽에 걸린 양탄자나 초상화 위를 부지런히 쏘다녔다. 보통 주인의 거실에서는 왁스로 만든 고급양초를 사용했으나 이는 가격이 비교적 비쌌기 때문에, 다른 방에서는 냄새가 지독한 취사기름으로 만든 허름한 양초로 불을 밝혔다.

번영하는 영국 도시의 중산층 가정 역시, 귀족들과 마찬가지로 살림이 윤택해졌다. 브리스틀이나 여타 도시들의 상인들은 단아한 3층 가옥을 지었고, 때로는 뾰족한 탑을 만들어 그 속에 귀중한 은제식기들을 숨겨두었다. 또 지하창고에는 궁륭으로 된 지붕 밑에 포도주나 맥주를 보관했다. 건물 1층은 보통 상인들이 장사에 열중하는 가게나 상품보관소로 쓰였다. 바로 위층에는 조각된 목재지붕이 덮인 가족들의 거실이나 침실이 있었다. 부유한 도시민들은 골동품을 진열하고 벽에 값비싼 태피스트리를 거

재미있는 토막이야기

르네상스기의 런던 도시

당시에 런던은 강 내음이 물씬 풍기는 상업지역들로 일대 혼잡을 이루었다. 템스 강은 '만인의 통로' 였으나, 초서 시대의 런던 토박이들이 강을 건너는 일은 그리 쉽지 않았다. 엘리자베스 시대에는 오직 런던 다리 하나밖에 없었다. 아마도 당시 일반인들은 나룻배를 타고 템스 강을 건넜으리라. 사공들은 "동쪽이오Eastward-ho!" 또는 "서쪽이오Westward-ho!"라고 고함을 치면서 모인 손님들의 주의를 끌었다.

거리는 비좁고, 자갈이 깔려 있었으며 진흙이나 쓰레기 때문에 미끄러운 경우가 많았다. 집들은 빽빽이 밀집되어 있고, 으슥한 뒷골목들이 많았다. 런던 주민들은 대개 이른 아침에 창밖으로 요강 물을 버리는 경우가 많았다. 하수구가 없었기 때문에, 도랑에 마구 버려진 오물들은 지나가는 행인들로 하여금 구토증을 일게 했다. 그러나 도시에는 '자연' 청소부들이 있었다. 그것은 솔개였다. 그들은 뭐든지 닥치는 대로 먹어치우는 고마운 청소부였다. 또 이른 아침 새벽에는 혈색이 좋은 젖 짜는 여자들이 거리를 돌아다니며 우유를 팔거나, 채소장수들이 금세 따온 신선한 갓류를 팔았다.

그 당시의 런던은 매우 시끄러운 도시였다. 거친 자갈길 위로는 소나 말 같은 짐승들의 발굽과 마차바퀴가 끊임없이 지나다녔고, 상인들이 고함치며 흥정하는 소리, 도제들의 시끄러운 언쟁과 몸싸움, 또 행인들의 갑작스런 난투도 종종 벌어졌다. 보통 대화에서도 목소리가 큰 경우가 많았다. 왜냐하면 현대인의 기준으로 볼 때, 런던인들은 누구나 거나하게 취한 상태였기 때문이다. 당시에는 아무도 물을 마시지 않았다. 머릿속을 맑게 해 주는 차茶 역시, 아직 도입되지 않은 상태였다. 기본적인 음료는 매우 독하고 강한 맥주였다. 아침에 맥주 한 잔은 그날의 하루 일과를 기분 좋게 시작하느냐, 아니면 불쾌한 언쟁과 싸움으로 시작하느냐를 결정하는 주요관건이었다. 또 저녁에 맥주 한 잔은 밤새도록 코를 골게 했다. 맥주보다 고급음료는 포도주였는데, 이 포도주 역시 좋은 우정을 선사하는 동시에, 사소한 이유 때문에 벌어지는 칼싸움의 실마리도 제공했다.

재미있는 토막이야기

르네상스기 런던의 쇼핑 장소들

토머스 그레셤Thomas Gresham 경이 건축한 '왕립거래소Royal Exchange'는 엘리자베스 치세기인 1571년경에 세워졌다. 그것은 고전적인 '산책식' 일류 상가로서, 런던의 고급상품들이 진열되어 있었다. 깃털이나 각종 치장품, 여성용 모자, 가발, 기성복(포목상), 수입 액세서리, 자수나 레이스 용품, (러프를 세우는 데 필요한) 녹말, 향수 등이 있었다.

외관이 말쑥하고 점잖은 계층들은 절대 가지 않겠지만, 중고의류품은 버친 레인 Birchin Lane에 가면 살 수 있었다. 아직 도시계획법이 시행되지 않았기 때문에, 가게와 선술집, 주택가가 서로 한데 어울려 북적대는 곳이었다. 템스 강의 남쪽으로 한참 내려가면, 도시의 최하층민들을 볼 수 있었다. 거기에는 야외극장, 매춘굴stew, 또 곰 가든이 있었는데, 곰 가든은 '곰놀리기(개를 풀어놓아 묶어 놓은 곰에게 덤비게 하는 구경거리)'를 위한 것이었다.

는 등 귀족들과 사치를 경쟁했다. 비록 드물기는 하지만, 중산층 가정에도 도서관이 비치되어 있는 경우가 있었다. 그러나 대부분의 무역가들은 실용적인 물질주의자들이 많았기 때문에, 정신세계에는 별로 안중에 없었다.[106]

영국 가정의 주생활이 향상되었음에도 불구하고, '좋았던 옛날 시절'을 그리워하는 보수주의자들도 적지 않았다. 그러나 편의 시설은 아직도 충분히 발달하지 않은 상태였다. 편리한 굴뚝 시설(이보다 한 세대 후에 도입됨), 기름 먹인 종이나 리넨 대신에 유리창을 끼우고, 짚 잠자리 대신에 매트리

106 | A.S. Green, *Town Life in the Fifteenth Century*, London: Macmillan, 1907, p.84.

스를 사용하거나, 속 빈 통나무 대신에 부드러운 깃털 베개를 사용하는 습관이 정착되려면 아무래도 시일이 걸렸다. 심지어 귀족저택일지라도, 뜻하지 않은 손님들이 도착하게 되면, 주인은 자신의 몸을 치장하는 액세서리를 처분해야 했다. 왜냐하면 모두에게 음식과 잠자리를 제공하는 일이 여의치 않았기 때문이다! 대표적인 인문주의자 에라스무스는 영국의 페스트 유행이, 불편하고 질 나쁜 주택 시설과 거리의 오물, 또 현관 내부의 더러움 때문이라고 혹평했다.

인류의 역사는 어쩌면 철학자 헤겔이 언급한 대로, 일종의 '자유의 확대사' 인지도 모른다. 원래 귀족의 특권을 의미하는 '자유' 라는 개념은 동양에서 서양으로, 또 왕이나 귀족에서 중산층과 대다수 노동계급에게로 서서히 확대되었다. 르네상스기는 과거에 귀족들이 독점했던 부가 도시 중산층에게로 확대되는 이행과정을 잘 보여 주고 있다. 그러나 근대 초기만 해도 이들 극소수, 심지어 왕이 누리는 삶의 풍요나 사치, 편의 시설마저도 현대 산업노동자들이 누리는 삶보다 비위생적이고 불편한 경우가 많았다. 페스트가 한창 유행하는 여름철에 귀족의 마루(사실상 진흙바닥) 위에 덮인 골풀 사이로 기어 다니는 해충이나, 쥐 같은 설치류를 한번 상상해 보라!

2장

가족생활

"여성에게는 법정에 설 권리가 없다": 르네상스 시대의 여성의 지위

르네상스의 지적 · 사회적 해방의 움직임은 가정과 여성에게도 영향을 미쳤다. 같은 시기의 독일과 영국보다는, 프랑스와 이탈리아에서 이런 경향이 훨씬 두드러지게 나타났다. 중세에 비해 상류층의 기혼여성들은 특히 사회교제 면에서 많은 자유를 얻은 반면에, 나머지 대다수 여성들은 근대적인 여성해방운동이 이루어지기까지 계속 변화 없는 생활을 그대로 영위했다.

16세기에 저술된 카스틸리오네Baldassare Castiglione의 『궁정인의 책*The Book of the Courtier*』은 이탈리아 궁정의 방만하고 세련된 사교생활을 잘 반영해 준다. 여성들은 재치 있고 수준 있는 대화에 참여했으며, 교육수준이 높았고 또 남자들만큼이나 그 시대의 감각적인 소설들을 접하는 여유로움을 과시했다. 이탈리아의 남부에서는 기혼여성뿐만 아니라, 미혼여성에게도 이러한 자유가 점차로 확대된다. 이제 여성들은 2세기 전처럼, 수

르네상스 여성들의 모습. 르네상스에 들어오면서 일부 여성들은 자유로운 사회활동을 할 수 있었지만 이것은 어디까지나 상류층에 한해서였다.

도원이나 가정에만 얽매여 있지는 않았다. 이탈리아의 보카치오나 카스틸리오네, 또 프랑스의 여성작가인 마리 드 프랑스는 르네상스기 통치계급들의 이러한 선구적인 '살롱' 문화를 매우 열정적인 색채로 표현했다.

반면에 영국의 헨리 8세나 에드워드 6세의 궁전에서는 지적인 우아미와 사회적인 해방의 분위기를 찾아보기 어렵다. 심지어 엘리자베스 치세의 위대한 황금기에도 사람들은 조잡한 언어와 매너를 구사했다. 그러나 비단 영국뿐만 아니라 대부분의 국가에서 세련된 궁정언어와 여성에 대한 정중한 태도가 도시의 시민계층에게도 서서히 하향 전달되기 시작했다. 이미 15세기의 영국 무역업자들은 자기존중과 자긍심에 대한 배려 때문에, 정중한 매너에 비상한 관심을 보이기 시작했다. 1430년 이래로 『예서*Book of Courtesy*』가 차례로 영국에서 선보였는데, 이는 귀족층이나 평민층을 위한 것이었다. 확실히 예절은 하나의 심각한 고민거리(?)가 되었다. 귀족의 반열에 들기 위해, 아들이나 딸을 귀족과 정식 혼인시키려고 애쓰는 부유한 시민계층에게는 적어도 그렇다는 얘기다. 이러한 일부 계층들의 관심사가 집대성되어, 1500년에 다시 『소년서*The Young Children's Book*』라는 책이 발간되었다. 그 책자는 소년들에게 식탁 앞에서 가려운 데를 함부로 긁지 말 것, 음식을 한꺼번에 많이 먹지 말 것, 나이프로 이를 쑤시지 말 것, 손을 씻지 않은 채 테이블을 떠나지 말 것 등을 당부했다. 예절 바른 생활에 대한 관심과 다른 사람에 대한 이 같은 배려는 비단 궁정뿐만 아니라, 일반 가정에서도 점차적으로 세련되고 품위 있는 생활을 기약하는 것이었다.

르네상스기 여성들의 실제적인 법적 지위를 살펴보기로 하자. 비록 르네상스기에 상류층 여인들의 교육수준이나 사회적 지위가 향상되었다고 해도, 중세시대의 재정적 · 법적 무능력 상태는 하나도 달라진 것이 없다. 일반적으로 여성들은 남편에게 가져오는 지참금의 양에 따라, 적격인 배우자인지 아닌지의 여부가 가려졌다. 지참금의 주요사항에 관한 양가 부모들의 논쟁은 그 시대의 상업적인 업무만큼이나 개방적이고, 전혀 거리낄 것이 없는 문제였다. 이탈리아의 경우에는 결혼식이 끝난 직후에 신부의 지참금이 남편의 집으로 전달되고 영수증이 교환되었다.

지참금의 경영이나 거기서 나오는 이익은 모두 남편의 것이었으며, 대개는 사업자금으로 이용되었다. 그러나 남편이 사망하거나 이혼하는 경우에는, 아내에게 법적으로 지참금을 다시 반환해야 했다. 이탈리아의 경우, 아내의 지참금은 법적으로 보장이 잘 되어 있는 편이었다. 아내의 지참금을 함부로 써 버린 남편은 법적인 고소를 당했으며, 원래 액수뿐만 아니라 때로는 그 세 배에 해당하는 금액을 반환하라는 판결을 받았다. 그러나 남편의 재산 중에 적정액을 아내를 위해 예치시키는 제도는 전혀 없었다.

프랑스와 영국의 경우에는 남편이 사망한 후, 그의 실제 개인재산의 1/3을 아내에게 물려주는 것이 법적으로 보장되었다. 이것이 바로 관습법인 '과부산' 이었다. 그러나 16세기 초의 영국에서, 이 과부산은 제대로 시행되지 않았다. 그것은 유언자가 자기 부인과 자녀에게 동산이나 가축을 남길 의무가 없으며, 자신이 원하는 자에게 전 재산을 물려줄 수 있었다는 것을 의미한다. 영국에서 기혼여성이 마음대로 처분할 수 있는 재산은 전혀 없었다. 그러나 형평법equity(공평과 정의 면에서 영국의 관습법의 미비점을 보완한 법률)은 '독립적인 사용' 을 목적으로 아내에게 위임된 재산에 대해서는, 남편이 남용할 수 없도록 정해 놓았다. 그렇다고 해서 아내가 자신의 독립적인 용도를 위해 이 재산을 사용할 수 있는 건 아니었다. 아내가 시집올 때

르네상스 귀족여성의 모습.

가져온 돈이나 보석, 가구(게라드gerade)도 이제는 남편의 절대적인 소유가 되었다. 다만 '아내의 소지품paraphernalia' 인 침대, 의복, 장식물 등은 남편이 생전에 팔아 치우지 않는 한, 남편 사후에 그녀의 소유가 될 수 있었다. 아내의 소송이나 계약권, 또 남편의 동의 없이 이루어지는 유언에 따른 재산상속권이 거부됨에 따라, 영국 기혼녀들의 법적인 인격은 전적으로 남편에게 흡수되어진다. 그러나 이것이 단지 영국에만 국한된 현상은 아니었다. 이탈리아 여성들은 만 14세가 되어도 부모나 남편, 또 수탁자의 동

플라토닉한 사랑

르네상스기에는 고전학문의 부흥 덕택에 플라톤에 대한 관심이 높아졌다. 플라톤의 이론에 의하면, 사랑은 미美를 갈망한다. 즉, 사랑은 영원하고 완벽한 미와 선으로, 그리고 신神 자체로, 더 높은 단계를 향해 올라간다는 것인데, 이는 당대 세련된 지성인들 사이에서 많은 추종자를 낳았다. 벰보Bembo 추기경도 이런 이론을 적극적으로 지지하면서, 육체적 욕망에 물들지 않은 남녀의 정신적인 사랑을 유행시킨 장본인이었다. 15세기에 "모든 세련되고 우아한 남성들은 귀부인을 선택하고, 그녀의 종이 된다."는 말이 유행했다.

정신적인 사랑과 세속적인 사랑을 표현한 티치아노(Tiziano Vecellio)의 그림.

특히 여성들은 이 새로운 이론에 한층 더 많은 매력을 느꼈다. 르네상스 당시의 여성들이 대부분 그렇듯이, 일반적으로 잘 모르는 남성과 일찍 결혼하여 16세쯤에 엄마가 되는 젊은 여성들은 대부분 사랑이 무엇인지 모르고 살았다. 기혼여성들은 평소에 남편을 '나리Sir'라는 호칭으로 존대했고, 또 편지를 쓸 때에도 '아내이자 신하wife and subject', '당신의 얌전하고 복종적인 하녀이자 친구your humble, obedient handmaid and friend' 등으로 자신을 낮추는 경구를 사용했다. 이렇게 사랑에 굶주린 여성들에게, 육체적인 불순물이 모두 제거된 신성하고 아름다운 사랑의 이론은 너무나 감동적인 호소였다.

한편, 당시의 문학은 이런 순수한 사랑만큼이나, 도덕적인 해이성을 보여 준다. 이 플라톤주의가 남성들보다는 여성들에게 더 많은 호소력을 지니고 있었던 것은 의심할 나위가 없다. 야심은 있으나 머릿속이 텅 빈 젊은 한량들은 왕실 귀부인들의 호의를 얻어, 상류사회로 진출하는 출세의 수단으로 삼았다. 스스로 플라톤주의자라고 자처하는 이들도, 이 육욕을 완전히 배제한 천상의 사랑조건이 너무 까다롭다고 한탄해 마지않았다. 궁정 내에서 그런 사랑은 하나의 낭만적인 예찬에서 유행하는 오락으로 격하되었다. 이 플라톤주의는 12-13세기의 궁정식 연애와도 유사하다. 두 가지 모두가 사랑의 정신적인 측면을 강조하는 이상적인 사고방식에서 출발한다. 또 이 두 가지 모두가 허황되고, 인위적인 공상으로 퇴화되어 버린다.

그러나 과거의 궁정식 연애나 플라토닉한 사랑이 숭고한 정신을 지닌 남녀의 영혼 속에서 이상적인 애정의 진정한 본성을 실현하고자 했던 점을 간과해서는 안 된다. 시간이 지날수록 사람들은 점차로 '사랑과 결혼'이 서로 적대적인 관계일 필요가 없다는 사실을 깨닫게 된다. 비록 대다수에게 있어 결혼은 사회 · 경제적 계약이며, 사랑이 개입될 수 없는 것처럼 여겨졌을 것이다. 그럼에도 불구하고 몇몇 운 좋은 쌍에게는 결혼생활이 순수하고 낭만적인 사랑을 이룩하는 인생의 절정기였다. 그래서 카스틸리오네는 "만일 나의 귀부인이 아직 미혼인 상태에서 사랑한다면, 나는 부디 그녀가 결혼할 수 있는 상대와 사랑하기를 희망한다."고 기술했다.

그러나 사랑과 결혼은 서로 양립하지 않는다는 것이 당시의 지배적인 생각이었다. 좀 더 현실적인 보카치오는 결혼에 대해 "남성들이 항상 염두에 두는 것은 마누라가 아니라, 바로 자신들의 몫으로 챙기게 될 재산이다."라고 날카로운 일침을 박았다.

당시 여성에 대한 사회적인 평가는 대체로 낮았다. 볼로냐 지방의 오랜 속담에 의하면, '여성은 육체에 있어서는 천국이나, 영혼에 있어서는 연옥이며, 금전문제에 있어서는 지옥이다.' 이 속담은 그 당시 대다수 남성들의 여성 경시관을 잘 반영하고 있다. 그러나 궁정 시인들은 여전히 여성의 미와 순수성을 찬양했으므로, 결국 19세기에 가서야 수확을 거두게 될 이 '여성해방'이라는 종자는 이탈리아에서 미리 파종된 셈이었다.

재미있는 토막이야기

명예 수호와 결투

남성은 '용기', 여성은 '복종'과 '겸양'의 미덕을 갖추어야 한다. '여성처럼 나약한'이라는 호칭은 귀족이나 날랜 전사에게 가장 치명적인 모욕이었다. 로렌스 스톤Lawrence Stone의 『귀족의 위기*Crisis of the Aristocracy*』에 따르면, 귀족들은 대개 성미가 급하고 걸핏하면 무기에 손이 가기 일쑤였다. 귀족의 기본적인 특징은 빈민들과 마찬가지로 잔인하고 어린애처럼 유치하며, 또 자기 통제력이 결핍되어 있다는 점이다. 귀족에게 '거짓말쟁이'라고 하거나, 그의 명예와 이름, 용기 등을 논박하는 것은 바로 도전 그 자체였다. 결투는 불법이지만, 일부러 결투를 신청하기 위해 전쟁지역이나 외딴 후미진 지역 같은 장소를 물색하거나, 때때로 국외로 나갈 수도 있었다. 영국의 경우에는 프랑스와 달리 집단결투가 아니라 '일대일'의 결투였기 때문에, 그만 불구대천의 원수가 되는 경우가 많았다. 상대방에 대해 너무 진노하게 되면, 정정당당한 결투까지 기다리지 않고 종자를 매복시켰다가 쥐도 새도 모르게 처치해 버렸다. 대개 이 경우에는 현대판 갱 영화처럼, 귀족이 거느리는 졸개들은 공격의 무기가 된다. 존 호킨스John Hawkins 경은 자신을 크리스토퍼 해턴Christopher Hatton 경으로 오인한 자객에 의해 억울하게 비명횡사했고, 드루 드루어리Drew Drury 경은 상석을 가리는 사소한 문제로 다투다가 그만 목숨까지 잃었다.

의 없이는 결코 합법적인 사업을 할 수 없었다. 이탈리아의 많은 공국에서는 여성들이 자기 명의로 법률 소송을 할 수 없었고, 개인 자격으로 법정에 설 수도 없었다. 우리는 이런 관행의 정당성이나 근거를 역사 속에서 찾아볼 수 있다. 중세 초기의 권력 공백기에는 무법천지였고, 이런 경우에는 자연히 남성들의 거친 전투력만이 재산과 개인권을 지킬 수 있었다. 여성들은 부친, 형제, 남편의 실질적인 보호가 필요했다. 여성의 자질은 평화중재인, 가정주부, 자선을 베푸는 시여자로서 평가되었다. 중세는 소수 전사집단의 지배체제다. 전사들의 무용武勇과 신체적인 힘이 무엇보다 중시되는 사회에서, 연약한 여성들의 사회적인 위치는 약화될 수밖에 없다. 그리하여 여성들은 아버지나 남편에게 종속되는 약한 존재로 간주된다.

가톨릭 교회법이나 프로테스탄트 교회법은 아내에 대한 남성의 통제권과 재산권, 또 남편에 대한 법적인 종속을 시인했다. 자유로운 르네상스기에도 아내의 복종과 임무에 관한 중세의 관습법과 사상은 여전히 존속했으며, 이는 르네상스기 문학에도 잘 반영되어 있다. 『파올로와 프란체스카*Paolo and Francesca*』에서, 중년 남성 조반니는 어린 아내 프란체스카의 방에 자신의 젊은 동생 파올로가 있는 것을 발견하고 그들을 살해한다. 그때 세상의 공론은 남편이 고대권(아내의 불륜 시에 아내를 죽일 수 있는 권리)을 행사하는 것을 지지한다. 셰익스피어의 희극 『말괄량이 길들이기』에서도, 남편의 '굶기기' 방법에 의해 길들여진 말괄량이 캐서리나의 입에서, 남편의 명령에 복종하는 아내의 미덕을 칭송하는 구절이 잔뜩 흘러나온다.

교회가 점차 결혼제도에서 손을 떼다

독일에서는 르네상스 운동의 다양한 지류들이 '종교개혁'이라는 하나의 커다란 본류를 형성하게 된다. 독일에서는 마르틴 루터가, 프랑스와 스위스에서는 칼뱅이, 스코틀랜드에서는 존 녹스가 이 혁명의 선봉에 서서 교회 내에서 싹터 온 악습들에 공격을 가하고 대중들을 이끌었다. 결국 그들은 모교회母敎會에서 이탈해 이전의 단일 기독교 집합체 대신에 몇몇 신교 종파를 형성했다.

마르틴 루터의 초상. 루터는 가톨릭 교회의 악습들을 공격했는데, 그 중 하나가 '현재시제로 이루어진 결혼' 이었다.

우선 로마 가톨릭 교회와 가족 간의 관계를 살펴보자. 가톨릭 교회는 합법적인 결혼이 아닌 경우에도 '현재시제' 로 이루어진 결혼을 인정함으로써, 후일 많은 분쟁의 소지를 남겼다. 12세기에 피터 롬바드Peter the Lombard는 결혼 문제에서 미래시제sponsalia per verba de futuro는 인정하지 않고, 오직 현재시제sponsalia per verba de praesenti만이 유효하고 구속력이 있는 것으로 인정했다. 그래서 입회한 증인이 적거나 아예 아무도 없는 상태에서 성사된 결혼은 쉽사리 해체될 위험이 컸다. 비열한 남성들은 귀찮은 배우자를 떼어 버리기 위해, 정식결혼이 아니라 단지 비합법적인 관계였다고 교회 법정에서 진술함으로써 이 시제의 법칙을 악용했다. 그리하여 12세기 이래 비밀혼이 증가하기 시작했다. 이러한 결혼의 악습은 네덜란드, 포르투갈, 이탈리아, 영국, 독일 등지에 널리 만연되어, 15-16세기 초에는 버림받은 아내와 사생아들의 숫자가 급격히 증가했다. 더구나 미래와 현재시제의 차이성이 애매모호한 것도 논란을 더욱 가중시켰다. 마르틴 루터는 신랄하게 이를 공격했다. "그들(로마 가톨릭 교회 당국)은 현재시제를 가지고, 정기적인 우스꽝스러운 게임을 벌여 왔다. 그래서 그들은 정작 유효한 결혼은 깨뜨리고, 무효인 결혼은 성사시켰다. 독일의 가난한 농부나 어릿광대들이 과연 미래와 현재시제의 차이성에 대해 얼마나 많이 알고 있겠는가?"

16세기 중반, 트리엔트공의회에서 로마 교회는 드디어 결혼 및 가정과, 교회 사이의 어려운 문제를 풀게 된다. 공의회는 모든 결혼이 우선은 당사자들의 구두에 의한 동의로 약속되고, 부모의 동의 없이도 정당화될 수 있으나, 사제와 2-3명의 증인들의 참석 없이 진행된 결혼은 무효로 간주한다고 공표했다. 이 발표로 인해 로마 교회는 비밀혼의 악습에서 벗어나, 결혼을 공적인 일로 만드는 데 진일보할 수 있었다. 1215년에 이미 교황 인노켄티우스 3세는 결혼 '예고banns(식 거행 전에 세 번 연속된 일요일마다 결혼을 예고해 그 결혼에 이의가 없는지를 물음)'를 요구했으나, 이 칙령은 엄격하게 시행되지 못했다. 트리엔트 공의회는 결혼 예고가 어디에서나 포괄적으로 시행될 수 있도록 법령을 내렸다. 그러나 교회 측이 더 이상의 절차를 추진하지는 않았기 때문에, 귀족들은 이런 절차를 준수하지 않아도 주교로부터 쉽사리 결혼 승인을 얻을 수 있었다.

이혼에 대해 교회는 여전히 중세 이래로 결혼의 '비해체성'을 주장했다. 그러나 교회 측이 가까운 친척(7촌 이상)끼리의 결혼은 금했기 때문에, 이혼(사실상 결혼의 무효화)이 전혀 불가능한 것은 아니었다. 또 간통, 처자 유기, 성적 불능, 극도의 잔인성도 법적인 별거를 가능하게 했다. 또 중세와 마찬가지로 부유하고 세도 있는 자들은 교회로부터 결혼을 무효화시키는 승인을 어렵지 않게 얻어 냈다. 물론 헨리 8세가 그의 처 캐서린Catherine of Aragon과의 결혼을 무효화시키는 데, 많은 고초(?)를 겪었던 것은 사실이다. 그러나 그의 누이인 마거릿 튜더는 결혼에 대한 모험을 감행하는 데 획기적인 성공을 거두었다. 그녀는 교회가 금지하는 가까운 친척뻘인 제

재미있는 토막이야기

영국의 결혼과 이혼제도

부모의 승인을 받았다는 전제 아래 소년의 법적 결혼연령은 14세, 소녀는 12세였다. 그러나 대부분의 사람들은 21세에 결혼했다. 토머스 모어 경은 소녀는 18세 전에, 또 소년은 22세 전에 결혼하지 말 것을 권장했다. 물론 결혼 당사자들 간에 사랑이 움트기도 했지만, 일반적으로 사랑 때문에 결혼하는 것은 바보짓으로 여겨졌다. 가장 대표적인(즉 불운한) 연애결혼은 로버트 도들리와 아미 로브사르, 단리 경과 스코틀랜드의 메리 여왕, 옥스퍼드의 에드워드 백작과 안 세실 등의 결혼이다.

아이는 부모의 자산이었기 때문에, 거의 모든 이가 아이를 갖기를 원했다. 물론 지참금을 가져오는 부인도 남편의 자산이었다. 다른 여성들에 비해 독립적인 여성들도 간혹 있었으나, 대개의 여성들은 결혼을 하도록 기대되었고, 평생 동안 남편이나 남성 친척들에게 종속되어 살았다. 그러나 모든 여성들이 서둘러 결혼을 했던 것은 아니다. 과부들은 자기 재산을 소유하고, 사업을 운영할 수 있었다. 그러나 과부의 재산이나 이익을 보호하기 위해, 다시 재혼하는 것도 좋은 생각으로 받아들여졌다. 그러나 하인들 중의 하나와 재혼하는 경우에, 그녀의 친구들은 그 약삭빠른 하인이 혹시 과부의 재산을 노리는 것이 아닌가를 우려했다. 모든 남성들도 결혼하기를 원했다. 만일 그가 귀족이 아니라면, 합법적인 가장이 되고 공직을 얻기 위해서는 반드시 결혼해야만 했다. 이혼은 정당한 사유가 있는 경우에도 로마 가톨릭 교회 시절보다 훨씬 더 어려워졌다. 왜냐하면 영국 국교회의 제도 아래서는 교황 한 명의 허락이 아니라, 수적으로 훨씬 더 많은 의회 사람들의 승인을 얻어야 했기 때문이다.

임스 4세와 결혼하는 데 교황의 승인을 얻어 냈을 뿐 아니라, 청원을 날조해서 그녀의 두 번째 남편과의 이혼도 승낙을 받았다. 즉, 첫 번째 남편인 제임스 4세가 플로든 전투 이후에도, 3년을 더 살아 있었다고 주장한 것이다. 말하자면 그녀가 두 번째 남편과 결혼했을 당시에 전 남편이 생존해 있었기 때문에 두 번째 결혼은 무효라는 이야기가 된다. 그러나 종교개혁 시대부터 현재에 이르기까지, 로마 교회는 결혼의 비해체성을 일관성 있게 주장했다.

한편 영국 국교회는 로마 가톨릭 교회가 했던 것처럼 비밀혼에 반대하는 어떤 적절한 입장도 취하지 않았다. 따라서 영국은 18세기 중반까지 그런 혼인에 따르는 많은 문제점을 안고 있었다.

종교개혁 이후 영국에서 결혼 형태가 크게 바뀌지 않았던 것처럼, 신교가 퍼진 독일에서도 이런 상황은 마찬가지였다. 그러나 독일은 프로테스탄트적 세계를 통해 결혼의 본질에 관한 시각을 크게 변화시켰다. 결혼은 더 이상 신비스러운 '성사' 가 아니라, 사회를 위해 필요하고 신으로부터 축복받는 현세의 일, 즉 '민사계약' 으로 간주되었다. 그러나 루터가 이 점에 명백한 입장을 보인 것은 아니었다. 심지어 그는 결혼을 가장 영성적인 문제, 즉 신에 의해 예정되며 신 자체에 근본을 두는 것이라고 이야기했기 때문이다. 독일 종교개혁자들은 결혼과 가족이 인간사회의 주춧돌을 형성한다고 보았지만, 이렇게 결혼에 대한 신교도들의 시각이 바뀌었다고 해서, 루터가 그것을 완전히 세속적인, 즉 교회가 개입해서는 안 되는 일로 여겼던 것은 아니다. 하지만 전체적으로 볼 때 루터는 결혼을 민사문제로 보았고, 국가당국이 관할하는 문제로 여겼다. 그는 결혼과 관련된 교회법, 또 성직자들의 강요된 독신을 '악' 으로 간주했다. 왜냐하면 독신에 대한 맹세에도 불구하고, 성직자 중에는 정부를 둔 자들이 많았기 때문이다. 그는 성직자들의 결혼할 권리를 주장했다. 그것은 자연과 성경에 바탕을 둔 주장이었다. 그는 이러한 교리를 강력하게 설교했을 뿐 아니라, 그것을 몸소 실천에 옮겼다. 루터는 시토 수도회에서 탈출한 수녀 카테리나 폰 보

재미있는 토막이야기

르네상스기의 아이들과 교육제도

르네상스기의 부모들은 보통 생후 6-12개월 동안 어린애에게 배내옷을 입혔는데, 이는 아이의 다리 발육을 위해서는 별로 좋지 않은 관습이었다. 어린 소년은 보통 치마를 입었다. 소년은 6-7세가 되기 전까지, 여자아이처럼 예쁘고 깜찍한 용모를 지니고 있었다. 대개 그 나이가 되면, 짧은 바지breeches나 호스breech hose를 착용했다. 이를 축하하는 의미로 부모들은 난생 처음 바지를 입은 소년에게 '브리칭breeching' 이라고 불리는 일종의 착복식 파티를 열어 주었다. 한편 사생아에게는 재산 상속이나 공직 · 성직에 대한 진출이 전혀 허용되지 않았고, 심지어 결혼 등 일상적인 일에 대한 참여도 금지되었다.

일반적으로 남자아이만 학교에 갈 수 있었다. 여자아이들은 가정에서 교육을 받았다. 귀족 자제들은 물론 집에 가정교사를 두었다. 영국의 경우, 학교 등교시간은 겨울에는 아침 7시, 여름에는 한 시간 더 이른 6시였다. 단체기도 후에 그들은 9시까지 수업을 했다. 그리고 9시에는 아침식사를 먹고 11시까지 공부를 했다. 그리고 점심식사 시간은 11시에서 1시까지, 귀가시간은 오후 5시나 5시 30분이었다. 이 당시 교육은 주로 엄격한 체벌교육이었다.

라와 결혼했다. 루터의 추종자들은 그의 이러한 대담한 행동에 몹시 충격을 받았지만, 차츰 그의 이론을 받아들였다.

영국에서도 이른바 '영원한 순결을 위해 끊임없이 정진한다.' 는 조건 아래 1548년에 성직자의 결혼에 대한 장애를 제거했다. 그러나 독실한 가톨릭 신자였던 메리 여왕은 이를 다시 폐지했다. 결혼한 성직자들을 결코 고운 시선으로 바라보지 않았던 엘리자베스 여왕 역시 성직자의 결혼을 금지시켰다. 1559년에 한 결혼한 성직자가 자신의 자녀들이 사생아 취급을 받게 될까 봐 염려하여 캔터베리 대주교에게 보낸 서신을 보면, 우리는 그 당시 기혼성직자들의 불행한 입장을 어느 정도 짐작할 수 있다. 1603년에 제임스 1세는 많은 청교도들의 청원을 받아들여, 성직자의 결혼을 허용하는 에드워드 6세 법령을 다시 재개했다.

독일뿐만 아니라 모든 프로테스탄트 국가들의 종교개혁에 의해 이루어진 가장 중요한 변혁은, 바로 중세시대의 로마 가톨릭 교회에 의해 만들어진 결혼에 대한 많은 장애물들을 일소시켰다는 점이다. 소위 '정신적 인척관계spiritual kinship'에서 기인한 장벽들이 제거되고, 3촌 이상의 친척들과는 서로 결혼할 수 있도록 허락했다. 그러나 루터의 좀 더 자유로운 결혼관에도 불구하고, 기독교와 비기독교도 간의 결혼, 즉 잡혼mixed marriage은 엄격히 금지했다.

서구 결혼사는 첫째 그리스 · 로마적인 요소, 둘째 게르만적인 요소, 셋째 기독교적인 요소로 구성되어 있다. 특히, 로마 가톨릭 교회의 엄격한 교리는 결혼의 역사, 역설적으로 반反이혼의 역사에서 가장 중대한 요소를 차지하고 있다. 로마 가톨릭 교회는 본질적으로 결혼의 비해체성과 이혼의 불가능함을 주장했다. 그리하여 16세기 독일의 마르틴 루터의 종교개혁이 있기 전까지, 서구에서는 결혼과 이혼에 대한 가톨릭 교회의 이 같은 비타협적인 태도가 지배적이었다. 그러나 16세기 이후부터, 서구의 근대 가족은 점점 가톨릭 교회의 전통적인 통제에서 이탈하게 된다. 즉, 우리는 트리엔트 공의회 이후의 근대 결혼사를 '탈脫기독교사'로 규정지을 수 있다.[107]

107 | Roderick Phillips, *Putting Asunder: A History of Divorce in Western Society*, Cambridge: Cambridge University Press, 1988, p.1.

그러나 한편 종교개혁 이후에 가톨릭 교회의 철저한 각성과 탁월한 재정비사업, 또 중앙집권화를 강력하게 추구했던 절대왕정과의 긴밀한 제휴로 인해, 오히려 가톨릭 측의 통제가 이전보다 훨씬 더 조직적으로 강화되었다고 보는 견해도 있다. 이 견해에 따르면 18세기 말에서 19세기 초에 유럽이 거대한 혁명의 소용돌이 속에 휘말리게 되었을 때에야 낡은 교회 조직은 더 이상 재기하지 못하고 실질적인 쇠퇴의 길을 걷게 되었다는 것이다.

이상에서 살펴보았듯이 종교개혁을 기점으로, 결혼은 종래의 신비하고 종교적인 성사의 성격에서 벗어나서 세속적인 국가 업무나 개인의 사적인 문제로 등장하게 되었다. 그러나 이혼 문제가 교회로부터 완전히 해방된 것은 겨우 20세기 말 경부터였다.

3장

문화생활과 여가활동

테니스와 연극을 즐기다

심심한 귀족보다 사실상 더 위험한 존재도 없다. 귀족들은 전쟁이나 사냥이 없을 때는 격렬한 투기鬪技나 주연, 노름에 열중하고, 궁정 음모에 가담하기도 했다. 남에 대한 험담이나 뜬소문을 지껄이는 것도 역시 빼놓을 수 없는 오락거리였다.

르네상스기는 오락과 게임이 발달한 시기였다. 그 당시에는 테니스가 상당한 인기가 있었다. 사람들은 높은 벽이 쳐진 야외 코트나 실내장소에서 게임을 즐겼다. 잔디 코트가 사용된 것은 1591년부터다. 테니스의 공은 대부분 가죽으로 만들어졌고, 속은 짐승털이나 말총으로 채워졌다. 그때는 아직도 라켓이 발명되지 않았기 때문에, 사람들은 코트의 중심을 가로지르는 술 장식이 달린 로프 너머로 공을 직접 '손'으로 던졌다. 다른 스포츠 게임으로는 볼링, 셔틀콕shuttlecock, 활쏘기, 당구, 사냥, 승마, 레슬링 그리고 그 외에 '정치적인 음모'가 있었다. 헨리 8세는 잔디 볼링을

활 쏘는 사람들의 축제. 귀족들은 전쟁이나 사냥이 없을 때에는 오락거리를 찾았는데, 그중 하나가 활쏘기였다.

즐기기 위해, 화이트 홀White Hall에 볼링대alley를 설치했다.

또 연극을 관람하기 위해 줄을 서는 것도 빼놓을 수 없는 즐거움 중 하나였다. 이 당시 연극은 낮에만 상연되었는데, 그것은 아직도 인공조명 시설이 없었기 때문이다. 화려한 성장을 한 젊은 귀족들은 특별요금을 지불하고, 무대의 맨 앞에 있는 특등석에 앉았다. 1576년까지 극장 시설이 따로 없었기 때문에, 연극은 대개 여관의 안마당에서 상연되었다. 귀부인들은 베일로 얼굴을 가린 채 연극을 구경했다. 가끔 귀족이나 부호들은 극단을 직접 집으로 초청해서 연극을 관람하는 경우도 있었다. 그러나 주인이 몇 가지 주의해야 할 사항들이 있었다. 극단의 무리들이 떠나기 전에, 도난 방지를 위해 고급 은제식기들의 숫자를 세어 봐야 했다. 또 극단의 경영자가 누구인지를 반드시 점검하고, 리처드 2세의 폐위 장면이 있는 공연은 삼가며, 또 입장권을 팔아서도 안 되었다.

에필로그

아직 다 밝히지 못한 르네상스기의 일상생활

아날파의 제3세대에 속하는 에마뉘엘 르 루아 라뒤리Emmanuel Le Roy Ladurie는 『거지와 교수*Le mendiant et le professeur*』라는 저서에서, 16세기 플라터가Platter家가 남긴 자서전적인 기록들(일기, 비망록, 서신 등)을 통해 르네상스기 한 가족의 초상을 멋지게 그려 냈다.[108] 에밀리 이킨Emily Eakin은 이 가족무용담에 관한 저서를 가리켜, "디즈니 영화의 모든 드라마와 정념(파토스)"을 지니고 있다고 평가한 바 있다. 여기에 등장하는 토머스 플라터Thomas Platter라는 인물은 일자무식의 목동으로 인생을 출발하여, 유년기를 중앙 유럽 등지에서 도둑 또는 거지 패거리들과 함께 어울려 지낸다. 그는 거친 방랑생활 중에 귀동냥으로 얻어 배운 글자와 장사솜씨를 바탕으로 하여 인쇄공, 지주, 치료가, 마침내 교수로서 사회적인 성공을 이루게 된다. 플라터는 마치 교활한 인간의 대명사인 체사레 보르자Cesare

108 | Emmanuel Le Roy Ladurie, *The Beggar and the Professor: A Sixteenth-Century Family Saga*, Chicago: The University of Chicago Press(영역본), 1997, p.408.

르네상스기의 춤추는 농민들의 모습. 브뢰헬 2세(Pieter Bruegel II de Jongere)의 작품.

Borgia처럼, 소위 '르네상스적 인간형'을 구체화하고 있다. 이 플라터가의 흥미진진한 사생활 기록들을 이용하여, 역사가 라뒤리는 마르틴 루터의 종교개혁이 야기한 종교전쟁의 참상, 또 도적 떼들이 도처에서 들끓고 용감한 의대생들이 해부용 시체를 찾기 위해 밤중에 묘지를 파헤치는 등 플라터가의 사람들이 직접 체험했던 그 험난한 격동기를 거의 한 치의 오차도 없이 생생하게 잘 묘사하고 있다.

그렇다면 필자의 르네상스 생활문화에 대한 파노라마는 마치 한 편의 영화를 관람하듯이 르네상스인들의 일상적인 행동 유형과 심성을 잘 반영하고 있는가? 수박 겉 핥기식의 단편적이고 피상적인 연구에 지나지 않았다는 부끄러운 고백을 하면서, 르네상스 생활사에 대한 최종적인 결론을 정리하기로 한다. '르네상스' 편에서는 주로 상류계층의 사생활, 초기 개인주의적인 문화를 조명하려고 했으나, 역시 단편적인 기술에 그치고 말았다. 어쨌든 이 시기에서 가장 주목해야 할 점은 경제적인 실력자가 된 시민계층의 대두다. 자기 계급에 대한 긍지가 강한 이 상인계층들은 귀족들을 모방하면서, 독특하고 실용적인 시민문화를 형성해 나간다. 그리하여 '귀족–시민–농민(노동자) 문화'의 삼자구도가 형성되는 것이다. 이 책에서 주로 귀족이나 시민계층의 생활문화만 다루었던 이유는, 애초부터 르네상스 문화가 담당자 내지는 성립기반의 한계성으로 말미암아, 혁신적 적극성에도 불구하고 끝내 과도기적인 성격을 극복하지 못했던 것에서도 기인한다. 물론 르네상스는 분명히 혁신적인 운동이었음에는 틀림없다. 그러나 이 근대적인 여명기의 인문주의 운동은 르네상스인 전체의, 즉 말하자면 대중 전체의 운동이 아니라 '인문주의자'라는 소수 지식인들만의 움직임이었으며, 그들의 경제적인 배경 또한 교황, 참주, 혹은 절대군주라는 봉건세력에 기반을 두고 있었다. 중세적인 성격을 가지고 있으면서도 '자유와 개인'을 추구했다는 점에서 근대성이 뚜렷했던 르네상스는 일종의 과도기 내지는 근대의 시초로서 이해될 수 있다. 그러나 이 '자유와 개인'이라는 새로운 개념을 누리는 계층은 일부 소수 계층에 불과했다. 그러므로 르네상스기 대중들의 생활은 중세에 비해 크게 달라진 것이 없다.

귀족이나 부유층 시민들의 배타적인 계급주의, 점진적인 사회분리주의에도 불구하고, 소박하고 무지한 촌민들은 중세와 마찬가지로 여전히 집단적인 공동체생활을 영위했다. 인공조명 시설이 없었기 때문에 더욱 길고 지루하게 느껴졌던 르네상스의 긴 겨울밤은 오히려 농민들에게 공동체적인 모임을 자주 마련할 수 있는 기회를 제공했다. 그들은 나무장작이나 촛불을 아낀다는 명목으로, 또는 밤샘이나 잡담을 하기 위해, 또는 여러 가지 다른 구실을 만들어 오늘은 이 집, 내일은 저 집으로 같이 몰려다니면서 기나긴 밤을 결코 외롭지 않게 보냈다.

앞으로 좀 더 연구해야 될 과제는 기독교나 민간축제를 중심으로 한 시골과 도시문화의 대조, 부자와 빈자문화의 이분법, 그리고 특히 교육 부문이다. 지식은 힘이다. 바로 교육이라는 제도적인 사다리를 통해, 중 · 하류계층들은 나름대로 신분 상승의 의지를 실현하거나 상류층의 고급문화를 함께 향유할 수 있는 통로를 발견했던 것이다. 그러나 오늘날과 같이 만인이 공유하는 대중문화가 형성되려면, 적어도 4-5백 년은 기다려야만 했다.

참고문헌

Anderson, J. & Garland, Madge, *A History of Fashion*, London: Orbis, 1979.

Ariès, Philippe, *L'enfant et la vie familiale sous l'Ancien Régime*, Paris: Librairie Plon, 1960.

Blond, Georges & Germaine, *Festins de tous les temps: Histoire pittoresque de notre alimentation*, Paris: A. Fayard, 1976.

Burckhardt, Jacob, *The Civilization of the Renaissance in Italy*, trans. by S.G.C. Middlemore, London, 1878.

Buxton, Richard, *Imaginary Greece: The Contexts of Mythology*, Cambridge: Cambridge University Press, 1994.

Carcopino, Jérôme, *La vie quotidienne à Rome à l'apogée de l'empire*, Paris: Hachette, 1939.

Castelot, André, *L'histoire à table. Si la cuisine m'était contée*, Paris: Plon/ Perrin, 1972.

Courtine, Robert J., *La gastronomie, Que sais-je?*, Paris: PUF, 1970.

Dill, Samuel, *Roman Society from Nero to Marcus Aurelius*, London & New York: Macmillan, 1899.

Dover, K.J., *Greek Homosexuality*, Cambridge: Harvard University Press, 1978.

Dowden, K., *Death and the Maiden*, London & NY, 1988.

Ferguson, W.S., *Greek Imperialism*, Boston and New York: Houghton Mifflin Co., 1913.

Flacelière, Robert, *L'amour en Grèce*, Paris: Hachette, 1971.

-------------, *Le féminisme dans l'ancienne Athènes*, Paris: L'Institut, 1971.

-------------, *La vie quotidienne en Grèce au siècle de Périclès*, Paris: Hachette, 1978.

-------------, *La vie quotidienne en Crète au siècle de Périclès*, Paris, 1983.

Flandrin, Jean-Louis, *Un temps pour embrasser. Aux origines de la morale sexuelle occidental(Ⅵe-Ⅺe siècle)*, Paris: Editions du Seuil, 1983.

Friedländer, Ludwig, *Roman Life and Manners Under the Early Empire*, vol. 4, New York, 1908-1913.

Gautier, Jean-François, *Histoire du vin, Que sais-je?*, Paris: PUF, 1990.

Gies, Joseph & Frances, *Life in a Medieval Castle*, New York: Harper and Row, 1974.

Goldberg, P.J.P., *Women in England c. 1275-1525*, Manchester: Manchester University Press, 1995.

Goodsell, Willystine, *A History of Marriage and the Family*, New York: The Macmillan Company, 1934.

Green, A.S., *Town Life in the Fifteenth Century*, New York and London: Macmillan, 1907.

Gulick, C.B., *The Life of the Ancient Greek*, New York: D. Appleton & Co., 1902.

Halsall, Paul, "Homosexual Eros in Early Greece", 1986.

Hanawalt, Barbara A., *The Ties that Bound: Peasant Families in Medieval England*, New York: Oxford University Press, 1986.

Juvenal, *Satires*, trans. Lewis Evans, London: G. Bell & Sons, 1901.

Kirk, G.S., *The Nature of Greek Myths*, New York: Penguin Books, 1990.

Lawson, Joan, *European Folk Dance*, Bath: Pitman Publishing, 1970.

Lefkowitz, Mary R., *Women in Greek Myth*, Gerald Duckworth and Co. Ltd., 1986.

Le Roy Ladurie, Emmanuel, *The Beggar and the Professor: A Sixteenth Century Family Saga*, Chicago: The University of Chicago Press, 1997.

Linton, E. Lynn, "Womanhood in Old Greece", *Fortnightly Review*, vol.XLII.

Mireaux, Emile, *Les poèmes homériques et l'histoire grecque*, Paris: Albin Michel, 1948-1949.

Mount, Ferdinand, *The Subversive Family. An Alternative History of Love and Marriage*, London: Jonathan Cape, 1982.

Neirinck, Edmond, *Histoire de la cuisine et des cuisiniers*, Malakoff: J. Lanore, 1988.

Papantoniou, Joanna, ed., *Greek Women's Dress & Jewelry Past & Present*, Greece: Nafplion, 1985.

Parienté, Henriette & Geneviève de Ternant, *Histoire de la cuisine française*, Editions de la Martinière, 1994.

Pelletier, André, *La femme dans la société gallo-romaine*, Paris: Picard, 1984.

Patterson, R.F., ed., *Webster's Dictionary*, Florida: PSI & Assoc., 1991.

Phillips, Roderick, *Putting Asunder: A History of Divorce in Western Society*, Cambridge: Cambridge University Press, 1988.

Picard, Charles, *La vie quotidienne dans la Grèce classique*, 1946.

Plutarch, *Lives*, Bohn Classical Library, 1908.

Quennell, Marjorie, *Everyday Things in Ancient Greece*, New York: Putnam, 1954.

Raftis, Alkis, *The World of Greek Dance*, Athens: Finedawn Publishers, 1987.

Rival, Ned, *Histoire anecdotique du lavage et des soins corporels*, Paris: J. Grancher, cop., 1986.

Sachs, C., *World History of the Dance*, Norton, 1937.

Shorter, Edward, *Naissance de la famille moderne*, Editions du Seuil, 1977.

Tacitus, Cornelius, *The Germany and the Agricola of Tacitus*, Philadelphia: Mckay, 1897.

Tilke, Max, *Costume Patterns & Designs*, Hasting House, 1974.

Welters, Linda, *Women's Traditional Costume in Attica*, Greece: Nafplion, 1988.

Wilcox, Ruth Turner, *The Dictionary of Costume*, Scribner, 1963.

Wilson, Lillian, *The Clothing of the Ancient Romans*, Baltimore: Johns Hopkins University Press, 1938.

김복래, 「프랑스 의상의 역사에 대한 소고」, 한국외국어대학교 서유럽연구 제2호, 1996.
멈포드, 루이스, 『역사 속의 도시*The City in History*』, 김영기 역, 명보문화사, 1990.
민석홍, 『서양사개론』, 삼영사, 1984.
불핀치, 토머스, 『그리스 · 로마 신화』, 김명희 역, 하서, 1991.
손세관, 『도시주거 형성의 역사』, 열화당, 2000.
신상옥, 『서양 복식사』, 수학사, 1985.
윤정섭, 『도시 계획사 비교 연구』, 건우사, 1983.
장문평, 『시민과 영웅들』, 컬러판 대세계사 2권, 조의설 감수, 현암사, 1971.
장문평, 『교황 시대의 낮과 밤』, 컬러판 대세계사 5권, 조의설 감수, 현암사, 1971.
페인, 블랑쉬, 『복식의 역사, 고대 이집트에서 20세기까지』, 이종남, 안혜준, 김선영, 정명숙 역, 까치, 1997.

찾아보기

속속들이 이해하는

서양생활사

초판 1쇄 2007년 06월 30일
초판 4쇄 2012년 03월 05일

지은이 | 김복래
펴낸이 | 고진숙
펴낸곳 | 안티쿠스
기획 · 편집 | 박수민, 강혜진
디자인 | 이순원
인쇄 · 제본 | 상지사피앤비
물류 | 문화유통북스
출판등록 | 제300-2010-58호(2010년 4월 21일)
주소 | 서울시 종로구 부암동 129-8 울트라타임730 오피스텔 612호
전화 | 02-379-8883, 723-1835
팩스 | 02-379-8874
홈페이지 | www.antiquus.co.kr
이메일 | mbook2004@naver.com

값은 뒤표지에 있습니다.

ISBN 978-89-958689-8-0-03900